魏微十三篇

魏微 .... 著

北京出版集团公司
北京十月文艺出版社

目　录

乔治和一本书

呵，成为他一夫多妻生活中的另一个自我！

特丽莎突然问："照点裸体的怎么样？"

"裸体照？"萨宾娜笑了。

"是的，"特丽莎更加大胆地重复了她的建议，"裸体的。"

"那得喝酒。"萨宾娜把酒瓶打开了。

萨宾娜花了一点时间把自己的浴衣完全脱掉，又花了几分钟在特丽莎面前摆弄姿势，然后她向特丽莎走去，说："现在该我给你拍了。脱！"

萨宾娜多次从托马斯那里听到命令，"脱！"这已深刻在她的记忆里。现在，托马斯的情人向托马斯的妻子发出了托马斯式的命令，两个女人被同一个有魔力的字连在了一起。这就是托马斯的方式，不是去抚摸对方，向对方献媚，或恳求对方，他是发出命令，使他与一个女人的纯真谈话突然转向性爱，突如其来，出人意料，甚至带有权威的口气。

他也常常用这种方式对待妻子特丽莎，她从未拒绝过。现在她听到了这个命令，她燃起了更为强烈的服从欲望。顺从一个陌生人的指令，这本身就是一种疯狂。

——摘自《生命中不能承受之轻》

一

他在燕园附近有一套私房，是十几年前购置的。三十五岁，单身，肥胖，肉感（他自己说是性感，粗犷中带有清秀）。生活已完全北京化。

其实他是香港人，叫乔治。他在北京交游甚广，臭名昭著，即使在自由随便的文化圈内也是声名狼藉。他是香港某杂志的头号负责人，P大的访问学者，一个花花公子。

他常在自己的寓所开“Party”，被邀请的多是燕园的女生，有集体被邀的，也有个人。她们年轻、可爱、特别。最主要的，她们很现代。

乔治记得是在八八年的秋天，他在圆明园认识了外语系的漂亮女生佳妮。事实证明，这确实是他众多女友中最别具一格的一个。她让人难以忘怀。

他们互留了地址。乔治约会她："我住在P大西门，往左拐200米，有一座红楼——"

佳妮轻轻地笑起来，摇头说道："这不好，我要你来接我。"

晚饭时，乔治在女生楼的窗下喊她。他仰着头，看见站在窗口的佳妮和蓝天底下的一群鸽子，灰色的楼房，阴影，枯树的剪影。

乔治甚至看见了自己，孩子气地仰着头，久久地吹着呼哨。

乔治的房间里有很多书。他拿来英文版的小说《生命中不能承受之轻》，问佳妮："你看过没有？"

佳妮摇摇头。

乔治轻轻念上一段。他的英文发音异常标准，鼻音很重，像个地道的英国绅士。有时候他会耍噱头，在个别音节上会露出马脚，佳妮欢喜地纠正了。

乔治给她介绍这本书的作者和时代背景，又说了些国外文学的现时状态。然后，他把书翻到中间的某页，也就是本章开头笔者引用的那一段，念了起来：

这就是托马斯的方式，不是去抚摸对方，向对方献媚，或恳求对方，他是发出命令，使他与一位女人的纯真谈话突然转向性爱。

乔治停了一下，看着佳妮。佳妮不知所措地瞪着他。

乔治又念道：

呵，成为他一夫多妻生活中的另一个自我！……萨宾娜花了一点时间把自己的浴衣完全脱掉，又花了几分钟在特丽莎面前摆弄姿势，然后她向特丽莎走去，说：“现在该我给你拍了。脱！”

佳妮羞赧地笑起来。

托马斯常常用这种方式对待她们两个。现在，托马斯的情人向托马斯的妻子发出了托马斯式的命令，两个女人被同一个有魔力的字连在了一起……顺从一个陌生人的指令，这本身就是一种疯狂。

念完了，两个人站了起来，好久没有说话。唱机上淌着德彪西的音乐，柔软的坐垫，高脚酒杯，香槟酒，虽是北京城的夜晚，也像。

乔治说：“现在该我说了。脱！”这次他说的是中国话，温和而坚定，甚至带有权威的口气。

他从佳妮的眼里看到了特丽莎式崇拜的神情。这神情，从他屋里穿过的每个女人都有。

二

乔治给我讲起这个故事是在七年后，那时我在P大中文系念大三。

我们是在一次舞会上认识的。乔治置杨于不顾（杨是我的男友），一连请我跳了三支曲子。乔治骨节粗大，肩胸宽阔。喜欢插科打诨，反应灵敏，是个轻浮之徒。那时他的身体渐趋发福，是肥胖的、中年人的身躯。他喜欢孩子气地仰着头，气宇轩昂地走路，说话，行事……毋庸置疑，他吸引了我。我想，他有点像过去时代的“老式”少年，鲁莽不失单纯。

就像七年前的佳妮一样，我被乔治带到了他的房间里。

我看见在他的床头放了一本相册，里面有他和众多显赫人物的合影。这正是乔治的可爱，他甚至不知难为情。他喜欢粗俗的炫耀，直来直去，不会拐弯。他是个不谙世事的孩子。

他坐在我对面，拉着我的手。我看见了他那双纵欲过度的眼睛，眼睑下塌，有一些老态。

我们就这样坐等了两个小时。我是说“等”……真有点难以启齿。您知道乔治是干什么的，他把我带到他的房间来，又是晚上，拉着我的手一直从八点坐到十点……底下轮到我不安了。

乔治也有点不安。他那晚异常腼腆，拉着我的手时，我发觉他的身体竟在颤抖。我吃惊地看着他，问："乔治，发生了什么事？"

乔治并不说话。他张着嘴巴看着我，有点犹豫。

又坐了一会儿，我站起身来说："那我回去了，你不送送我吗？"

乔治把我推到墙角，他畏畏缩缩地圈住我。我看见了他的眼睛，那是一双热情和胆怯的眼睛。是的，他想和我亲热，但是不知该怎么做。

乔治终于放弃了他的努力，老实说："我弄丢了《生命中不能承受之轻》，中译本的倒是有，可是我念不出来。"

他抑郁地搓着手，有些手足无措。

我问："这是件重大的事情吗？"他说"是的"，他现在简直不知该怎么办了。

他又一次给我讲佳妮的故事，讲起七年前的那个晚上，那本书。这一次他讲得非常细致，我突然明白了，这不仅仅是一个男人如何去勾引女人的故事，这故事讲的是什么，我也不知道。我只知道，乔治用书去勾引女人，事实上，这样的伎俩在佳妮以前，和佳妮以后他一直惯用。他用得熟能生巧，没一次失手。

乔治告诉我说，书中的不少字句他还能记得。现在他只能背了。

他断断续续地背道：

这是托马斯的方式，他不是去抚摸对方，他是发出命令，使他与一个女人的纯真谈话突然转向性爱。现在，托马斯的情人向托马斯的妻子发出了托马斯式的命令："脱！"

乔治背到这儿狐疑地瞟了我一眼，近乎恳求。他神色慌张，声音粗鄙，整个人近乎下流了。我一下子讨厌他了。

我说："这是个相当糟糕的方式。你再也找不回那本书了吗？"

乔治在房间里来回踱步，他说："一直在找，让我再想想办法。总会有办法的。"

看得出乔治那晚一直在讨好我。冲了凉以后，他似乎恢复了些信心。脸上又有了专横的神气。

我们说了一些闲话。我频频地看手表，示意这样的谈话可以结束了，我想回校。乔治不由分说把我的手表扔到了窗外，接着把自己的手表也扔了出去，说："这样就没有时间了。"

我起身想离开，乔治一把拉住我靠近他的脸部。我闻到了他咻咻的气息。一种男性荷尔蒙气息。我厌恶至极。

我挺直了腰杆，正色说道："你想干什么，你想强迫我吗？"

"我本来没想，不过现在我改变主意了。"他把我逼到墙角，脸上有惶恐之色。

我冷笑道："你怕了吗？你害怕什么？你的那本英文小说丢了，你整个人早就完了。你垮了。哈哈哈……"我不顾一切地疯笑起来。

乔治松开了他勒住了我的手。这个可怜的家伙脸色苍白，眼睛发愣。半晌，他哆嗦着嘴唇说道："你知道吗，从见到你的那一刻起，我就想跟你做爱。"

"可惜你丢了那本书，你再也不知道该怎么办了。"

"是的，"乔治说，"你走吧。一切越来越不像了。"

我抬脚跨到门外，信步来到大街上，然后疯跑起来。

我万没有想到，这个著名恶棍会败在我的手下，他受伤了，异常孱弱。其时我二十岁，和杨有过两次欢爱，但并不热衷。

然而不可否认的是（这非常糟糕），从那天晚上开始，我爱上他了。

1996年　南京

在明孝陵乘凉

一

好多年前，小芙的父母还是南京明孝陵管理处的职工。明孝陵是明代皇帝朱元璋的陵墓，坐落在南京东郊，经过六百年的风吹雨打，早已破落。在南京，这样的地方总是很多。南京有的是破城墙，不知哪朝哪代。身穿超短裙的少女从城墙下跑过时，回过头去总免不了要吃惊和惶然的。拾荒者在某个不知名的小巷捡到了一片瓦片，有考古癖的人总忘不了要提醒他，这也许是南朝某达官显贵人家的一块飞檐。

当然最让南京留名的还是妓女。这过去六朝积累了几千年的性传统，曾一度地代表着这个城市的品格：自由和繁华。它的声色犬马就是它的温暖。

然而，就是这个曾以养育妓女著称的城市，在小芙童年的记忆里，已褪色得毫无淫荡生气。这是个毫无个性的城市，丢失了自身的存在，变得没有情欲。整个城市是灰色的，像漫长的、看不见希望的童年。天气还是无边无际的热。

那年夏天，小芙和哥哥炯、女友百合去父母的单位明孝陵乘凉。炯那年十五岁，是高一年级的学生，懂得很多史实。他告诉两个女孩，明孝陵是明代第一位君主朱元璋的陵墓；后来明成祖朱棣迁都北京，明永乐以后，十三位明代皇帝环葬于北京昌平县北，故称十三陵。所以南京北京原是骨肉相亲的一家。

炯继续说，这里是一个丰富流丽的地下世界，有长明灯，拱形门，汉白玉雕，凤冠和瓷器。

“那里头还会有人吗？”小芙问。

“当然有。是皇帝的尸骨。”

“我是说女人？”

炯想了一下，突然轻声笑了两下。他支吾着，含混不清地说：“也许有吧。她们是娘娘和后妃。”

“后妃是什么？”

“后妃就是小老婆。”小芙的哥哥说。说这话时他们已站在四方城上，那天天气酷热，四方城上没有遮拦。小芙扒着砖墙，头一个劲地往城下勾。当哥哥说到“小老婆”时，小芙的心不由得紧了一下，有冷水初触皮肤的那种收缩感。远处是无边的密密匝匝的蝉鸣，一点一点朝她身上爬过来。她的身上起了痱子，蝉鸣一样的痱子密密匝匝地占领了全身。

一种不可言传、微妙而紧张的情绪笼罩了她。她又细声细气地问炯：

“是不是我们在电影上看到的资本家的小老婆？”——她的眼前浮现了旧影片中揭露资产阶级腐化堕落生活的那类经典场景：浓妆艳抹、妖媚淫荡的姨太太缓缓地向她走来。那个女人什么也没做，她只是走着，摆动着腰肢、抛出媚眼，含混地笑了一声。底下的孩子们便有些坐不住了，男孩和女孩的手心都出了汗，有些攥不紧。

炯不屑地说：“她们跟资本家的小老婆可不一样。她们都是美丽、聪明而又残忍的精灵。可惜都死了。从前一个皇帝能有几百上千个后妃呢，娘娘只有一个。”

小芙想象不出资本家的小老婆和皇帝的后妃有什么不同，她们都是女人，她们的一生始终与某个男人挂在一起。她们是那曲线般身体的主人。小芙那年十二岁，她的胸脯最近一个月渐渐地肿起来，开出花苞，有些疼。小芙最大的理想，既不是做少先队员，三好学生，也不是当医生或农民，她最大的理想是做一个女人，拥有那曲线般的身体，做那身体的主人。

小芙问：“是不是明代所有的皇帝都有几百个妃子？”

炯说，不单是明代，所有的封建王朝都这样，但是明代更堕落一些。

他想了一会儿，又正色说道：整个明代是一个大时代，有着浮面的、流光溢彩的肮脏和堕落。而它的内质则是干净明了的深刻，因为这是产生“爱情”的时代，无论是大爱情还是小爱情，已经发展到了“全民皆谈情”的下流地步。炯说，这才叫博大精深。

小芙艳羡地说：“是呀，博大精深。”

小芙想她哥哥一定爱上了百合，只有爱情才会叫人变得那样深刻。百合和小芙同龄，她是个美丽的女孩子，吊梢眉，喜欢斜着眼睛看人。不知怎的，小芙有些不快。

小芙转过身体，她看着四方城外浓荫遮蔽的陵墓，她还看见浓荫之外的城市，在太阳下散出热气。

小芙指给炯看远处的楼房，她说：“灰的，第五层，是我们家。”

炯继续沉浸在旷古的沉思中，他叹息道：“这原来是个可爱的城市。”他的声音听起来很辽远，很伤感。“这个城市曾经发生过多少故事。城市的空气里有脂粉的香味。女人们很漂亮。有很多物质。”

小芙困惑地点着头，说：“秦淮河的水是香的，女人们淌的汗也是香的。”

炯笑了起来，他觉得小芙有些懂了。

小芙就是从这时起，决定做一个与古代精神一脉相承的女人。站在那烈日当空的背景前，古代的南京渐渐地活了过来。那些死去的男人和女人们，鲜活华美饱满的生命、爱情，苏醒了。小芙觉得自己一下子长大了许多，她倒退着往回走，倒退着成了一个女人。

那年夏天，那几分钟里，小芙的哥哥，十五岁的男孩炯的一席光怪陆离的思想彻底打动了小芙。她站在四方城的毒阳底下，古代的陵墓为她开启了一扇门，她感觉脚底生津，阵阵凉意突发而起。那个现实的南京城渐渐地远去了。古代的琉璃世界来到她面前。

生活在这样的一个城市里，到处都有错综复杂的从前的影子，到处都会有暗示和启迪。谁说不是呢？

二

那年夏天，“火炉”南京的最高气温达到43摄氏度，是几十年来的最高峰。整个城市被晒蔫了，到处充满着汗臭味，柏油、青草和空气的焦味，路踩在脚下变得稀软，轻飘。街上人迹稀少。在城市的背后，偶尔会听见人微弱的喘息，闻得见死亡、落日和腐朽的气息。在白金的阳光里，到处是荒凉。

那是八十年代初，“文革”已经结束了，全民性的改革还没有开始。整个城市处于一种无所事事的、青黄不接的潜伏时期。女人们穿着素朴，看不出是公的还是母的。不多的“文革”时代的标语还残留在豆浆坊和烈士陵园破落的土墙上，在太阳底下打着盹。新时期的片言只字“张海迪”“五讲四美”充斥于南京的街头巷尾，带着慌张和错落，同样有种不抵实的感觉。两个时代的荣华在这个城市的墙壁上交合厮打，人们保持着镇定。

社会欣欣向荣，人民痛定思痛，开始反思过去，展望未来。南京城一如既往地热下去。有阳光，没希望。秦淮河上飘着沿岸居民倒掉的烂菜叶子，早已不见当年妓女云集、歌舞升平的淫荡之气。傍晚的象棋摊旁，挤满了黑压压的人头。女人硕大的乳光光地含在婴儿的嘴里，吮吸有声。男人们仍若无其事地下他们的象棋。

那年小芙念五年级，是个性别特征不太明显的小女孩。那年夏天，她和哥哥去明孝陵乘凉。

她突然喃喃地搭讪了一句，说：“皇帝的身边也会睡着女人吗？”炯也红了脸，他含糊地说：“那女人应该是妃子。”

小芙的心里不由得一动，怔怔地站在那儿再也不能够动弹。大约是从走进陵园的那一刻起，她就发觉自己的身体有些异样。那个酷热难耐的南京城被三个孩子甩在了身后，那个平和得让人气馁的成人世界离他们远去了。一个旧时代来到他们面前，带着强悍的生命力和激情。她有些眩晕，扶着一棵老树站住了。一种不可言的震撼击得她全身乱颤。她开始燥热、心慌、心跳加速。她想那时只有男子会让她安定下来。是谁呢？是炯吗？想起炯，小芙不由得一阵心慌。她抱着胸口坐下了，开始呕吐，撕肝裂肺地吐，并开始流泪。

这时，百合从落荒的太阳底下跑进来，她周身冒着热气，站在石碑清凉的阴影里，样子有些滑稽。炯看见她，嗔怪道："你到哪儿去了？我们等你很长时间了。"小芙倚在石碑上看着炯，她又看见了白金的太阳，那荒凉。她觉得这样的热天气是要出事的，死了人，也许比死人还要糟糕的。

炯的脸红了起来，他转移了他的目光。

百合嘻嘻一笑，像变戏法一样从背后拿出一张妇用卫生纸，不怀好意地问小芙："你猜这是什么？"

小芙当然知道。女厕所常见人用过。大人们在用纸的时候，神情总是木然的，心不在焉的。有种世界总是老样子的无聊感，小芙想她们真是不知足。

小芙常常艳羡着，它给了她无穷的刺激和想象。她觉得它是女性的、污秽的、妖娆的，代表着她的未来的。她才十二岁，她简直等不及这未来了。

小芙摇着头，轻声地笑起来。她睁着一双大眼睛，天真地悄悄地问百合："这到底是什么？"她侧着头看了一下炯，炯又红了脸。小芙和百合会心一笑。他们三个站在石碑的影子里沉默了一分钟，到底心照不宣了。

整个地下世界就在那一刻生动了起来，那个丰富流丽的地下世界，长明灯、拱形门、汉白玉雕和那些五六百年前的男人女人，在那一刻全活了过来。

炯深情地看着百合，两人的表情都有着回光返照式的光亮。就在小芙坐在老树下呕吐的当儿，炯牵着百合的手，走到坟墓的背后，一个遮阳的，她看不见的地方。炯就在那一天，完成了他的成人仪式，小芙想她也是。

当他们从墓区走出来时，已是傍晚了。城市还是老样子，除了热还是热。三个人在热浪滚滚的城市里跑步，世界在他们的身后，变得奇怪和陌生。城市越来越小了，站在那个致命的制高点上，整个世界被三个孩子握在手心，他们冷淡而疲倦。

小芙看着尘世里的这些成人们，趿着拖鞋，摇着芭蕉扇，蜡黄着脸，缩在自家门口，像死去一样。她想他们为什么不能拥抱接吻呢？这么热的天，大街上，光天化日之下，他们为什么就想不起来要做些出格的、他们本该做的事情？他们缺的是什么？

小芙的母亲站在巷口，东张西望，她在等小芙回家吃饭。她每天都站在这巷子口，做出焦急等待的样子。每天如此。她是个母亲，然而除了母亲，她还是个女人：她是个三十多岁的年轻女人，丰饶，粗暴，有些无聊。小芙伤心地想，她从来就没有撞见过父母相爱的场面，他们为什么就不能干点什么？

小芙有些心酸起来，为自己，为她的母亲，也为所有的成人们。

母亲看见小芙，一下子抖擞了精神，像大人一样呵斥着。她从后面抓住小芙的头发，不由分说拎起了小芙的耳朵，在她的屁股上狠狠地击了两下，斥责道："又到哪儿疯去了？魂被勾走了是吗？"

小芙谦卑地低着头，她憋着眼泪，一种被侮辱的感觉慢慢击垮了她。她的眼泪淌了下来。母亲说："你还有脸哭，我叫你哭？"说着扬手便打。小芙一下子从她的手掌心逃窜出来，站在一米开外的地方看她。

她积聚起所有的力量，用一种成人的冷而乏味的目光看着母亲。母亲捡起一块砖头向小芙砸过来。小芙撒腿就跑，大声地哭着。她知道她又完了。从这时起，她又变成了小孩子，一个没有性别的，形容枯槁的人了。

三

小芙后来想起那次去明孝陵乘凉，她的慌乱和震颤。她想起四方城的阳光，整个城市的荒凉。他们身体的燥热，那爱情，炯。他是她身边每天能见到的男孩。他们共守着一个秘密。

她扶着一棵老树站住了，有些眩晕。她想只有男子才会让她安定下来。他是炯吗？

“炯，我热。”小芙说。

“你让我怎么办！”炯说。他回头看了一眼百合，百合不见了。

“你拉着我的手！”

炯一下子红了脸，他是个安静而腼腆的男孩，非常多情。

小芙说：“你以为我们不可以拉手吗？”

炯喃喃地说：“我不知道。大人会——”

“可是我讨厌大人。我讨厌他们。”

“你是要和他们对着干么？”

小芙撇了撇嘴，突然柔声说道：“炯，我很喜欢你呀！”

炯害羞地低着头。半晌，他抬头看妹妹，点了点头，用轻微得连他自己都难以听到的声音说：“我也是。”

小芙快乐得一下子跳了起来，沿着山坡疯跑。跑到山谷底下站住了，知道那天自己被收拾得干净漂亮，便大胆地回过头来，让他看。他们在阳光底下眯缝着眼睛，那是两双孩子的眼睛，单纯明亮，没有灰尘。小芙兴奋地想，炯是我哥哥，他是学习委员，三好学生，竟然也喜欢上我了。他就不怕犯了罪吗？一想起这个，小芙就快乐不已。

炯缓缓地向小芙走来，在1981年的夏天靠近她。他轻声地允诺她：等我们长大后，我们会为“四化”献出我们美好的未来。

小芙郑重地点了点头，回头看了一眼阳光底下的四方城，陵墓。她满怀忧伤地看着这一切，有种黯然风尘的感觉。

她到底怕了起来，问炯：“你不会做叛徒吗？你会不会把这事告诉给妈妈？”

炯说不会。

小芙绝望地哭道：“你怎么不会呢？你一向会打小报告，你想讨好妈妈。”

炯涨红了脸，愤怒地看着小芙。

小芙说：“你怎么不会做叛徒呢？你怎么会不喜欢百合而喜欢我呢？”

“谁说我不喜欢百合？”

“啊，你喜欢她？”小芙赔着小心咕哝道，“可是你刚才还说喜欢我。”

“那不一样。”炯斩钉截铁地说。

“一样。”小芙断然地说，“反正都是喜欢，而且你刚才脸红了。”

一路上她纠缠着炯，往回走。她看见母亲正站在巷口，做出焦急等待的样子。母亲大声地呵斥他们，兄妹俩谦卑地低着头，在母亲空洞的眼皮底下惶然而过。

母亲顺手拉住小芙的头发，拎起她的耳朵，问道："又和你哥哥到哪儿疯去了？魂被勾走了是吧？"小芙立刻羞红了脸，再看炯，早已逃之夭夭了。

她这一生第一次爱情体验在那年夏天完成并永远地结束了。

四

那年夏天，在明孝陵发生了很多事情。一开始是乘凉，炯说了很多高深的话。小芙觉得她懂。她那时才十二岁，胸脯肿起来了，内心常常潮湿着，万物皆能引起"性"的联想。

她最大的理想莫过于做一个女人，一个美丽、聪明、残忍的精灵。她这一生将发生很多故事，无一不是与男人连在一起，就像历史上这个城市的风尘女子一样。

她觉得这很博大精深。

她将在南京生活下去，因为这个城市曾充满着物质和情欲。它叫人振奋。

接着她明白了很多事情。这个城市早已今非昔比了。成人世界里有种种不可能，使人丧气，萎靡不振。

她那时还是个孩子，没来月经，有种种不可能。退而求其次，她所有的希望全押在这上面了。

……百合突然从落荒的太阳底下跑进来，她周身冒着热气，样子有些滑稽。她捡来了一张妇用卫生纸，私下里给她看，不怀好意地问："你猜这是什么？"

小芙轻声地笑起来，她有些兴奋。这污秽的东西代表着她的未来。她才十二岁，她简直等不及这未来了。

后来这事总让她魂牵梦绕，茶饭不思。她开始有事没事地往厕所跑，煞有介事地坐在便池上，这一下流无耻的等待使她慌张，也给了她安慰。她看见两个年轻的女人，她们步履蹒跚，神色疲惫。

无论如何，她不得不心旌摇曳了。

那个拙劣、丑恶的日子终于来了。还清楚地记得那天是星期天，一个有风和阳光的好日子。那天中午，小芙背着书包，胆战心惊地逃出家门，又一次拐进那个干净的街头女厕。女厕里坐着一个人，小芙在她的对面选了一个池子坐下了，干巴巴地看着她。也许是小芙直愣愣的眼神让那人厌恶了，她皱着眉头，不一会儿就起身走了。

这个时刻终于来临了，小芙的心又是一阵狂跳，她侧耳倾听着，厕所内外万籁俱寂。小芙战战兢兢地拿出来两张纸片，是从练习簿上裁下的方格纸，迅速塞进自己的小裤衩内，然后拎起裤子，若无其事地来到大街上。

街上永远是车来人往，城市沾满灰尘。八十年代初，大胆些的青年开始穿上喇叭裤，戴着墨镜在街上招摇。没有人注意到小芙。她的短裤内煞有介事地躺着两张方格纸。她要她的身体流血！她要这个世界一直坏下去，坏下去，永不翻身。

街上有人唱“大刀向敌人头上砍去”，群雄激奋。小芙踩着这革命的节奏，雄赳赳气昂昂地走在大街上。她挺起扁平的小胸脯，她的眼里含着泪，落地有声地大踏步前进。

她后来想，大人们一定觉得她好笑极了，因为有不少人驻足，回头打量着她。他们的脸上有可恶的笑容。然而小芙不在乎，她走了整整一下午，她一点点地高亢着，一点点地死了。

她是费了很大的勇气才决定到厕所验证一下。这个过程对她来说不啻是一种谋杀，那方格纸被她从短裤内抽出来时，她睁开了一只眼睛，她立刻尖叫了一声，哭了起来：那方格纸仍干干净净地躺在那儿，什么事也没有。

在那漫长的等待中，小芙已经放弃了等待。她母亲说她枯燥、呆板，没有一点活气。她没有朋友，丢失了学校和家庭。在学校里她是个可有可无的学生，老师从来记不住她的名字。在家里，父母只是以一种同情和忧虑的眼光看她，他们让她厌恶。她和炯恼了很多年，他们自从那年夏天以后极少交谈。炯是安静的，他每天穿着干净的白球鞋上学。他是三好学生，被老师视为天才，是祖国的未来和希望，是每个女孩子关注的焦点。然而只有小芙知道他什么都不是。她知道他是谁。

小芙十六岁初潮来时，竟慌得手足无措。她当时一下子没有反应过来，弄不明白这是怎么回事。她害怕得哭了起来。母亲欣喜地告诉她："你成人了。"母亲说这话时一定很幸福，有种如释重负的感觉。她由此可以放下心来，小芙还是个健康的女孩子。母亲慢条斯理地教给她一些常识，如怎样饮食，怎样注意卫生……

小芙突然不舒服起来，又一次想反胃呕吐。她郑重地、虚心礼貌地忍受母亲喋喋不休的卖弄，觉得自己从自己的身体内走出来。走远了，再也不会回来了。

1998年　南京

情感一种

认识潘先生是在冬天，那年栀子二十四岁，正面临着硕士毕业。她所在的大学是一所名牌大学，念的又是著名的新闻专业。她是被保送读的研究生，本来还可以一直读下去，推荐读博士和博士后，出国做访问学者，或者教授。栀子是个好学生，从念幼儿园开始，她的成绩单上从来都是“优”字。她是属于上课认真听讲，下课认真完成作业的那类学生，她的听课笔记总是一丝不苟，整齐划一，深受老师的喜爱。

有时她闲极无聊，会顺手在笔记本上画着美女头像，黑色的碳素墨水笔勾勒出的一个女人的侧影，波浪形的披肩长发，长睫毛，小而饱满的嘴唇……栀子最喜欢那流线型的鼻子，小巧的，稍稍往上翘起；也许她是喜欢她画流线时的感觉，很轻易的，任性的，可以全然不负责任。

栀子从初中时学会画美女头像，画了很多年，熟能生巧，有时一落笔就是一个，她曾经有过一分钟画六十个美女头像的纪录。她们都是一个，像一个女人被洗印了无数张的黑白照片，照片中的女人美艳，冷淡，眼神有点苍茫，不大能看出背景……然而栀子知道，她一定被爱过，也爱着，有过疼痛，体验过真正的快乐和悲伤。一个真女人，不大有孩子气，然而对生活还有憧憬，正在过物质生活。

栀子有时也回顾一下自己的生活，觉得很空茫；她以为自己是站在一个相当遥远的地方来看她的过去，她几乎看不见什么。虽然她也在恋爱，常常为一些可爱的男士动心；她十二岁那年来的初潮，十六岁开始戴胸罩……然而既然是记忆，栀子想，它就应该是一些更特别、更尖锐的东西，比如生死，有切肤之痛的恋爱，大悲哀，人生的十字街头一个关键的男人，因为他的缘故，她稍稍犹豫了一下，从此改变了方向；还有那风一般的细节，一个不经意的眼神和手势，它代表着人生中最真实的、伸手可触的那部分，很多年后，连她自己都奇怪着，她会记住这些。

然而现在栀子记住的竟是一些不相干的东西，比如她画了很多年的美女头像，在笔记本上，在教科书上，苍茫地睁着眼睛，没什么理想；她身在杭州的父母，同在一家药物研究所工作，然而已分居多年了，老死不相往来；妹妹在南京念大学。……栀子觉得茫然。她觉得自己像是站在一个荒无人烟的草原上，天地很大，风吹乱了她的头发，然而她没有什么情感。远处有几匹马，还有绵羊，这莫大的世界里什么都有，然而没有人。

她在学校里倒是可以看见很多人的，她身边也不乏追求者，然而栀子的眼睛向来是向上看的，她理想中的自己是个清心寡欲的人，不太言语，却有着深到骨髓的聪明；她婉拒了很多求爱者，因为年轻，也许是矜持，或者是别的更复杂的原因，她并不觉得可惜。拒绝了这个，就不能答应那个，因为要做到一视同仁，大家都是在一个校园里长大的，低头不见抬头见的熟人。栀子也奇怪着自己的坚忍，后来才有些明白了，她的拒绝里未尝不含有更大的野心，拒绝了所有人，就等于一个也没拒绝。希望平均分摊在每个人的身上，只是很渺茫。

认识潘先生的那会儿，栀子的生活还是相当整齐的，只是家道渐趋衰落，开始显出一点颓败的痕迹出来了。那年暑假，她回杭州照顾病榻上的父亲，起先谁都以为不过是热伤风，输两瓶液就可以了，谁知进了医院的大门，父亲就再没能出来。栀子每天来往于家和医院之间，骑着一辆破旧的自行车，要穿过大半个杭州城，沿着西湖边的林荫道，名叫湖滨路的，往前冲。有时自行车会擦过行人的手肘，歪了一下，车篮里保温瓶里的汤汁就会淌出来，一路往下流着。栀子觉得自己的喉咙很是发紧。

死亡是件漫长的事情，它要在三个月内，一天一分一秒地完成。栀子也哭过，她看着生命怎样从一个男人的身上消失了，而这个人是她的父亲。有时他们互相看着，还有母亲和妹妹，一家人重新聚到了一起，病房里没有声音，然而每个人在心里都说着话。栀子抬头看着窗外，她迅速盘算着父亲死后她们的生活，这似乎是件困难的事情，因为难以想象。从前跟母亲生活在一起，并没有觉得父亲这人有多重要；而现在，她之所以认为父亲对她们来说有着至高无上的意义，也许因为他就要离开她们了，而且最主要的，他是男人。

栀子想，她应该辍学去工作，帮母亲还清债务，资助妹妹学费和生活费，因为她是长女，责无旁贷的。她考虑着，她是否应该去嫁人，嫁一个正派人，可以安心过日子的，但必须要有殷实的经济基础；如果一时半会没有合适的人可以嫁，她也可以去“傍人”的，做一个没有名分的、背后的女人（这个她完全可以接受），她现在需要的是绝对的经济和物质，那里头有她期待了二十多年的安全感。她从来没有像今天这样强烈地觉得，这安全感对她和母亲和妹妹来说，是如此重要。

父亲似乎也想到了这一点，有时他会说：“我真后悔……”便不再说下去，起先栀子以为他是在忏悔，这么多年来对她们母女的怠慢，然而不是。父亲终于又说下去了，“我后悔没有把你们培养成泼辣的女人……”栀子便有些明白了，她想起了自己，这么多年来一直做着好学生，好女儿，好公民，好人，她温顺谦让随和，连她自己都相信着，她具备着传统美的一切，她差不多是完美无缺的了。然而她同时也知道，这一切对于她如何过好自己的生活完全没有用处。父亲睃了姐妹俩一眼，又说：“那么瘦！”

母亲那边便哽咽起来，说：“姐姐和妹妹都是聪明的。”父亲便说：“只不过用来对付她们的学业罢了。”栀子泪流满面地抬头看父亲，她一生所能体味到的父爱全在这里了，那一瞬间，她发誓，她一定要过得比所有人都好，她要过华彩的生活，物质的，爱情的，她都要。她要住在玻璃的楼房里，接来母亲和妹妹同住，她们要喧哗，歌唱；她们很强大。栀子看着躺在病床上的父亲，他慢慢地小了；他们互相看着，彼此也许明白一点什么，也许什么都不明白。栀子看着父亲的眼睛，那里头并没有悲哀，有的只是安平、温和，知道事情已经来临，无从改变什么，只在此静静地等待着——很认命的一种感觉。栀子的眼泪重新淌出来。

后来便遇见了潘先生，那已是冬天了。那阵子栀子行将毕业，写毕业论文，找工作，忙得焦头烂额。工作的事情是请一个师兄帮忙的，此人先两年毕业，名叫于波，能言善道，因在女生中兜得转，得绰号“表哥”。

表哥说："我没有能力帮你，但可以为你引见一个人，一切就靠你自己了。"他似乎对她不够放心，问她，"你行吗？"栀子似乎听出这话里有别的意思，便问"什么行不行"，表哥朗声大笑道："男人都是很坏的。你行吗？"栀子也笑了起来。

表哥说："女人最容易成事了。聪明的女人既成了事，又毫发未损——这类女人最可怕！次一些的虽成了事，却也付出了一点小小的代价——"说到这里，他"轰"的一声又笑开了，"最笨的女人是既折了身体，又赔进了许多感情。"说得两人都笑起来。

栀子不禁冷齿，笑问道："男人都这么坏吗？"

表哥侧头认真地打量着栀子，把一双眼睛细细地眯起来，脸上开出许多笑纹。"不，"他摇头认真地说道："他们一点也不坏，他们都是好人，有地位，有身份，是正派人。他们是男人。是对女人有用处的人。"他把手搭在栀子的肩膀上，轻轻地拍她两下，"你应该长大，你已经不小了。"

表哥约请潘先生喝茶，是在一家叫作"天水雅集"的茶馆里。那是一个有阳光的星期二的下午，人很少。那潘先生大约四十岁光景，身材不高，微胖，神色屹然而含糊。他是一家报社的副总，同时在大学的新闻系兼任客座教授。席间两个男人谈起了最近两个月的文化动态，以及表哥所在的出版社要出的一套关于西方文论的丛书。栀子淡淡地坐着，不时地侧头看橱窗外的街景，看见许多行人在走路，在阳光底下，非常匆忙地，有种落日荒荒的感觉。有一个小孩子在橱窗前站住了，看着栀子，他的黑色的棉衣在窗玻璃上打着阴影。栀子突然看见孩子的黑棉衣上凭空长出一双眼睛，那是潘先生的眼睛，侧着头正打量着她。栀子的心里不由得一凛。栀子并没有回头，仍在那儿静静地坐着。小孩子一会儿就跑开了，橱窗前一片明亮，潘先生的眼睛也消失了。她听见了他和表哥说话的声音，那声音非常安平，稳妥，在清寒的空气里震荡着。她回过头来看着他，他也微笑着看她，栀子的心再次一凛。

一星期后，栀子问表哥工作事宜。表哥说："你打电话给他。"栀子木然地问："谁？"表哥便笑了起来。他说："没问题的，你是女孩子。你知道你的长处是什么吗？你的长处就是会得到很多男人的喜爱，他们会帮你。"栀子说："就我一个人去约他吗？"表哥说："当然。"栀子笑了起来："他是有经验的人。"表哥说："他也善良，他会帮你。"

潘先生爽快地赴了约。他们一起吃了晚饭，后来又去泡吧，那是位于湖南路的一家僻静的小酒吧，时间尚早，客人不多。潘先生要了一杯啤酒，从高高的柜台上走下来。在那幽暗的灯光下，她看不清他的脸，只觉得他的肩很宽，腰板笔直，铁打一样的影子，落在墙上，倏地朝她这边横扫过来。

整一个晚上，栀子觉得自己是站在她的体外来打量着潘先生，她与他隔得很远，他们是不相干的人。及至他坐到她的对面，他的眼睛一直看到她的眼睛里去，他口齿的气息喷到她的脸上；乃至很多天后，他的身体进入了她的身体，他们彼此有了一些了解，并升起了一些温情（她不愿意承认那是感情），栀子觉得这种距离感仍是存在着的。

潘先生喝酒的姿势很好看，他并不看栀子，低头自顾自地喝着，像在沉思；有时也抬头看着前方，不明所以然地，又低头喝起来。他喝得很慢，右手举着杯子，在半空中停住，左手打着榧子，声音控制在一个合适的分贝内。他举杯子的那只手漂亮极了，白皙而修长，手指轻轻地托住杯身，指尖在杯柄子里有节奏地拍打。

有时候他会看她，并不说话，只是微笑着；也不避她的眼光，非常温厚地、笃定地，从他的眼睛里看不出所以然来，栀子反不知该怎么办了。她想，这是一个有相当阅历的男人，也许是个情场老手，也许他非常喜欢她——这大概不用怀疑，他从不隐瞒这一点。她不知道该怎么办，她现在还看不出他们之间会发生些什么，是否会发生——这不是由她来控制的。她只能在此等待，兵来将挡，也只能如此了。

栀子理想中的情形是，既要得到这个男人的帮助，又要让他一无所获；既要拒绝他，又不能开罪他。她觉得自己是个有野心的人，还有点贪婪。她并不讨厌潘先生，当然也谈不上喜欢他……然而两人都是聪明人，都明白对方在想什么；两个男人和女人，也有感情，也有身体。他们之间要是发生一点什么，自然不太好；要是什么也没发生，似乎也不好。栀子一下子不清楚这其中的分寸该怎样把握。

潘先生去了一趟洗手间，回来时挨着栀子的身边坐了。在那幽僻的角落里，人们看不见她，她也看不见人们。两个人闲闲淡淡地说着话，潘先生的声音很轻，栀子并不关心他在说什么，然而出于礼貌，她还是把身体微微前倾，做出很关注的样子。她觉得她和他之间的气氛不好，她不喜欢这样，也力图在改变着。她认真地听他讲话，不时地点头，微笑着，非常明朗的样子。她觉得自己在纠正他。

她跟他说起她对上海这座城市的感受，在这里生活了七年，她喜欢它，然而她觉着陌生，她不能融入这个城市的气息里。“那是为什么？”潘先生笑了起来，说，“在上海，漂亮小姑娘是受欢迎的。”栀子思忖着，抬头看着吊在半空中的一盏灯，周围有密密麻麻的、蠕动着的空气。她正试图找到一种更接近本质的回答，突然从余光中看见潘先生又在打量她，栀子抿着嘴巴，感觉周围的空气狠狠停顿了一下，突然静默了。她已经不知道自己要回答什么了。

潘先生说："可是你想留在这个城市？"

栀子耸耸肩，很为难的样子。"也许吧。我不太清楚。"她笑了起来。

"那又是为什么呢？"潘先生问。

"为什么？……"栀子细细地重复着，拿右手按住前额，朝潘先生侧转过去，笑看着他，有点风情。她说："我想，也许就因为它对我是陌生的。"两个人都笑了起来。

潘先生握住栀子的另一只手，很用力。他的手掌宽大温暖，充满肉欲。这是一双灵活的手，栀子静静地想。然而内心却禁不住一震，很是吃惊。她没想到潘先生这样快，这样禁不起等。潘先生说："那我对你可是陌生的？"他的声音就在她的耳旁响起，他的衣衫触到了她的衣衫，发出"沙沙"的声音。栀子正色看着潘先生，他们离得如此之近，她听见了他的呼吸声，平缓的，温和的，同时也是男性的，进攻的……很复杂的那种。栀子看见了他的眼睛，含情脉脉的……一双四十岁男人的眼睛。栀子从没指望一个四十岁男人的眼睛会让人觉得愉快，然而它哪怕下流、懒惰、疯狂，它也不应该是这样。栀子说不好他的眼睛是什么样子，然而她不喜欢，可是她也不讨厌他。就是这样，她不讨厌他。

栀子后来思忖着，到底是什么使她和潘先生很“隔”，内心不容易亲近；就像两个萍水相逢的陌生人，在那空旷的世界里突然相遇了，也曾欢喜，也曾感恩，需要和被需要着，有过身体与身体的短暂而深入的交接……两个好人，彼此有一些了解，然而也就这样了。

潘先生形容不够倜傥，然而男人大多是不怕丑的，丑到极端反而会生出一种趣味来。再说潘先生不丑，只是矮了点，胖了点，不太像那么回事。但是有一次，他到她的住处来看她（她在校外租住了一套房子），那是一个晴朗的冬天的晌午，天很冷，也有风；她在弄堂口等他。她买了一块烤红薯，握在手里，细细地剥着焦脆的皮；突然想起一首情歌里唱的，“我在等我亲爱的人，在这无人的寂静的午后……”她希望他能看到这一幕，也并不为什么，只因为他是男人；她愿意用一生的时间去等待一个男人，就像这首情歌里唱的，在冬天的弄堂口，也有阳光，也有风。她弄不准那个人是不是应该是潘先生。

潘先生来得很迟。栀子吃完了烤红薯，在人行道上百无聊赖地站着，她低着头看自己的脚，看见有许多行人从她身边走过，有影子落在她的脚上。偶尔她会抬头看一眼前方，非常空漠的，冬天的梧桐在风中发抖，阳光更明亮了。这时她看见了潘先生，从马路对面向她走来。他穿着一件黑色的冬衣，里面是一件土灰色的半高领羊绒衫；外衣是敞着的，衣袂在风中飘飘。他仿佛是看见她了，然而没有任何表示，只是冷漠地、坚硬地走着；他的步子很大，手抄在裤兜里，风吹乱了他的头发……栀子觉得自己的心微微跳了一下。

栀子仿佛一下子往后跌了很远，站在一个更高远、杳无人烟的地方来打量着潘先生，他周围的环境，树木，街道，人群；来打量着上海，她自己；她和这个男人之间还没有开始的故事。她又一次觉到了那种陌生感。这样一个具体的、活生生的男人，是可亲可爱的，知己的，然而他是个陌生人。

潘先生没有解释迟到的原因，他站在栀子面前，微笑着、斜着眼睛看她，久久地看着她。栀子喜欢他看她的姿势，男人气的，自上而下的，有点坏的……很要命的那种感觉。潘先生拿起栀子的双手，焐在自己的手里，问："冷不冷啊？"栀子便笑了。耸着肩，孩子气地看着他，很要命的一种感觉。

栀子想，她有一天可能会跟这个男人睡觉。当然，这是不可避免的，她早就应该预料到这一点。潘先生那边，恐怕比她更早就有这种打算。本来，一对男女的相处，是最终要发展到床上去的，才为了结。栀子已经二十四岁了，虽然在学校做了十几年的书呆子，然而这点理解力还是有的。

栀子觉得自己的欲念并不很强烈，然而不知从什么时候开始，她可以把身体和感情分得很清楚。她不是那种随便跟人睡觉的女孩，她曾有过牢固的道德观，现在也不能说她就没有道德观，然而睡了也就睡了，她并未失去什么，当然也并没有得到什么。

这种变化并不是因为潘先生而起的，然而也不能说就与他没有任何关系。面对这样一个老到的男人，有经验，有好的胃口，不害羞，栀子能拒绝他，然而她恐怕拒绝不了自己。他挑起了她身体内最敏感的那个点。她不讨厌他。她有一天会跟他睡觉。

栀子想，到底是什么使她变成了现在这个样子，也不是不好，当然也谈不上很好。它更接近于人的真实，远离理想，而这正是栀子害怕的。她觉得自己离从前远了，仿佛她从她的身体中走出来，变成了另一个人。这个人既陌生又熟悉，既让人喜欢，又觉得讨厌……她是一个女人，一个只听从自己身体需要的女人。

栀子想起了从前念本科的时候，曾经为高中时代的一个男同学吃尽了苦，然而天知道她连他的手都没碰过。他们是好同学，读初中时就同班的，一起慢慢地长大……就因为是好同学，谁都不敢去碰它。有一年寒假，他到上海来看她（他在北京念大学），约她一起回家。他们在雪后的街上走路，从嘴里呼出来的热气像白雾一样地遮住了彼此的脸；有好几次，他是下决心要说了，然而他看见了她的眼睛，也许是她看见了他的眼睛……她知道，那句话怕是今生也说不出来了。他后来留在了北京，在一家律师事务所工作，不久后结了婚。然而栀子知道那是怎么回事。

……像现在，栀子觉得自己完全脱离了过去，站在了一个相当高的地方来看她的从前，才觉得一切豁然开朗。从前有多么傻，她应该知道男女之间是怎么一回事……她应该知道。然而有时在某一不经意的瞬间，走过一条小街的拐角，看见空中一片翻飞的落叶，手指压在书页上……她会想起从前的那个人，那个高中男同学，中等个子，脸微黑，长得不见得有多么吸引人；然而就是那么一个人，他在那儿，安安静静的样子，说话的声音很清朗，笑起来有一口好看的白牙齿。她在他身上投入了四年的情感，然而他们连手也没碰过。栀子感觉自己的心在发紧。

潘先生在市区有两套房子，一个大居室，一个小居室；他把大居室用来安家，安置妻儿，和自己道义上的那个身体；小居室用作书房，招待不便也不必见妻儿的朋友，和身心合一的那个自己。连他自己也不清楚，这两个居室中他更看重哪一个，一个道义，一个情感，他似乎都需要。两个居室是相辅相成的。

栀子进的是那个小居室。当然大居室她也进过，那是在他妻儿不在家的时候。她在那儿待了一个晚上，在他的卧室里看看书，看他年轻时的照片，他的结婚照，他和儿子在幼儿园扶梯上的合影（如今，他儿子已念初中了）。

他卧室里的灯光很暗，她不得不打开床头灯，倚着床沿，席地而坐。有时候她会从照片中抬起头来，仰着头，望着天花板。她把四肢自由伸展，脚触到了地毯的花纹……她并没有做什么，然而内心还是有一种稍稍放任的感觉。

潘先生在厨房做菜，一边引栀子说话。声音穿过整个客厅，变得大而夸张。“你喜欢吃辣吗？”“可以。稍微放一点。”“你说什么？”“我是说，我喜欢清淡的。”栀子大声地说。她听见了潘先生在厨房里大声地笑着，他的笑声很能感染人。有时他会跑出来看她，手里拿着勺子，腰上系着围裙……在他眼睛能够得着的地方，远远地、微笑着看着她，很满意的样子。栀子也抬头看他，手托着腮，非常安静地，觉得自己像是在看他，又像是在看另一个人。她好看地微笑着。

潘先生说：“我的菜……”，回身就往厨房跑；两个人都笑了起来。栀子这边像是发了疯，越发不可收拾，笑了很久。她听着自己的笑声在房间里流淌，流过床，女人的内衣；流过梳妆台，挨挨挤挤的家具……又流回来。栀子觉得自己的眼泪都笑出来了。

那顿饭吃得甚是讲究，两个人并肩坐在客厅的长桌上，偶尔听见刀叉相碰的声音，和衣服的摩擦声。所有的窗户都关闭着，天鹅绒的窗帘垂下来，灯光是经过精心调制的，不远处的角落里响起遥远的音乐声……到处都是音乐声，忽明忽暗的，像风从远处带来一个陌生人说话的声音，只是听不清楚。

栀子想，原来潘先生竟这等有情调，懂得生活，以及生活里那最漫不经心的地方。然而栀子仍觉得这里头的空气是从前的，有点老了，和现在的她不太适应。她也奇怪着，她和潘先生相差不过十几岁，何至于此，像真正的两代人。潘先生替栀子夹菜，也笑道："我发觉我待你就像父亲待女儿一样。"栀子不置可否地笑着。

潘先生问："你觉得这儿怎么样？"

"很好。"栀子侧头打量了一下客厅，笑着说道。

"什么很好？"潘先生又问道。

"屋子里的空气很贞洁。"栀子大笑起来。

潘先生也笑起来，捏捏栀子的耳朵。"你今晚可想放荡一回？"

栀子抬头看潘先生，非常吃惊地笑着，摇了摇头。

"为什么不？"潘先生问。

"我不是放荡的人。"

"哦，你不是吗？"潘先生笑了起来，放下筷子，认真地看栀子。

“我是吗？”栀子正色问道。

潘先生低头想了一下，说：“你是！”

“何以见得？”栀子的声音有些吃紧。

“从见面的第一天起，我就知道你是。”潘先生两手交叉，拇指抵住下巴，轻声地笑出声来，“这不需要什么理由的，男人看女人有时凭直觉。”他侧头看栀子，又说：“还有你的笑声，你自己可能没有发现，那绝对是一种放浪形骸的笑。”

栀子听了，禁不住又是一阵大笑。潘先生说：“这下子你知道了吧？”栀子笑了很久，头埋在桌子底下；看见桌椅和人的腿，互相交叉着，呈八字形的样子。不知为什么，栀子突然感觉到来自现实深处的悲哀和恐怖。她抬起头来，看了一眼潘先生，说：“不知道，我并不了解我自己。”隔了一会，她又说：“你也是。”

潘先生的小居室坐落在太原路上，那是一间单室套的房子，带有一个临街的阳台。潘先生曾多次向栀子描述这间房子，他说着说着就会笑起来，眼睛直看到栀子的眼睛里去；栀子也笑了，她知道他的意思，然而她并不表示什么。

他们时常一起吃饭，饭后会沿着某条僻静的小街走路，很慢很慢地走着；栀子想，这样的方式对于潘先生和她是很不合适的，因为太缓慢、太暧昧了；也许每个男人都没有这样的耐心，请一个年轻女人共进晚餐，仅仅是为了饭后陪她一起走路；他们不能容忍自己犯这样的错误，一生中什么风雨都经历了，直来直去，饱经沧桑，却在这样的年纪，这样的地方——一个离“事实”很遥远的路口，陪一个女人罗曼蒂克地走路……他们会笑话自己的。这是一个错误。

潘先生提出要找个地方坐坐，说说话，他说：“地点你来选，酒吧，茶座……还有我的小居室。”他说着笑了起来。

栀子也笑了，因为知道他是为什么笑的，所以大笑了。然而末了，她总是小心翼翼地选择酒吧或者茶座。她想，如果她和他之间注定要有事情的话，那么为什么不让这件事情来得迟一点呢？她可不愿意轻易地就被一个男人得到，虽然她也知道，迟得到和早得到一样是得到，本质上没有太大的区别。

潘先生并不问什么，他看着她，不介意地笑着；栀子不喜欢他的笑，把什么都看得很明白，那么笃定。他现在倒有足够的耐心了，他就知道她跳不出他的手掌心！他凭什么这样认为，谁给了他这样的信心？说到底他对她又了解多少？就算有一天，他得到了她的身体，他就以为他得到她的全部了吗？……然而潘先生也许并不要她的全部，他只要她的身体！栀子感觉自己有些气短。

他们站在路边等出租车，栀子看见路灯下他们的影子，互相交织在一起。她想着，她今生可不愿意和一个男人这样糊里糊涂地纠缠在一起，她是个清白的姑娘，她要过明亮的、坦白的生活，要有爱，要被负责任。她对自己说，现在撤身而退也许还来得及……可是她为什么要退？她并不怕失去什么。她什么也没有，孤苦伶仃的一个外乡女孩子，上海的冬天又这么冷，她需要帮助、抚爱和温暖。——她害怕失去贞操吗？然而她立即在心里大声地笑出来，第一，她没有贞操，她在大三那年的暑假失去了这个劳什子，她觉得很好，很轻松，像平白无故地丢了一个包袱；那是中文系的一个男生，和她同届，上大课时认识的，他有女朋友，然而他对栀子很好，弄她的身体时很小心，很爱怜。他安慰她，跟她说起许多，以及他的女友……她明白他的意思，她是个有自尊心的人，不能因为跟一个男人睡觉，就强迫他必须爱她、娶她。她不能让人瞧不起，她立即做出不介意的样子，反过来安慰他，说着很多让他放心的话……然而只有她自己知道，她快要哭出来了。她受到了怎样的伤害！她并不以为她会爱上他，她从来什么事都不当真，他也是！然而他不能说出来。她不让他负责任是一回事，他不愿意负责任又是另一回事，他不应该说出来！第二……也许没有第二。这是1996年12月15号，栀子二十四岁了，她是女人。她有身体。在世纪末的今天，没有谁会关心她是不是处女，她是否还贞洁？这会让人笑掉了牙齿。

潘先生并不搭理栀子，一个人旁若无人地站着，眼睛看着前方。栀子站在他稍后一点的地方，看着他的侧影打在自己的身体上，整个罩住了自己。天很冷。她不知道这是怎样的一个男人，他在想什么，他是否快乐，是否不快乐，是否喜欢她，是否对她不以为意……直到现在，她对他竟一无所知，这是栀子略略感到不安的。她觉得她在他面前很小，越来越小，渐渐地低沉了下去。她感到害怕。

潘先生伸手拦了一辆“TAXI”，大踏步地自顾自地走过去，他拉开后座的车门，立在门前静静地等栀子。今晚他出奇地冷静、淡然、雅痞，他的矮小的身躯在寒风中……变得有力。栀子一路小跑过去，低着头钻进了出租车，潘先生抬手关上了车门。他自己坐在前座。他对司机说：“太原路。”栀子吃了一惊——也许自以为是吃了一惊。在寒风中站得久了，乍一到空调车里，栀子觉得自己无论是身体还是意志都变得软弱了。她不停地打着“喷嚏”，像猫一样地呻吟着。潘先生无动于衷地坐着，连头都不回一下；他的宽大的脊背立在栀子面前，像一堵厚实的墙。

那一瞬间，栀子突然有些感动。她对这个男人产生了一种强烈的服从欲望，她听见了她身体坍塌的声音，她觉得可亲而温柔。今晚她喜欢他，是的，今晚。她承认他是莽撞的、专制的，然而也是可爱的，像似曾相识的陌生人。

潘先生的家在二楼，这是走下出租车时他告诉她的。栀子“嗯”了一声，潘先生便笑了起来，说：“你是不是预备说点什么？”栀子确实想说点什么，她最想说的一句话是“我叫你带我去酒吧，可没叫你带我来太原路”，这句话在心里反复说了很多遍，一路说下来，包括它的声调，语气，个别词的重音，包括她自己的神情，是调侃的，嘲讽的；抗议的，服从的；娇嗔的，嗲的……这是这种场合里再合适不过的一句话，很完美，很轻。然而栀子知道，单单为了说这句话而说这句话，似乎很蠢；而且在心里练习了很多遍，当真说出来时，未必就是合时宜的、不显得唐突的。

栀子轻声笑道：“我还是什么也不说的好。”

楼道没有灯，在一楼的楼梯口，潘先生把手伸给了栀子。他们一步步地上楼。栀子和潘先生之间隔着一层阶梯，他上一步，她也上一步；有时他会停下来，并不为什么，只一瞬间，他又开始走路了。在黑暗中，栀子看不见他的人，然而知道有这么一个人存在着，在她的前方，在拉着她的手。她觉得这是好的。

楼梯很短，潘先生在一堵门前站住了，他仍没有放开栀子的手。他在衣兜里窸窸窣窣地摸钥匙，然后换了另一只手，重新握住栀子的手，在衣兜的另一侧找钥匙。他把门打开，侧身进去，栀子也进去了。栀子立即感觉到她被一种力量包裹着，进入了他的怀抱。他抱她很用力，手伸进了她的衣服里，在她的脊背上搓揉着，栀子听见了她骨头清脆的响声，她觉得疼。他吻她，嘴唇在她的脖子上寻找，她闻到了他咻咻的鼻息；他的舌头卷住了她的舌头，他的嘴巴堵住了她的嘴巴，他撕扯她，咬她，让她疼。从来没有人这样吻过她，满头满脸的唾沫，绵软，疯狂，从来没有。

他把她往墙壁推，很用力，栀子觉得自己快要进入墙壁了。她感觉他的膝盖绕过她的身体，她听见门在身后发出“哐当”的响声。门被关上了，屋子里的灯没有开，两个人的身体在黑暗中静静地对峙着；他仍抱着她，也许是她在抱着他，非常紧密地，然而已经安静下来了。她在他的耳边说：“那么鲁莽。”一句意义含糊的话，她不知道自己……是不是有点喜欢。她不知道他听见了没有，他仍抱着她，没有任何表示。在黑暗中她看不见他的人，然而她知道有这么一个人存在着，在她的对面，在抱着她。她觉得这是好的。

栀子后来多次回忆起那天晚上，她和潘先生之间的情形。他的房间里有电手焐子，他用“热得快”烧水，他的床很小；房间里有很多书，有古旧的收音机和音乐，六七十年代的美国乡村民谣，从木吉他里轻轻地流出来。

栀子听了一夜的音乐，后来就睡着了。第二天醒来的时候，屋子里的壁灯还亮着。那一瞬间，她以为她是睡在自己的房间里，只是有点陌生。窗帘颜色变了，桌椅挪动了地方，褥子更加柔软……栀子后悔昨天晚上没有回去。她喜欢清晨醒来，睡在自己的房间里，看见的是日常的旧东西，自己的桌椅和书本，红漆地板上的纸屑子，阳台上的一把旧雨伞。她喜欢置身于自己的物件之间，哪怕是犯错误，然而她喜欢。因为可以原谅。

栀子的意识很清醒，她知道自己身处何处，并曾做过什么；她对自己说：这是在上海，某年冬天，我二十四岁，研究生毕业，正在找工作；我睡在一个陌生男人的房间里，他刚认识不久，和我睡过觉。我很好，身体健康，快乐，长得不丑，前途无量，只是现在很穷。

栀子看见窗帘的一隅没有遮严，阳光从窗外射进来，落在条纹地板上，像水一样地荡漾着。栀子想，这是几点了，难道是中午了吗？她记得潘先生昨晚临走之前跟她说，他今天上午过来，中午和她一起吃饭。他让她等他，并且说那个晚上“他过得很愉快”，对，他就是这么说的。他看她时的眼睛……依旧深情，脸部线条柔和，动作粗野而温柔。栀子木然地耸耸肩，潘先生立马感觉到了，说，“你不愉快吗？”栀子摇摇头。潘先生又问：“那就是愉快了？”栀子又摇摇头。潘先生笑了起来，说：“你不至于后悔吧？”栀子反倒有些不好意思了，跟着大笑起来。

潘先生说：“不能不回去的。她会有察觉，她有这儿的钥匙，以前曾经闹过。”栀子问怎么闹的，潘先生朗声笑起来，说：“被撞见了呗。打了一架。后来要离婚。”“谁要离？”“是我。后来她也同意了。不知为什么最后却又不了了之。”见栀子不说话，潘先生逗她说：“怎么了？不高兴了？”隔了一会儿，潘先生又说：“想叫我留下来是不是？”栀子忍不住笑起来，仍旧不说话。潘先生看着壁灯足足有两分钟，最后说道：“我打个电话回去就是了，就说今晚单位有事，不回去了。”潘先生的手机放在客厅的沙发上，他起身去拿手机，栀子一把拉住了他，说：“算了，你还是回去吧。”潘先生重新仰面躺下，并不说话，眼睛看着天花板。栀子说：“我想，也许我喜欢一个人单独睡觉的。”

潘先生那晚很迟才回去，他衣冠整齐地坐在床边，和栀子说话。偶尔他会拨弄着她的头发，把她蓬乱的头发弄整齐，再把她的整齐的头发弄得蓬乱；他拉着她的手，指尖在她的手心搔痒，栀子轻声地笑出来。潘先生说：“你有很好的身体，你发现了没有？”栀子笑道：“有人曾经对我这么说过。”潘先生说：“是男人吗？”栀子说：“当然，只有男人会说这样的话。”潘先生笑了起来，隔了一会儿，又说：“有很多男人喜欢你吗？”栀子把手伸进被子里，身体往下缩了缩，以一种更舒服的姿势和潘先生说话：“他们喜欢我，也许只是喜欢我的身体。”潘先生笑了起来道：“哦，何以见得？”栀子说：“一个女人的身体太好了，会让人忽略除身体以外的很多东西。”潘先生正在喝茶，两手托着杯身；听栀子这么一说，他把身体往藤椅上靠了靠，看着栀子，继续喝他的茶。

潘先生说：“你以为一个男人怎样对待女人才好？去爱她们吗？这对女人来说很重要吗？”栀子想了想，笑了起来：“也许不重要……我不太清楚，反正我从来没被爱过。”潘先生说：“但是爱过别人？”栀子想起了那个高中男同学，隔了那么多年，她偶尔还会想起他，然而那不能叫爱的，他们之间什么也没有。

午夜的收音机里传来“沙沙”的噪声，潘先生说：“节目结束了，音乐台的主持人下班了。”他把椅子往后挪了挪，侧身去换收音机的调频，然而收音机里没有人的声音，只有电波单调的“沙沙”声，潘先生关掉收音机，起身为自己续了水，重新坐到栀子的床边。

屋子里非常安静，栀子把身体稍微抬了抬，她听见身体和被子摩擦的响声。她坐起来，倚在墙上，潘先生从床头拿过一个靠垫，垫在她的背上，说：“往下躺一躺，小心着凉。”他替她掖着被子，说：“是这样的，我在男女关系上的想法也许更为朴素一点，身体的接触不一定是坏事——”栀子说：“我知道——”潘先生说：“你不知道，你根本就不知道我在说什么。”他望着墙壁，过了一会儿，他又说话了：“如果一个男人喜欢你的身体，见你第一面就想跟你睡觉——”栀子大声地笑出来，潘先生很吃惊，问：“怎么了，有什么不对的地方吗？或者我说错了什么？”栀子滑到被子里，把头蒙起来，在被子里笑成一团。潘先生也笑了，边笑边等着栀子。

隔了半晌，栀子才重新露出头来，边笑边说：“你知道我刚才笑什么吗？确实有很多男人对我说过，他见我第一面就想跟我睡觉。”潘先生也笑了起来，说：“噢，是这么回事，原来不止我一个人有这种想法。”栀子把脚一蹬，重新拿被子蒙住了头，在被窝里大声笑道：“好啊，原来你也有这种想法。”潘先生说：“这难道不很正常吗？”栀子从被子里只露出一双眼睛问：“为什么？我不明白这是为什么？”潘先生说：“因为你的身体很好，真的很好，很性感。”栀子说：“我一点也看不出来，我不胖，胸脯很小，神情又不娇媚，”她说着大声地笑出来，样子有点委屈，“真的，我一点也看不出来。”潘先生说：“性感跟那些是没有关系的，你刚才说的是肉感。”栀子说：“这有什么不一样吗？”潘先生想了想，觉得回答起来有些为难，不过他还是说了：“不一样的，也许性感更持久一点，更上等一点，然而……真的说不准。两个同样是吸引男人的方式，也许性感更有内质一些，它不是人为的东西。”

潘先生侧着头，吊着一双眼睛看着栀子，笑道：“有多少男人跟你说过这样的话？”栀子说：“说过什么样的话？”潘先生说：“咦，你忘了？就是说第一次见面，就想跟你……”栀子笑了起来，她皱着眉头想了想，说：“不知道，忘了。”潘先生又问：“逃过了多少？”栀子笑道：“大部分都逃过去了。”想了想，又补充道：“绝大部分。”潘先生大笑起来，笑了很久。他说：“可是为什么这次不逃？”栀子侧着头，看着枕巾上的花纹，沉吟着说：“为什么这次不逃？为什么？……”她微笑了起来，说：“也许……我也不太清楚。大概是因为天很冷，意志力很薄弱。”两人同时放声大笑。

潘先生说：“我一直在想一个问题，在男女关系上，女人总是觉得自己处于弱势，男人普遍认为自己占了便宜，比如说，你刚才用那个‘逃’字。”栀子说：“我没用那个字，是你先说‘逃’的。”潘先生想了想说：“可能吧。这个问题在我身上也是存在着的。可是女人为什么要逃避男人，她们害怕失去什么？事实上，她们什么也没有失去，也许相反，还会得到很多。”

他说着笑了起来，然后又正色说道："我是说，就是那么一个人，还在那儿，还要生活着。她很正常。"栀子说："女人逃避大概是出于本能，我们小时候就被告诫着，要远离男人，不要轻易地付出自己的身体，除非得到足够的保证，比如婚姻，再比如爱情。我们把身体看得比什么都重要，尤其在中国。"潘先生摇摇头说："其实一点也不，你们把身体看得很轻，你们希望通过它，得到很多其他的利益。"栀子羞赧地笑起来，说："我大概不会吧。"她突然想起来，她是因为工作的事情来求助潘先生的，他们之间是一种帮助和被帮助的关系。栀子觉得自己一下子跌了很远，跌到了一个她根本就想不到的地方。在她和潘先生之间，隔着一堵墙。

潘先生说："你们总是亏待自己的身体——当然我不是说你，你还要好一点，你是个真实面对自己身心的女孩子，你知道自己需要什么，知道哪些事情是应该做的，哪些事情不该做，你把一切事情都控制在一个适当的范围内，可是有时候你也有矛盾。"栀子笑了起来，好奇地问："你倒说说看，我什么地方矛盾了？"潘先生斜靠在藤椅上，手托着腮，食指轻轻地刮着下巴，笑道："你的矛盾就是，你喜欢放纵自己，接着就开始后悔。可是问题是，假如你不放纵自己，你也会后悔。"栀子吃惊地笑起来，好像第一次发现了自己一样，说："是吗？我是这样的一个人吗？”潘先生淡淡地说：“我倒希望你不是。”

两个人很长一段时间没有说话。栀子侧躺着，视线的范围控制在潘先生的一条腿，和藤椅的右扶手之间。她想，这是怎样的一个男人，她对他还不够了解，而他对她好像已经摸透了一样。看得出他对女人是很有经验的，他知道分门别类地对待每一个女人，他可能也会讨某一类女人的喜欢。当然，他是个好人，风趣、健谈，然而好像也就这些了。

栀子不懂潘先生为什么对自己说这些，她只不过是一个很普通的女孩子，在校园里长大的，未见得有什么非凡的理解力；她将来恐怕还是要过日常生活的，有普通人的伦理和道德，过她的庸俗的小市民的生活。也许他喜欢跟一个女人说话，这在他是一种亲近的表现，表明除了对她的身体感兴趣以外，他还愿意跟她说话；也许是因为他喜欢她（当然……这难道值得怀疑吗？），她年轻、好看、可爱、性感（这是他说的），恰好她又有求于他……他何乐而不为呢？可是栀子总不愿意承认他们之间仅仅是这些，就是这些解释，仿佛她跟一个男人之间……那么清楚，三言两语就说完了。

栀子愿意潘先生喜欢她，因为她是独一无二的那个个体，她是栀子，她有区别于其他女孩子的不可替代的地方，哪怕是坏，也要别具一格，给他留下深刻印象；他也许不爱她（她也不需要他爱），但是她要他记住她，她要给他造成强烈的冲击。她觉得她对男人的野心又出来了。

可是她会爱他吗？——她这样问着，心里已经在笑话自己了。她知道，这是一个典型的女人问题。普通女人在跟男人有过身体接触以后，总是迫不及待地追问这个问题；栀子明明知道她和潘先生之间永远不可能涉及那个字，然而她还是要问，她爱他吗？栀子抬起头来，看了潘先生一眼；事实上她连头都不需要抬，就可以回答这个问题：不，她不爱他。现在不，将来……恐怕也不。

她抬起头来看着潘先生的脸，现在，他跟她已经很熟了，他们说过很多话，探讨过很多问题，彼此达成了协调和谅解，建立了某种情感联系……然而他是一个陌生人，她几乎不认识他。他们还会相处下去，可能会更好，关系更加深远而密切，彼此很愉快，甚至有点留恋……然而栀子知道，也就到这一步了，不可能再前进了。

栀子也不知道，她和潘先生之间到底缺了什么，那么一个活生生的男人，风趣、优雅、富有，正坐在她的面前，几个小时之前曾经肌肤相亲，现在正拉着她的手，看着她，彼此可以感觉对方气息的存在；就差那么一步，她以为是跨过去了，然而没有。栀子不知道这个问题对潘先生是否也存在着，然而他多半还没想到这个问题呢！男人多半是不想这些的。

潘先生曾说起他对生活的理想，那就是在不久的将来，买一辆私家车（他已经考了驾照），一幢在价格上他可以承受的花园洋房，出国旅游……他说："我要每天开车送小家伙上学，直到他高中毕业，有自己的车，有女朋友。"

他们说起现时的制度，于他们是有益的，然而它来得似乎太迟了。潘先生说："等到我们一切都拥有的时候，我们已经老了。"他看着栀子，手指插进她的头发里去，笑着问她："你也会老吗？"栀子抬头看着远方，她看见白的墙壁，几张桌椅，一扇关闭着的窗户，一个男人的侧影……事实上，她几乎看不见远方，她还很年轻，她什么也没有。然而她知道她会老的，总有一天，她会老得很惨。

她突然有些明白了潘先生，一个年届四十的男人，正值韶华，健康，饱满，热情，尖锐，正因为如此，才格外感觉到危险，巅峰期一过，人便一步步地往下堕落，速度很快，连他自己都吃惊着：丑，无力，懒惰，健忘……栀子能够容忍四十岁的男人犯错误，哪怕罪恶深重，也觉得可以原谅，因为不容易，很心酸。

有时候，他也会跟她讲起他过去的女人们，他的话不多，断断续续，神情极为节省。栀子一旁静静地听着，觉得这是一个与她不相干的话题，很遥远，像小时候听祖母讲传奇，听得很认真，然而她不能投入感情。栀子手托着腮，把一张脸好看地围起来，非常善良地、耐心地问：“噢，是这样的吗？”潘先生抬眼看着栀子，便笑了起来。

栀子说：“后来呢？”潘先生困惑地说：“后来？”大约自己也忘了讲到哪里了。隔了一会儿，他终于又说：“后来她出国了，那是1988年。”栀子取出一根薯条，蘸着番茄酱（他们楼下有一家“麦当劳”，刚才上楼时顺便捎上来的）。栀子想，1988年是个什么概念？有多远？——仿佛也不太远，然而却是八年过去了。八年前，她才十六岁，身体刚刚发育，夏天从不敢穿透明的衣服，因为怕男生看见里面的胸罩。

栀子说：“1988年，你是什么样子呢？”潘先生想了想，笑道：“没有现在这样老，和现在一样喜欢女人，做过很多傻事。”栀子说：“犯过很多错误？”潘先生说：“是的，犯过很多错误。”栀子又说：“现在再也不会犯错误了？”潘先生爽朗地笑起来，说：“我估计不会了。”

栀子坐在沙发上吃她的薯条，屋子里非常安静，她听见了自己咀嚼的声音。不知为什么，她突然有些失望，自己也觉得没有来由。是不是因为潘先生那几句话？一个三十八岁的男人。一个三十八岁的，再也不会犯错误的男人。——栀子这才知道，她这一生根本不可能进入潘先生的世界；她原本也没想进去，现在的问题是，即使想了，也未必进得去。她没资格成为他故事里的女主角，她是个跑龙套的、身世单纯清白的女孩子，而他已经历了风雨，不再犯错误。——他不爱她。

他不爱她！栀子恨恨地想，这个流氓，他不爱她，可是他想睡她。——他从见她第一面起就想跟她睡觉，他所做的一切，一切的言语，手势，俏皮话，无非是为了把她骗上床。栀子蓦地抬起头来，看着她面前的这个男人——他也在看着她，他的眼神很空茫。栀子便知道，他一定没在看她，他在看她后面的空气，空气后面的墙壁。他又在想他从前的女人了。

栀子只觉得颓丧，倍感着急；她也不知道事情怎么会发展到这个地步，她怎么能容忍自己堕落到这个地步！她这样一个清白、灿烂的女孩子，要什么有什么，好脾气，好心肠，好的身体，既古典又现代，既安静又疯狂……可是他不爱她，他不爱她，叫她有什么办法呢？栀子觉得自己一下子失去了平衡，在这场游戏里，她从一开始就失去了很多，她失去了尊严，主动权，信念……而这一切都是因为她失去了她的身体。

关于身体，栀子是这样想的：它不重要，对女人来说，它只不过是身体，需要维持它基本的需求，吃饭，排泄，做爱——她喜欢和谁做爱，就和谁做爱；和这个男人是做爱，和那个男人也是做爱；做爱不但能够得到快乐，然而比快乐更重要的，还是利益：妓女可以得到钱财，女间谍可以得到情报，女职员可以升迁，女演员可以出镜，女歌手可以扬名，女作家可以发表小说……栀子可以得到一份工作，留在上海。

栀子一遍遍地安慰自己说，没有问题的，她只不过和一个男人睡了觉——她要求他的帮助，必须和他睡觉；她并未损失什么，她又不爱他。等到他帮她找了工作，她就不和他来往了。她会遇到一个合适的、年龄相仿的男子，和他恋爱，嫁给他，她要住在玻璃的楼房里，有很多物质，坐在房子里就可以看得见风景，她要接来母亲和妹妹同住——是呀，这才是最主要的，她们要喧哗，歌唱，她们很强大。

栀子在一瞬间有了责任心，平添了很多力量。她重新吃起薯条来，蘸着番茄酱，薯条有些软了，红色的番茄酱沾染了她的手指。她轻轻地吮吸着她的手指。她再次抬起头来看着潘先生，她看见他斜靠在沙发上，面前铺着一份报纸，那样子既像在看报纸，又像在想心事。

下午的阳光照在这个男人的侧体上，把他的影子拉得很长。栀子看着他地上的影子，不知为什么，她突然有些心疼；她想，那一定是因为她看见了自己影子的缘故，她的影子在沙发的另一侧，她和他隔得很远，永远沾不着边。栀子的心一紧，她发觉她的眼泪淌了出来。

栀子在那虚空里静静地坐着，无端地有些紧张，她听到了心猛烈撞击的声音。她想，这屋子里正在滋长一种空气，在她和潘先生之间，有一种危险的东西正在生成。她想到，有一天她可能会爱上这个男人——这难道很奇怪吗？因为他是男人，他就坐在她的对面，他们之间有如此多的可能性，生理的，心理的，物质的，情感的……这么多的可能性中没有一个能促使他爱她。因为他不爱她，他没有情感；因为他孤独，耽于回忆，因为他不会对她犯错误。也许说到底还是因为她自己，她和他一样是个没有爱的人——她从来没被爱过，包括她父亲的爱。这么多年来，她有着被爱的诸多可能性，生理的，心理的，容颜的，学识的，情感的，性格的……然而这么多的可能性中，男人单单看中了她的身体。

栀子突然明白，为什么这么多年来，男人只津津乐道于她的身体，见她第一面就想跟她睡觉？不仅仅因为它是性感的，更主要的，还是来自于它的安全。很多男人从见她的第一面起，就知道她是个安全的女孩子：跟她睡觉，是件干净利索的事情，不怕惹来很多麻烦，不怕她会闹着嫁给他。固然她是个极纯朴的人，无论是性情，还是衣着打扮言行举止，都没有太多让人想入非非的地方，然而一定是她的神情，她的身体所具备的姿态，她的眼神所流露出来的信息，漫不经心的，游离的，软弱而善良的，兼具同情心和自尊心的，让人觉得有机可乘的……一定是这些，让男人们从此放了心，有了信任。

栀子认为自己就吃亏在这个地方，她太不拿自己的身体当回事了，也许正好相反，她是太拿自己的身体当回事了。她以为，它只是身体，然而不是，对于从古到今的所有女人来说，它更是别的东西。就像现在，对潘先生，她真后悔把身体过早地给了他。——这有什么好处？如果他现在还没有得到她的身体，那他至少还在努力，处于努力地把她骗上床的过程中。对一切女人来说，还有什么快乐能抵得上被骗的快乐呢？那里头几乎有一切：花言巧语，承诺，不安全，将信将疑。女人一生的努力，就在于如何使自己被骗，减少被骗到手的可能性，延长被骗的过程，增强被骗的艺术性。当真被骗上床了，那种乐趣也就完了。

栀子觉得自己在处理男女关系上，是个天生很迟钝的人。她不会“作”，她太性情。她禁不住男人几句哄，她的心太软。她总想，大家都是不容易的人，被生下来，慢慢地长大，有欲望，最终走向衰亡。大家都不容易。

现在，潘先生骗了她，也许他自己也没想到，他竟会这么快得手。他这一生所学到的骗人的各种技艺还没有来得及施展，他自己也觉得堵得慌。然而他终究是快乐的，有一种微微的成就感。现在他不再骗她了，他从来没有像今天这样真诚坦言过，他跟她说起许多，他从前的女人们，他的感情。——栀子想起这个就生气，他凭什么对她说上这些？他就以为她那么宽容，不会生气？然而潘先生也许早就不介意她生不生气了，他对她是懒得说谎了。

他们仍来往着，不闲不淡的。栀子因为受自尊心的支配，尤其要做出冷淡矜持的样子；潘先生那边呢，固然愿意跟一个年轻女人的关系保持得亲密愉快一些，然而要让他做出艰巨热情的努力，他也觉得没必要。而且大家都是很忙的人——栀子这一段时间把自己的身体完全给泼了出去。她在一个星期之内参加了十一个大大小小的人才交流会、招聘会、新闻发布会，填写了不下数百张的表格，和人交谈，握手，交换名片和地址……她是铁定了心要在上海待下来，她在这个城市生活了七年，这里留下了她不多的、苍白的回忆。

有时候回到集体宿舍（为了找工作方便，最近她又搬回学校住了），在那木板床上躺着，听着窗外有男生在呼唤一个女生的名字，“张海燕”，清越的，铿锵的，再一声“张海燕”。栀子便想着，大学校园真是催人老的，像现在，她才不过二十五岁，便觉得在这种环境里已经待不下去了。这里永远有很多：青春、骄傲、希望、爱情……它们与她都没有关系。

宿舍里没有人，虽然离毕业还有一段时日，然而已有些人心惶惶了。两个室友中的一个正准备考“GRE”出国；另一个正在热恋，三年内换了五任男友，和数十个男人保持着精神的、肉体的、情感的各方面的纠葛——生活对她来说倒也简单，她是为恋爱而生的。栀子只是奇怪，对有些女人来说，爱情是一件再简单不过的事情，她认为普天下到处都可以捡来爱，一个不相干的男人无意间扭头看她一眼，她就以为这是爱，至少说，这是爱的信号。而栀子恰好相反，她认为普天下的男人都不爱她，不要说是无意间扭头，就是有意间上了床，她也不以为他是在爱她。所以她常常委屈着，觉得这世上所有的男人都欠了她的。

栀子静静地躺在床上，闭着眼睛；偶尔也会睁开眼睛，看见窗外空茫的天，她又想起了那个叫张海燕的女孩子，她和她住在一幢楼上，然而她不认识她。想象中应该是个微胖的女孩子，比她年轻，长得不怎么好看却又喜欢打扮……栀子突然发现她这猜测里有难堪的嫉妒。她现在有理由嫉妒所有人，年轻的人，富有的人，找到工作的人，正在爱的人……她现在不能看见正在爱的人，她不能看见他们手拉手，最不经意地低头微笑，她不能看见他们接吻，固然她也在接吻，甚至比他们更热烈，然而那不一样。

栀子的身心很疲沓，一个星期以来，她很少有这样静下来的时候，面对她自己，想想未来，想想上海……觉得突然不能忍受这样的静寂，一分，一秒，七年，城市是与她不相干的城市，人是与她不相干的人。记起有一次走在淮海路上，是一个周末的下午，迎面走来很多人，摩肩接踵的；也能听到他们的声音，也能看见他们的面庞，然而不知为什么，仍觉得隔膜；她大踏步地、努力地往前走，披荆斩棘，冲破层层的空气、灰尘、越来越多的人群，微雨……觉得正深入到这个城市的心脏里，然而没有，仿佛间又离这个城市越来越远。

这天，栀子在校园里走着，突然在图书馆门前碰见了“表哥”于波，两人在车棚前站了会儿，于波便问起栀子找工作的情况，栀子说：“大概是要回杭州的。”于波很吃惊，栀子比他还要吃惊，因为她自己也没有想到。于波说：“定了吗？”栀子说：“定了。”栀子静静地听着自己的话，那么平淡而乏味，充满着疲惫，怎么也不懂自己，这么一个重大的选择就在一瞬间决定了。仿佛经过了人生的一场大劫，由戏剧性复归到日常生活里去了。然而她知道这其实是不相干的。

于波说：“上海很难留吗？”栀子说：“不，是我自己要离开的。”于波说：“为什么呢？”栀子不能回答。她不能告诉他，这个城市引起了她无处不在的挫折感，她不能容忍自己跟这样的一个城市发生关联。

于波说：“为什么不考博呢？四月份开考，现在报名还没有开始，完全来得及的。”然而栀子已经沉浸到她那悲壮的选择里去了，她要回杭州，过独身生活，她要和母亲与妹妹住在一起，她再也不要与任何人来往。……栀子觉得自己下滑的热情如此之大，她听到了体内血液奔腾的声音。不管如何，她爱上了她的不负责任的选择，她以为这是一个牺牲，和报复。虽然她也知道这其实是不相干的。

于波倚着自行车站着，一只手不停地摇着铃铛，隔了一会儿，他突然侧转过身来，看着栀子，说：“想跟你说一句话，不知合不合适？”栀子说：“你说。”于波说：“你是个极聪明的女孩子，有的话不需要我说，你自己是明白的。不过也很难说，临近毕业，人的心态都很非常，很疯狂。所以对你又不太放心。我的意思是说，人可能会犯很多错误——大多数人是有犯错误的嗜好的。但即使是犯错误，也要明智，要有选择性。有的错误是可以犯的，比如在小节上，那绝对没有问题，因为它只伤你的皮毛，恢复很快。但是有的错误绝对不可以犯——”他看了栀子一眼，说：“知道吗？”

栀子说：“不知道。”

于波说：“因为那没有价值。”

栀子抬起头来看着于波，不觉凛然。于波又说：“真的，那没有价值。”栀子思忖着于波的话，她不知道他为什么跟她说上这些，当然他是她的师兄，然而他极少有这样认真郑重的时候——他知道了多少？

于波说：“留在上海。工作或者考博，好好地善待自己。其他什么都不重要，重要的是你要好好地生活着。”栀子说：“我不知道……”不觉低下头来，发觉眼泪汪在眼里。她这么多年来所受的委屈全来了，家道衰落，外乡人，没有友爱和朋友，拮据的生活……

于波摇摇头笑说：“傻姑娘。你要学的东西太多了。”栀子说：“你什么意思？”于波淡淡地说：“也没什么意思。”

他们后来谈起了潘先生，于波说：“你后来没有找他吗？”栀子说：“找了。把我的情况跟他说了，他也答应帮忙，后来就没有消息了。”于波说：“你应该盯他紧一点，他是个忙人。应该没有问题的，只要他愿意帮忙，那他准帮得了你。”他看着栀子，突然笑道：“他没对你有非分之想吧？”栀子坐在自行车的后座上，一只脚撑着地，另一只脚搭在车踏板上。听于波这么一说，不由得把脚从车踏板上拿下来。她笑了起来，刚准备答话，一个男生过来推车，两人只好让道，慢慢地沿着林荫道往前走。

其时正是黄昏时分，有很多学生从图书馆门前走过。栀子一边走着，一边仰头看那灰蓝的天，看见冬天的梧桐树，枯枝，不多的几片叶子，像一种精致的民间剪纸。不觉有些头晕。她又回头看林荫道的深处，天更灰了；在灰天的尽头，有一排古楼，是教学楼，有很多学生从楼里进进出出。回过头的时候，栀子便问："你刚才问我什么来着？"于波说："我问什么？"栀子想了一会儿，笑道："好像问我一个问题，我也忘了。"

于波后来还是想起来了，重新问道："你以为他是个什么样的人？"栀子说："谁？"于波说："你当然知道是谁。"栀子"噢"了一声笑道："看上去是个很热情的人，但是内质是疲惫的，他自己肯定不承认。有过感情，但是现在没有了。很害怕自己会老去。"于波笑道："你倒是比我了解他。"栀子说："我在这方面有天赋，不过也仅限于此。"

栀子静静地听着自己的声音，在冷冬的空气里发出震颤，每一个字都足够让她手臂上的肉一哆嗦。同时又觉得是站在体外来听自己的声音，很平静，很旁观，很冷淡。——细细地回忆起刚才议论潘先生的那席话，话不多，是一字一句说的，很认真，很地道；然而仍觉得在力量上不够用，仿佛平生第一次说了那么多的话，字与字之间很拥挤，感觉到喘息未定。

想起来他们已有十多天没见面了——认识也不过才一个多月。人生的三分之一就过去了。栀子很明白，这么多天来她如此忙碌的原因，原来是为了忘掉一个人，为了把他从她的世界中清除出去，为了她不至于糊里糊涂地输得很惨。她从来没有真心实意地爱过上海，因为她从来没有真心实意地——被这个城市的男人爱过。她之所以要迫不及待地留在这个城市，也许她自己都不愿意相信，那是出于一种难言的报复。

有时候从招聘单位回到学校，躺在木板床上，拉上她那印有小狗熊图案的床帘，偶尔她会想起潘先生。觉得很安静，很遥远。他现在成了一个淡淡的人影子，虽然同在一个城市，都要呼吸，都要吃饭，然而现在他是背景，一小部分的、极不重要的背景，他终将被淡忘。

不像今天——栀子没想到还会有今天，她会遇见于波；她绝对没有想到，在这个世界上，她遇不见潘先生，她还可以遇见与潘先生相关的人，他们会谈起他。她听于波讲起潘先生，讲有一次他们去洗“桑拿”，陪两位外地同行，找了上海好几家洗浴中心；又讲他祖籍是广东，在北京读的大学。……不过是一些极简单的话，有的她也知道，然而听来却有着深一层的乐趣和喜悦。栀子自己也有很多话要讲，关于潘先生，也不过是一些极简单的话，都是短句子，不会掺入一点感情；就像当初他们第一次见面时，是在一家叫作“天水雅集”的茶馆里，她冷冷地、远远地打量着他的情景。那时他们是陌生人。

于波送栀子回宿舍，在门口分手时，对工作的事情不免又叮嘱了一回；栀子目送着于波远去，想着于波这个人，今天下午，他和她之间的谈话。想起潘先生——现在，她才敢想起他——觉得这对于十多天来她的压抑节制的情感，是一种奢侈。她觉得自己的努力全浪费了。

栀子一个星期以后才打电话给潘先生。——在此之前也尝试着打过，在学校的磁卡电话亭里。磁卡都插进去了，听筒也拿在手里，只等着拨号。突然在对面的磁卡装置上看见了自己的脸，是倒过来的，眼睛在下，鼻子在上，脸丰肥而庞大，显得非常的夸张。栀子看了很久，后来就放下了电话。

有时候觉得她和潘先生之间是不可能再见面了，日子一天天平常地过下来，没有他这个人，也并不觉得有什么缺憾；有时候就不行，觉得很“不堪”，怎么想怎么不明白，认识也不过才一个多月，她怎么就到了这种地步？——平静下来的时候，她拨了他的手提，才知道他不在上海，他在北京，开一个全国性的新闻会议，三天以后才能回来。

他问她这些天怎么过的，打电话给她，一直找不到她的人；她告诉他她最近住校，今天刚回来。他在电话那头突然说：“想我吗？”声音很低，像在呓语。栀子便扬声笑起来。潘先生说：“你笑什么？”栀子说：“我猜你身边肯定没人，所以你说话才如此放肆。”潘先生笑道：“当着别人的面，我照样敢说。”栀子说：“你敢吗？”潘先生淡淡地说：“这有什么不敢的？”栀子侧躺在床上，把电话筒搁在枕头上，一边听潘先生说话，一边看窗外。这天是阴天——然而也许跟阴天并没有关系——使得栀子对自己的感情突然有了不信任。她想，这也许不是爱吧？只不过是一个有过肌肤相触的男人，不爱她，使她觉得自己略略吃了点小亏，因而一直念念不忘。

他跟她调情，她在电话这边放声大笑，然而内心是迟疑的，仿佛觉得不应该笑；仿佛一切都错了，不应该是这样，也不应该是那样——应该是端庄凝重的，无声的，两个人都不说话，然而在各自的听筒里可以听见彼此的呼吸；有一个人终于打破了沉寂，说的却是不相干的话；另一个说，什么，我不懂你说什么？声音有点沙哑。那一个说，我也不知道，我忘了自己说过什么了。——仿佛应该是这样。

栀子也不明白，她盼望了无数次的见面和交谈——首先没有见着面，然后，交谈竟全变得这样戏谑、轻快、放荡，仿佛全然没那回事似的。自己也想着，应该是值得庆幸的，因为完全脱离出来了，还没开始就结束了。固然这稍稍出乎她的意料，离她的理想相去甚远——她理想中的情形绝对不是这样的。到底是什么样子的，她也不太清楚。她设想着，那至少是有点郑重的，有点紧张的，因为毕竟十几天没见面了……他突然出现在她的视野内，他从墙角拐过来，他朝她微笑；她听见了他说话的声音……她想她一定是很愉快的，身体很轻，眼皮子却重得抬不起来；或者是另外一种情景，很伤感，他们之间有如此多的可能性，却因为唯一的不可能失之交臂，他们互相安慰着，告诉对方彼此会有更好的生活，话很平静，一切都将随风而逝。……

栀子突然觉得自己受到了伤害——不是来自潘先生，而是来自她自己。她在电话里和他说笑，她的态度如此轻慢；虽然潘先生的态度也轻慢，然而他是男人，怠慢女人是他分内的权利；他怠慢她不要紧，可是首先，她不能怠慢她自己。她想起了这十多天来她为他所受的苦，她压抑自己，她和自己拼命，她拼足了全身力气把他从她的身体中赶出去……谁都没有想到，这么轻易地，他就出去了。她不能原谅她自己。

潘先生继续说着话，他今天的兴致似乎特别好。栀子静静地听着，不答话，她觉得在纠正自己。潘先生说："真想把你一下子搂在怀里。"栀子没有听清楚，问："你说什么？"潘先生半晌才笑道："你知道吗，你的笑很能挑逗人。"栀子侧头看着窗外——想起潘先生的话，这次她听清楚了——她看见窗外有一棵冬青树，小学生背着书包去上学，不多的一线阳光，慢慢地又微弱了下去。她想，这一定是个冷天，户外的行人匆匆，然而她屋子里是暖和的。

不知为什么，她又笑出声来，很悲哀，声音很大。潘先生说："你的笑很是地道。"隔了一会儿，他又说："不过有时使人害怕。"栀子一路笑下去，一边笑一边说："我觉得我没有挑逗你，真的，我从来没有那个意思。"发觉已经不能再说下去了，因为她的眼泪淌出来了。她的心都灰了。

栀子后来再也没有见到潘先生。通过几次电话，她告诉他她要"考博"。潘先生很吃惊，说："你不是正在找工作吗？我已经帮你联系了一家。"然而栀子想，这恐怕是不妥的，潘先生找的工作她是横竖都不能要了。她现在突然有了自尊心，因为她跟他睡过觉——就因为这个，她要做出一种姿态来；她不能让自己相信：她之所以跟他睡觉，原来是为了得到这份工作。她是个有身份的女孩子，从小就接受传统教育，知道善恶和美丑，知道这是个泾渭分明的世界，然而有时显得含糊。

还有一层，她自己肯定是不承认的，因为很无聊，有点歹毒。她要让他觉得：他欠了她的。不单是欠了她的感情——这个倒简单，可另当别提；欠了感情之外，还欠了很多其他的：物质生活，漂亮的衣衫，大饭店的晚餐，玩具熊，旅游，她喜欢的而他又买得起的首饰，一份体面的工作……潘先生是个有情有义的人，他不是流氓，他这一生从来不贪任何小便宜，何况是女人的便宜。他不能允许自己白白睡了一个女人，而不给她一点帮助和补偿。他会心不安。

他曾经允诺过她，等他空下来的时候，他就好好陪她，他要送给她的东西有很多：大把大把的时间、肉体的快乐、枕边话、“巴黎春天”的衬衫；等天气好的时候，他就带她去兜风，去走沪宁高速（他朋友中有私家车的，他可以借来一用），他说：“你是喜欢去苏州呢，还是无锡？”可是她倒愿意去南京，她妹妹在那儿读大学，他说：“也好，我们可以去中山陵——我一个人去，你去看你妹妹，然后我们一起回上海。”这么说的时候，还在拉着她的手，不时地扭头看窗外，看天色什么时候能好转，很着急的样子。……

栀子想，潘先生会耿耿于怀的，一直耿耿于怀下去，因为从没有被一个女人这样对待过。他觉得自己被无辜地剥夺了一种权利——在一个跟他有过身体接触的女人身上花钱的权利。这权利是如此重要，对很多有“品质”的男人来说，这是维持他和世界和女人平衡关系的砣。

潘先生也能感觉到那轻微的失重感，仿佛一拳打个虚空，虽没有摔倒，也摔个趔趄，不觉有些怔怔的。他刚从北京回来，几天前他们还通过长话，彼此很热烈，她向他撒娇，他也向她撒娇，他的声音低得怕连他自己都听不见了；坐在飞机上，看着满天的流云，她突然从流云深处长出来。满身心都是她，想象着回上海后该怎样好好地“整”她一下，因为她折磨他。

现在这一切突然成了不可能了，她拒绝他，她不但拒绝和他见面，她还拒绝他的馈赠：一份体面的工作。——潘先生略略有些遗憾，同时也更加好奇：几天前还是好好的，为何他一回到上海她就变了卦？但是他也懒得弄明白，因为太累了。他自己是一个高高在上的人，乐善好施，有钱，有地位，极度慷慨；一个地道的绅士。他愿意帮助一个女人，可是她拒绝他的帮助，他也没办法，只得由她去了。

有时栀子也后悔着，她和一个男人的故事就这么结束了吗？还没有来得及开始。她和他只“亲热”过两次，相厮守的时间加起来不过十小时。她的思想，她还没有来得及向他展现……她要让他知道，除了身体以外，她还有思想，他也许并不介意，可是她要让他知道！

也许还是另一种东西在作祟，在这个寒冷的冬天，异乡的大都市，她失去了一次亲近物质的机会。栀子私下里是心疼的，然而她不愿意承认。1997年的初春，似乎特别的冷，晴空万里，直冷到骨子里去——栀子不喜欢过冷冬，因为她穷。在那单居室的屋子里坐着，听着电流从暖器片上流过时发出“滋滋”的声音，她觉得她穷。

栀子突然觉得非常委顿，在这个世界上，没有爱倒也罢了；可是没有爱的同时，再没有钱，她不知道这样的日子对一个女人还有什么意义可言？记得有一次她笑着跟潘先生说：“已经有一年多没有逛服装店了，对于选衣服的感觉全丧失了。”潘先生并没有说话，只抬头看了她一眼；只这一眼，栀子立马感觉到了。他在为她心酸。她应该为自己落泪。

有时候也想着，让一个男人为她花钱，也许是一件快乐的事情。于男人，是花钱买平安，对虚荣心和良心都是一次极好的满足；于己，则是捡了一次小便宜，横竖不花自己的钱——女人都有占便宜的毛病的。

然而栀子是断然不肯相信心里有这些潜意识的，即便相信了，她也不允许自己去做。首先是她的母亲，她内心是不能撇开母亲而存在的。她那样家庭出身的女孩子，不管时代的道德标准堕落到什么地步，不管她内心是如何激荡贪欲，恐怕表面文章还是要做的，那就是尽可能做一名良家妇女，做下去，保证会有好处。

有时也会想着未来，她几乎想不起什么——她是个想象力很差的人。想得最多的还是男人。一步步地往前走，在时间的窄道上会遇见很多男人，有她喜欢的，也有喜欢她的；有的会擦肩而过，有的呢，也许就会停下来，说上几句话，也不怎么地，又继续往前走了。潘先生也许就是这样的男人。

栀子想，和潘先生恐怕再也见不着面了。如果她不主动约他，别指望他会屈尊来约她。他那样的男人，身边是不缺女人的。躺在床上，在被子里蜷缩着身子，手会碰到小而饱满的乳房；电话就在床头，号码也是极熟的，只需开着灯（已是深夜了，读完书刚睡下）；是有这种可能性的，和他恢复从前的交往，他会很喜欢，也许喜欢的还是她的身体，然而到底还是在一起了。

有一次竟是潘先生打的电话来，是在深夜，他刚从一场聚会中回来，闲着无聊，突然想起了她，便打来电话来问候一下。他问她这些天的生活情况，读书是否用功，是否感冒了（因为有寒潮），很关怀的口气。他现在再也不跟她打情骂俏了，他关爱她，就像在关爱一个陌生人，或者他的儿子，不带任何一点猥亵色彩。这表明他已经完全纠正了自己，把她当作一个朋友，而不单单是一个女人。栀子稍稍有点失落，也不知为什么，一个男人太拿她当女人看，她是要生气的；如果完全不把她当女人看，只徒然地尊重她，她也会觉得难堪。

栀子在那黑暗里静静地坐着，一边听潘先生说话；他说的都是很光亮的话，然而她不喜欢听；她喜欢听的话，他偏不说。她自己也着急起来，同时也为他着急，他还在说着他的天气，他说："你要当心，天气还会冷下去的……"仿佛他好不容易打来一次电话，就是为了说这个。他的声音就在她的耳旁，从听筒的小孔里冒出来，发出"滋滋"的噪声。

栀子突然明白，男女之间如果没有感情的或者性的联结，那说起话来是相当枯燥吃力的；正想着是否该结束这次谈话时，潘先生在那边"喂"了一声说："你睡着了吗？"栀子提神说道："没有，我正在听你说话。"

在那黑暗里，栀子听见了自己的声音，那么清楚、明净，使她有些微微的震动，因为从来没有过的，在这样的深夜里，和一个男人；她想她的声音真是很好的，充满了对自己和他的怜悯，充满了感情。

栀子说："你现在是躺在床上吗？"潘先生说："是呀！"栀子又说："你的床边开着灯吗？"潘先生说："没有，我把灯关了，我现在坐在黑暗里。"栀子说："我也是。我这儿什么都看不见了，刚才窗外的路灯也熄了，大概也有凌晨两点了吧？"

以为会这么说下去，说很多，也不一定是很要紧的话；然而在窗外看不见路灯的夜里，可以听见人的声音，充满着明智和理性——是有这种可能性的。可是到底没有说下去。隔了好长时间，潘先生说：“栀子。”栀子应了一声，两人便再也没话了。潘先生说：“你好好睡觉吧。”就挂断了电话。

这是他们的最后一次谈话，总以为不止这些。然而也就这些了，已经不能再多了。

1998年　南京

十月五日之风雨大作

第三十天

审讯持续了一个月，仍没有结果。费明一口咬定自己是个丝绸商人，穿梭于苏杭及陕西。关于丝绸，他说了很多。他说起它的手感、色泽、构图、工艺流程以及它的气味，他语调温柔，唇边挂着笑意，说到“丝绸”两字时，眼神近乎沉迷。杨柯有时竟怀疑自己的判断力。也许费明根本不是“革命者”。他是个丝绸工艺师，或者是一个恋物者。艾伦认为费明很柔软，他的本质是女性的。

这是一座江心小岛，江水浩渺泱泱，看不到尽头。仿佛永远是阴天，空气里能闻到雨滴的气味。水草生得极为茂盛，它们互相缠绕，似乎有种疯狂的生命力。几只水鸟飞向水天一色的远空。更远处，依稀能看见航标和灯塔。

十年前，杨柯和艾伦来到这座孤岛，就再也没有回去过。他们的工作是审讯政治犯，确定他们的身份，最后实行枪决。无法确定身份的，便关进监狱，直到确定为止。十年来，从他们手里经过的囚犯不计其数，没有一个生还者。他们的工作配合得相当默契，此外，他们还是情人。

他们置身于安静的物件之间，看着水浪消失在遥远的江边，回忆起从前的城市生活。十年过去了，回忆变得很困难。有点抽象。糜烂绚美的三十年代，人很饱，脸上泛着肉欲红光，有很多迷茫。他们都曾这样生活过，非常兴奋。有很多乐趣。钟楼，外国人，日本布店，犹太人饭馆……是啊，夏日曾经很盛大，却已遥不可及了。

艾伦只是没想到，在这里竟还有人和她谈起丝绸。这过去时代，让她引起无限联想的物件。费明的语调和笑……那么干净。艾伦的心动了一下。这干净是她熟悉的。杨柯决定不为所动。他将注定在这里生活。审讯“犯人”并继续热爱他的工作。他从城市带来了他的旧物，家人的肖像和书籍（而他们都认为他死了），在宿舍他还有一把靠椅，他养了花和狗，此外，他还有一根走石路用的坚实的手杖。

一个月来，商人费明越来越觉得他的到来赋予了这座孤岛全新的意义。他改变了它的气质，使它更柔和，更具人气。它也改变了他，使他的世界发生了变化。是另一种变化。

仅仅在一个月前，费明的世界还很清楚，也就是说，他做人的标准很清楚。他做人做得很大。他在沪杭两地开了三家绸庄。他叫得出各种绸缎的名字，素软缎、采芝绫、光缎羽纱、花卉古香缎、织锦缎、桑丝绵……他喜爱丝绸，附带地喜欢这些名字，觉得它们像女人的名字，带有女人的灵性和体香。他有件金玉缎睡袍，只肯在洗澡后才穿上。那是一种真正丝绸的感觉，软滑、清凉，从里头生出体温来。

费明留洋回国，决定把家安在上海。他喜欢这个城市，觉得它投合了他的气质。他喜欢上海的殖民地气息，西欧的、北美的、中国的，在这里做人——无论是做中国人还是做外国人——都一样“不像”。费明的妻子很漂亮，他还有一个相当可爱的女儿叫娜娜。此外，费明每周都要往返沪宁。他在南京还有一房姨太太。

费明做人做得这样圆润、坚挺。他认真努力，从不胆怯，也从来没有怀疑过自己。他是上海某区的商会会长。有时候，他也会闪过从政的念头，如果他从政的话，他的目标将是南京国民政府。

费明偶尔的一些行为和念头是他真正感到害怕的。夜深人静的时候，他会从床上坐起来，他看着身边躺着的美丽女人，她的睡态像一只娇憨的猫。她打着轻鼾，听不见世界上的任何一点声响。世界对她来说已经死去了。而仅仅在数小时之前，她搅得世界仿佛动摇了。是的，他们很相爱，很快乐。世界如此美好，费明只觉得冰凉。他想立即离开。

他喜欢在下午的院子里晒太阳。他躺在躺椅上，闭着眼睛。他看见了太阳的影子，在他的眼睛上像只橘红色的鹅蛋黄。四周万籁俱寂，城市消失在远方。费明的脑子里一片空漠。他感觉到自己的阴沉，在平常的日子里，暖阳下——他的阴沉。费明的身体晃了晃。费明就在这时预感到，他的生活将会有一些变化，一些偶然因素搅乱了他的世界，使他顺理成章地成为另一个人。

第三十二天

一个月后，几个不速之客光顾了费明的绸缎庄并带走了他。当时费明正沐浴在绸缎的光泽里，他神采奕奕。

后来经过数日的拷打，审问，颠簸，他被带到了这座小岛。他对自己的丝绸商身份发生了怀疑。是的，他开始怀疑了。

这么多天来，他重复得最多的一句话是：我是一个丝绸商人，一个丝绸商人……费明觉得他累了，他感到乏味。

“你是一个丝绸商人吗？”杨柯并没有看他，朝向窗外站着。费明看见这个男人的背影，宽厚而结实。他想，这是一个有意志力的人，他相信世界的品质是钢铁的，有门和窗。他相信原因和结果——他相信解释。他和他是不同的人。

“你是一个丝绸商人吗？”杨柯回过头来，他眯缝着眼睛，他的眼睛里带有江水的雾气，还有阳光——这是小岛上难得的好天气，阳光让每个人的身体散发出潮湿的霉气。费明感到绝望了。

“是，当然是。”费明重新抖擞了精神，斩钉截铁地说。

“你倒像个丝绸商人。”杨柯悠悠地说。

“不是像……而是确实是。”费明舔着潮湿的嘴唇，他感觉他的舌头一阵干燥。他自己都知道，他这话说起来如此软弱，他缺乏自信。他低下头看着自己的腿、手掌、胸脯——他的肉体。他觉得他已从肉体，那骨髓深处开始腐烂了。他成了另一个人。

他像小孩子一样端详着自己的手，他翻来覆去地换着看，他无论如何也不能相信，这是一个丝绸商人的手，它的手指曾经修长、白皙、优雅。它具有丝绸的柔软、肉感，它抚摸过多少女人呵！……现在它完完全全是另一只手了，变黑了，变粗糙了……他从他的手指先腐烂起。

“我是一个丝绸商人。”费明绝望地、喃喃地说。这句话说了一个月，每天都在说，它整个儿成了一句口头禅。费明觉得自己近乎无聊了。那一瞬间，他有种强烈的冲动，他决定和他们好好谈谈，他的过去，他的奇怪的思想，他是怎样被误捕的……他们都是上海人，都是好人，曾经有过相类似的物质生活的底子，他相信他们会懂。会懂。

他抬头看着窗外，他看见的正是刚才杨柯看见的：浩渺的江水，波浪，水草，阳光……这是个绝望的世界，看不见航标和灯塔。没有希望。可是他要回家，他的丝绸店铺应该有人照应，他的娜娜，她才十四岁，有着单薄而鲜红的嘴唇，明亮的眸子，她已会撒娇……她将来是个小尤物。他的女人们，他的南京和上海……

费明的眼睛突然潮湿了，他扭过头去，他的眼泪哗哗地流泻下来。谁也不会相信，这是一场他曾经津津乐道的玩笑。他知道他不是个顶真的人。从前他的生活态度不是很端正，他喜欢开玩笑，然而这都过去了。

“嗨，听我说。”费明再次舔了舔嘴唇，他的声音已沙哑了。他摊开双手，活动了一下手指。他的手指很僵硬。

“这太可怕了。”费明喃喃地说道，他的身体一阵发抖。这一个月来发生了多少变故呵，他的手指，甚至他的身份，他差点把自己蒙骗过去了，差一点，他就以为他是另一个人。

费明倚墙站着，他把他的手掌紧紧贴在墙上，他要找到一种平衡，获得一种发自内心的正确的力量，这很重要。他对自己说，首先我要自信，我是个商人，从前是，现在是，永远是。

他拿眼睛看着杨柯，一个月来他从来没有像今天这样严肃、冷淡、平静，甚至是一种疲倦，他要证明自己的身份。他是商人，然而他要证明。他的眼睛……后面是一片忧伤。他的端正的嘴巴，苍白的脸——他是他自己。他说话了，“我确实是个丝绸商”。他的声音不高，抑扬顿挫，铿锵有力，甚至还带有一种让女人心醉的温柔。他听着自己的声音，像一个人在听另一个人说话。这话他已经重复了一万遍，它是口水，唾沫，是痰，它叫人恶心、疯狂、难以置信。

“噢，你是吗？”那个人问。

“是的。”费明疲倦了，舔了舔嘴唇。

“是吗？”那个人又问。

“……不是的。”费明听到一个声音响亮地回答。他一下子把手从墙上拿掉，他抬头看看窗外，他的眼前是一片空茫和黑暗，阳光不知什么时候走丢了，江面上雾气很重，几只水鸥，两个男女：这是他熟悉的环境，熟悉的人。

费明一下子惊醒了——他全醒过来了。他像做了梦一样，被带到了这座孤岛上，他在这个与世隔绝的小岛上生活了一个月，与这两个倒霉的男女，他的敌人，朝夕相处。从前离他远了，淡忘了，不存在了。他从来不是个丝绸商人，他的一生跟丝绸没有任何瓜葛……这全都是梦。

他是谁？他从哪儿来？费明不知道，他是个丢失了身份的人……在梦中，他仿佛来到了一个电闪雷鸣的雨夜，他一个人，在孤寂的山洞，那潮湿的树枝背后蹲了下来。他太累了，做了一个华美的梦，梦见上海，丝绸，他的情人们……然后他被带到了这座孤岛。

第三十二天，费明变成了另一个人。

费明就这样迎来了他在这座小岛上的第十次审讯，这次审讯的意义在他已发生了截然的转变。

费明事先为自己设计了两种形象，一个是大义凛然的英雄，一个是温文尔雅的儒士——到底选哪一个，还要看情形而定。对于受刑的残酷，他不是没想过，然而也就点到为止，似乎并不热衷。他真正关心的还是他角色的界定，眼神和语气，步伐的变换，一个手势——事情太大了，突然，富有戏剧性，使人无法重视它，只能做些不着边际的准备，这就更像演戏了。

艾伦问："气味？难道丝绸还会有气味？"她说起丝绸两字时，有些生疏拗口，竟带有新鲜好奇的女孩气。

费明并不看她，只对杨柯说："是的，每个具有丝绸气质的女性都能闻到。它很轻飘，很柔软……"又是丝绸！费明不明白，他这一生怎么会跟丝绸结下不解之缘？他不知道自己……说起这个词时，他竟心疼！然而他的金边眼镜还是射出冷白的光。他的眼睛很灵活。

杨柯朝后退几步，倚在墙上。他点燃了一支烟，端详着费明。他不觉得这次审讯跟别次有什么不一样，也不认为费明有什么改变。他倒是越来越相信费明是个商人了。这个人崇拜物质，他还喜欢渲染，善于把物质世界描绘得有声有色。

杨柯说："你无非是在告诉我，你是个丝绸行家。可是丝绸行家不一定就不沾染政治。你以为我们不可以用别的手段吗？"

费明点点头："你们甚至不需要审判，直接判决的。"

杨柯阴郁地说："是的，我也这么想。为了逼供，我可以不择手段。从我手里丧命的人不计其数，又岂会在乎你一个人？"

他突然又孩子气起来，好奇地笑着，问道："你希望我们怎么处置你？"

费明看了艾伦一眼，他从前的狡黠又回来了，他笑道："是美人计吗？"——他顿了一顿，他有种相当奇怪的感觉，这话的意味他非常熟悉。

"美人计？"杨柯也看了艾伦一眼，笑道，"你喜欢美人计吗？"

费明认真地想了想，说："比起毒打来，有点喜欢。"

"为什么呢？"

"因为幽默，有人情味，更温暖。"

三个人都笑了起来。

杨柯突然不耐烦了。他扔了烟头，在脚底下踩了踩。一个月了，他们之间建立了某种联系，彼此太熟悉了，彼此都有些亲密和轻狂。他们的关系变得扑朔迷离。一种东西来到他们中间。杨柯害怕这种东西，他觉得这非常危险。

十月五日这天

这天是阴天，空气郁闷，压得人喘不过气来。空气的能见度极低，虽是白昼，犹如黑夜，费明又被带到了审讯室，这次审讯室里只有杨柯一人。因为有了从前的底子，他们后来的感觉始终是暧昧的。

杨柯立在窗前，看着暴风雨欲来的水上世界。他皱着眉头说："又要下雨了，这种鬼地方，从来没有好天气。"

费明也有些气闷，他不知道这没完没了的审讯何时能到头。这样的审讯叫人纳闷，也使人绝望。他盼望着结果，或者死，或者被释放，也许他最终还是要"投降"的。他们要是打他，他就"投降"。肉体的痛苦是最结实的痛苦，看得见，摸得着，钻心。费明"形而下"，他更重视肉的感觉。然而谁知道呢？也许就因为他们打他，使得不坚贞的他变得更加坚贞起来——他常常会做些不合情理，让他自己都吃惊的事情。

费明贴墙站着，他沉浸在自己的角色里。

杨柯突然转过身来，说道：“我恨这样的天气，我恨这种地方！”

费明漠然地看着杨柯，他觉得这个人快要发疯了，他失去了自控力。

杨柯又说：“我在这儿待了十年，你能够想象吗？每天都是这样的天气，黄狗也死了……罪犯越来越多，岛上都是他们的影子、声音、气味，简直受不了……小岛成了他们的了。我恨这些政治犯。他们非常坚硬。我喜欢看见他们死在我手里……”

“死在你手里？”费明的心一凛。

“是的。”杨柯看了费明一眼，他的好奇心又来了，问，“你怕了吗？”

“不……我是说，我很善良。”费明嗫嚅着说道。

“你还很脆弱，不够坚忍。”杨柯笑道，“可是坚忍有什么用处？坚忍的人最终还会死在我手里。”

“有一个态度强硬的重刑犯，被拷打了一个月，仍拒绝合作。我们本来打算放过他，实行枪决算了……然而有一天，我看见了他的眼神，我开始恨他了——”杨柯看了费明一眼，一字一顿地说：“是人对人的仇恨，不涉及立场和信仰。你能想象得出吗？这种力量是很大的，它很大。”杨柯仰起头，轻轻地吐了口恶气。他看着嘴里的白气消失在更广漠无边的空气里，他像着了魔一样，寻找他的气息，寻找他自己。

“我决定重新和他在一起，直到他求饶。”杨柯继续说，“真是没有理由，我们就这样恨上了。那真是一种巨大的潜能，我从来不知道我会那样去恨一个人。我度过在这个小岛上最激动人心的几十天，现在想起来仍血液沸腾，心跳加速。那段时期——”杨柯又看定费明，然而这次他看见的不是费明，他看见的只是空气，空气。

“那段时间，很有……热情。”杨柯斟酌词汇道，“我的体魄格外发达，我充满斗争的智慧，我的身体有时会有一种莫名的紧张感，越来越多的轻微的疼痛和快感注入我的肌体，让我不寒而栗。我不能看见他的耳目嘴脸，不能听见他的声音，不能想起他这个人……然而我每时每刻都在想他，我每天都去看他，挑逗他，折磨他。我从他的身上找到了我原始生命的力量，我原来是多么富有激情，多年来它在我的身体内走丢了，现在我把它给找了回来……”杨柯的声音突然滑了一下，一点点地摔倒了。

费明惊诧地看着他，他发觉杨柯的眼里有水的光亮。他哭了吗？费明奇怪地想。

“恨是一件多么……有力的事情啊！”杨柯叹道，“他死的时候，我去看他。他有自己的一间小房子，睡在草铺上，有窗户。他已经奄奄一息了。四十多天来，遭受毒打、折磨、饥饿、心灵的屈辱，生命从他的肉体上慢慢地消失了……”

“生命很娇贵，”杨柯断然说道，“它不坚硬，很脆弱。”

“后来呢？”费明迫切地问。

“他死了。”杨柯疲惫地说，“我的一半也跟着死了。”

“什么？”费明没听清楚，大声地问。

“……我才发现我是一个多么可鄙的人，”杨柯继续说道，“我折磨一个毫无抵抗能力的人，他很坚硬，然而他的眼里有哀怜……”

费明茫然地点着头。

“自那以后，我又恢复了从前无聊的生活。我成了一具行尸走肉，我的黄狗也死了，然而我还要活下去，在这小岛上了此残生。”费明听着一阵颤抖。他有些明白了，然而他不知道自己该说些什么。

“……我没有想到还会遇见你。”杨柯冷不防又说。他扭头看着别处，他的神情有些腼腆。

“所以你准备开始恨我了？”费明冷齿说道。

“不，你跟他不一样，完全不一样。”杨柯打量着费明，他的眼里有玩味的意思。费明也感觉到了。他感觉自己重新让这个男人活了过来。他点燃了这个男人生的希望。

他不由得一阵骇然，然而更让他害怕的还不在这个。他已经知道了——这压根儿就不是什么审讯。这个孤独的男人其实是在跟他聊天。他接二连三地被提审，原来是他被需要。这个可耻的男人，费明心潮澎湃地想，原来他需要他。他被需要着。

这种自由的、玩文字游戏式的说话就是杨柯曾经熟悉的。这间摆放着沙发、茶几和水果，挂着霉迹斑斑的郑板桥字画的审讯室（其实是办公室），衣着优雅的男女——依然按照从前的方式固执地生活着。这个孤岛，这里的汪洋，这粗糙的环境，监狱、水草、天气……这永无止境的，越来越深的——越来越深的孤独，它叫人发疯。

又是一阵狂风吹过，风从水面上带来了水的气息，有一股水浪打在费明的嘴唇上，他舔了舔，有股怪怪的、青涩的味道。

杨柯喃喃地说："要下雨了。"

费明重复了一遍："要下雨了。"

——在这个小岛上，费明想，他给他们带来了物质世界的消息。有阳光的礼拜天，精神，物质，老人和孩子的气息，外滩的钟楼和汽轮，话语，爱情……他让他们觉得温暖，不需设防——究竟也还是在怀念某种说话方式。他们需要说话。只有这种说话，才会让他们觉得靠得住，离从前的自己更近一些。

结果总有着厚实沉重的意义。费明和他们一样来不及去关心。他感兴趣的也还是这种似是而非的过程。可以不负责地说话。只是他的眼神、手势没法按预想的那样去做，他没法表现得更像个英雄——而他喜欢这样表现，在这种真刀实枪的情况下。

杨柯说："这两天我和艾伦都在谈你……"

费明笑道："谈我什么？"他的眼前浮现起艾伦那孩子气的脸，她有一对好看的虎牙，喜欢眯缝着眼睛看人。她的胸脯很平，然而身材实在是好，臀部很圆润，很肉感。她大概也有三十五岁了吧？这样的女人在上海……费明一下子又想起她跟他说起"丝绸"时那种温绵的语调，那语调实在是很迷人。

杨柯说："艾伦希望这场审讯能持续下去，不要结束……"

费明的心潮湿了一下。他想，如果这一生他将注定走不出这小岛，他将永远与他的天气、江水、他的敌人和孤独生活在一起，他将选择这样的"审讯"方式。但是费明仍很犹豫，一个声音告诉他：不能，他不能。

费明问："那你希望这样吗？"

"我不知道。"杨柯的声音像个孩子，他发现自己的世界混乱之极，他对这个丝绸商身份的革命者发生了极大的兴趣，也许他这辈子也弄不清费明是谁。他只知道这个人丢失了身份，他是一个谜一样的人物。

费明问："艾伦是不是因为……"又是这个女人！费明的心软软地跳了一下，他发现他会爱上她。她是这个小岛上唯一可能的女人，她热爱丝绸。然而费明知道他不能。

杨柯说："也无太大关系——也许有一些吧。有男人和女人的地方，空气总是不清楚的，带有喘息声和唾沫味。"

"你是说你自己吗？"

"在这孤岛上，我和她是比较般配的一对。"杨柯突然烦躁了起来。"我们在这个岛上生活了十年。十年前，她很年轻——"他慢慢地摇着头，继续说道："然而毕竟十年过去了，她毕竟是个女人。"

费明看着杨柯，他看着这个越来越软弱、越来越充满情感的男人，他为他伤感。费明不知道是什么使杨柯变得这样快，不再笃定、有意志力、有坚忍心。他只知道他自己，为一种他自己也不明白的信念支持着。他的力量一点点地滋生出来，他大声地说出他这一生最为豪壮的一句话：他希望早点结束……结束这关系、审讯，这扑朔迷离、丝丝绵绵的一切！

他看着杨柯，那一刻，他们什么都明白了。

下午阴云密布，狂风骤起，水浪像银蛇一样翻腾，发出轰天巨响。瞬间大雨降临了地动山摇的小岛。

费明和艾伦的最后一次见面也是在这个下午。他们在惨烈的灯光下看了一眼，彼此都有些恍惚走神的感觉。

艾伦进来带走了一个死刑犯，又眯着眼睛朝费明走过来。费明觉得她是走在寂寂、长长的时间隧道里，失去了自身的存在，走不完地走着。

她在他面前站定了。费明回头看了看身后的铁窗，随意地问上一句：“也不知几点了？”——他是把它当作一句话来说的，很平静，也很珍贵。他们之间的话是说一句少一句了。

艾伦摇着头，看着这个干净的、具有女性气质的男人。她有些伤感，他的干净终究是和他不搭界的。

不知为什么，艾伦竟哭了起来。她似乎有话要说，到底忍住了。费明伸出手来替她擦泪，竟觉得自己是身在别处，或错过了时间。

那个死刑犯在走出走廊那一瞬间，回头看了费明一眼。那眼光是如此温和，充满了友爱和依赖。费明禁不住浑身一凛，木然地向他点头告别。

费明想象着他就义前的一幕。他听见黑暗里水浪撞击着岩石，淹没了一切声响。勇士一点点地小去了。费明陪他死过一回。

……又是一个月过去了，十月五日这天，另一个费明脱壳而出，他的羽翼渐渐地丰满了。他成了一个革命者。多年以后，费明仍记得那晚勇士的眼神，它对他后半生的影响是决定性的。杨柯和艾伦在逃窜途中被击毙。费明后来才知道，他们的目的地竟是上海。

1998年　南京

储小宝

储小宝是我们的邻居。那时候，微湖闸的居民们，生活在一个庞大的院子里，一条宽敞的林荫道把院子一分为二。院子的左边是没有围墙的，一条宽阔的大河从三面围住了我们。只在院子的右边，围上了青灰色的砖墙，夏天的时候，砖墙上爬满了绿色的植物，我们叫它“爬山虎”。

沿着林荫道两旁，分别陈列着一排排青砖青瓦的平房。这些平房分别用来做办公室、医院、职工食堂、家庭住宅。绿化也很好，有很多我叫不上名字的树木，排列于河边和住宅之间；居民区前的空地上，也允许种瓜果和蔬菜。

院墙外有一个小集市，每天清晨供应新鲜的蔬菜，也有肉类。大胆一些的赵集农民，甚至敢挑着担子直接到院子里来兜售，但这也是被禁止的，如果被抓住了，还要罚款。

一般来说，居民要是买菜，也可以直接向食堂购买。食堂自己有一个菜园子，还有饲养站，养猪和鸡。至于鱼和虾等水产品，是由另外的部门统一管理的；那时候，微湖闸有着自己的捕捞队，也向渔民们低价收购鱼虾。——很多年以后，当市场经济盛行的时候，这也成为微湖闸的主要收入之一。

在我爷爷做主任的那个时代，一切则显得简单淳朴。那时候，人们不为钱操心，国家兴修水利——那是微湖闸的盛世，人员庞杂，人心单纯，每个人恪守岗位，连看门人、灯塔看守人都是正式职工，有着做国家主人翁的自豪感和身份感。想一想也是，他们还怕什么呢，他们的一切，生老病死，甚至他们的儿孙，都是国家包下来的呀。

那时候，微湖闸就像一个大家庭，每个人分工不同，有电工、钳工、行政人员、后勤人员，还有很多我叫不上名目的人员。总之，他们平安，快乐，静静地度着年华。

储小宝就是其中的一员，他是一名电工。那一年，他也不过才二十岁吧。他住在我们的隔壁，是个活泼的小伙子。

他长得不算难看，干净，明朗，是个可爱的、讨人喜欢的青年。他似乎特别爱打扮，他喜欢照镜子，镜子不算很大，就镶在门墙上。他常常是不由自主地踱到门边，拿一把梳子轻轻地刷自己的头发。有时候，他也会侧过身体，一边和我说话，一边回头看镜子里的自己，噘着嘴巴，皱着眉头，就像在看一个陌生人。

有时候呢，他大约很满意，就会对镜中的人笑一笑——他这回头一笑，颇有些百媚生的风情，他自己也意识到了，竟大笑了。

他和我们家的关系很好，两家是世交，他父亲和我爷爷早年是同事，也因为这个，他有些怵我爷爷。

对我奶奶呢，他就自然亲切多了。

我爷爷不在家的时候，他就会引我说话。他说，小蕙子，什么叫扒灰？话还没说完，他自己先笑起来。

我奶奶也笑，她骂他“狗不吃的”。

有一次，我在厨房里，正坐在灶台前擦火柴玩。他看见了，就倚在门边，一边笑嘻嘻地看着我，一边说，小蕙子，你看见灶里的灰了吗？你想一想，你把灰掏出来，你用勺子勾啊舀啊扒啊，那叫什么动作？

我不说话。我知道，他又在引我说话了——据我所知，这一类的话，他永远是说不够的。翻来覆去地说，也没多大意思；我想，他大约是很无聊的。

我奶奶嘱咐我说，不准搭话呵。他这不是好话。

储小宝说，那你就做个动作给叔叔看，唔，是这样子——他拿双手在空中挠了两下，坏坏地笑着。

我问，这是什么？

他说，这叫扒灰呵！

我明白了，我说，这叫扒灰呵。—— 一下子释怀了。

储小宝说，你以为扒灰是什么？

我想了想，很为难地——储小宝说，没关系，你告诉叔叔，你原来以为，扒灰是什么？

我说，我原来以为，扒灰是爷爷和妈妈……

储小宝说，爷爷和妈妈怎么了？

我说，爷爷和妈妈在做不好的事情……

储小宝一下子大笑开来，跑开了——我奶奶颤颤巍巍地跟在后面，手里拿着一根棍子，说道，我让你教她说这些坏话！看我回头不告诉爷爷，罚死你。

储小宝常常显得很无聊，当他有劲没处用的时候，他就会练哑铃。夏天的时候，他喜欢光着膀子，有意露出他那结实的肌肉。只要他一用力，那肌肉就会鼓起来，在膀子上一动一动的，活像“小耗子”。有一次，他让我去捉他的“小耗子”，可是我怎么也捉不住，因为“小耗子”很灵活，一不留神，它就从我的手底下溜走了。

储小宝也喜欢跑步，在我看来，这与其说是他的爱好，倒不如说是他发泄过剩精力的一种正当方式。他尤其喜欢长跑，即使在冬天的早晨，他也会换上他的宝蓝色的运动衫裤，穿上他的白球鞋，神气活现地跑在早晨的第一缕阳光里。试想，那是一种怎样的情景呢？那时候，微湖闸的人们还沉浸在梦乡里，通往赵集的土路上，人迹稀少。只有阳光，广泛地、渐次地铺展开来，在结了冰的水面上，和储小宝一起向前飞驶。

等到我们已经起床了，寒寒缩缩地倚在自家门口，等待着吃早饭的时间，储小宝已经从赵集跑回来了。他热气腾腾的，汗水粘住了他的肌肤和衣衫。他的微微卷曲的头发上结着白的霜。他愉快地、调皮地向人们打着招呼，有时候挤挤眼睛，有时候伸伸舌头，或者呢，从身后猛击人一把，头也不回地就跑过了。

夏天的时候，他就在操场上跑一百米。吃完了晌饭，人们都午休去了，微湖闸静悄悄的，这时候，储小宝倍显无聊，他就会带上我，让我看他跑步。

很多年后，我还能记起这一幕，我站在阴凉里，我看见一个青年的身影，在太阳底下，飞速地移动着。他就像风一样，掠过了我，嘴里发出“呼呼”的声音，当快到终点的时候，他举起了膀子，撞开了想象中的一条线，就像胜利者一样，他抿着嘴巴，矜持地、不介意地点了点头。

那时候，我是多么喜欢储小宝啊，我喜欢看他跑步，他跑步的姿势美极了，就像正规的运动员。他身材匀称，双腿修长，虽然四肢上布满了浓密的汗毛，看上去怪吓人的；但是他跑步的姿势着实好看，他摆动着双臂，他的头发随风飞扬，在阳光底下，他的整个神情是含混而模糊的，他的眼睛会看见些什么呢？也许只是阳光，一些树木，一个小孩子，也许他什么也没看见，他的眼前只是金的荒漠。

我也喜欢听他跑步时，发出的“呼呼”的呼喊声，那声音穿过空气和阳光，在寂静的微湖闸发出空的回响。所以，每到夏天的中午，如果你从睡梦中醒来，或者在蒙眬中听到一个人的怪叫，你就知道，他准是储小宝，他又在跑步了。

很多年后，那声音穿过时空，也不断地回响在我的脑海中，它是那样的清晰，震荡，轻轻地触开了我的记忆，让我变得伤怀，感恩。

从前的时光是多么的好啊，可是，从前的时光已经不在了，从前的青年也已经老了，他再也不跑步了。

事实上，储小宝从那年夏天起就不跑步了，他找到了一种新的消耗体力的方式，这种新的方式，我猜想，一定比他的跑步，比他练哑铃，比他逗我说“扒灰”的玩笑有趣多了。他恋爱了。

他的对象姓吴，我们都叫她小吴，她也是微湖闸的职工，以前，我从来没有注意过这个姑娘，是储小宝把她带进了我的视野里。她梳着短发，话不多，可是精神，飒爽；现在，对于她容颜的回忆已经很困难了，可是我还能记得当年的她，常穿着格子布的衬衫，下身穿着黑色的长裤，她的凉鞋也很漂亮，是黑色的，平跟，带把子的那种。夏天了，她还穿上丝袜，青灰色的，质地与现在的不同，不是很透明。

总之，她也许不算漂亮，可是大方，洋气。

他们的恋爱一开始是秘密的，只有我一个人知道。储小宝常常带我去她的住处玩（鬼知道他为什么会带上我）。在路上，他就嘱咐我，不准多说话呵，不准乱摸桌上的东西，她要是给你糖果吃，你就吃，她要是不给，不准朝糖果看；他甚至吩咐我，只能坐在靠近门边的凳子上，坐姿要端正，诸如此类。

小吴姑娘住在单身宿舍，一个人一间房子，房间阔朗，清洁，空气里有淡雅的香气。她的窗户是开着的，窗户后面，眼见得一块杂草丛生的荒地，荒地的尽头就是院墙了。她住的地方很背静，不常看见人。

我猜想，那时候他们还没有正式恋爱，或者说，还没有确定恋爱关系，正处于摸索、试探的阶段。试想，一个单位的人，互相再熟络不过了，平日里也许还开过玩笑，现在呢，却一下子害羞了，腼腆了，也中规中矩得多了。

储小宝把我介绍给小吴姑娘，他说，这是李主任的孙女，见过吗？说完，他又弯下身来对我说，快叫吴阿姨，说吴阿姨好。

我说，吴阿姨好！

吴姑娘笑了笑，在我头上顺势摸了一把，说，小孩子嘴甜。

吴姑娘把我让到床沿上坐，她自己也在床边坐下了。储小宝呢，自始至终他一直是站着的，他倚靠在床头的一张长方形的桌子上，桌子上铺着蓝色的台布，上面摆放着一碟子刚洗过的葡萄，一本书，还有一些零碎的杂物，一把梳子，一瓶雪花膏……总之，看得出来，一切都经过了精心的布置，显得那样的齐整、悦目。

储小宝把手撑在桌子上，不时地回头看桌子的后面，窗外的景色。有时候，他也会拿脚去踢桌边的一把椅子，微笑了起来。吴姑娘便笑，她说，你坐呀，你来是为了罚站吗？储小宝便拿眼睛看我，朝我伸了伸舌头。

他是这样回答吴姑娘的，他说，我不坐，我喜欢站着。

说这句话时，撑不住我也笑起来了。吴姑娘便大笑。储小宝也大笑。

吴姑娘让我吃葡萄，自己也拿起一粒，低着头用指尖轻轻地剥葡萄皮，储小宝也拿起一粒，吴姑娘看见了，便说，我没让你吃呀。

储小宝笑道，是啊。便不再说话了，继续吃他的葡萄。

吴姑娘对我说，你看看这个人，脸皮那么厚，我让他坐下，他不坐下；我不让他吃葡萄，他却偏偏吃葡萄，亏你还叫他叔叔呢！

储小宝撇着吴姑娘的口气，也对我说，你看看这个人，对你叔叔一点也不好，也不让我吃葡萄，以后不准叫她阿姨了。

我一直在笑着。天知道我有多么开心。那一年我五岁，目睹了一场爱情，那是第一次，我知道男女之间……竟这么有趣、简单。我完全能够懂得，我做了他们俩的道具，在一切似是而非的瞬间，传递着某种信息。

很多年后，我对于美妙爱情的理解，一直是从他们身上得来的。我以为，最美好的爱情，从来都是在未开始之前，那微妙的一瞬间，小心翼翼的。永远也说不完的精致的废话。某一刻的心动，心像被蜜蜂轻轻咬了一下，疼的，可是觉得欢喜。

那时候，爱情还没有疮痛。人是完美意义上的人，饱满，上升，纯白。

总之，储小宝和吴姑娘的爱情就这样开始了。后来的事情我就不知道了，后来，储小宝不带我去吴姑娘那儿了，他自己一个人去。

渐渐地，院子里的人也知道了，大家善意地开着玩笑，大家说，储小宝，怎么最近不见你练哑铃了？

又有人说，储小宝，你废了，你也不跑步了。

储小宝总是笑着，他叼着烟，向空气中静静地吐着烟圈。有时候，他也会凑近人的耳朵，悄声地说，不行了，最近体力不支了。

所有的人都听见了，大家“轰”地笑开了。就有人说，怎么体力不支了？说说看。

储小宝轻轻地叹了口气，拿牙齿咬住嘴唇，一双溜溜的眼睛从一个人的身上看到另一个人的身上。

有时候，吴姑娘也会过来看储小宝，她坐在屋子里的一张椅子上，埋头在织毛线衣。所有的门窗都洞开着，有阳光轻轻地跳进屋子里来，秋天的阳光，柔软、明亮，像水一样微微地荡漾着。也有风，轻轻地吹开了桌子上的报纸，在空气中发出“簌簌”的声音。

很多年后，我还能记得那个秋天的下午，我坐在吴姑娘的脚边，手里拿着毛线团子。我看着屋子里的一切，空明的屋子里，两个青年男女，有一搭没一搭地说着话，有时候呢，并不为什么，他们也会“哧哧”地笑出声来。

在某个瞬间里，非常清晰地，我听见了时间的声音，一点一滴的，我知道，那是钟表，在我看不见的地方，慢慢地走动着。日月是那样的悠长，缓慢，真切，美好。我总想着，这样的日月是漫无边际的，看不到头的；可是，这样的日月会持续一生吗？

有好几次，储小宝催我回家去，他说，小蕙子，爷爷奶奶的午睡已经醒了吧？快回家看看去。或者说，小蕙子，你们家的猫今晌没喂吧？要回家喂喂猫了。

我有些难为情了。——我想，我是明白他的意思了。我掸了掸手掌，扶起膝盖刚站起身来，被吴姑娘一把拉住。她斜着眼睛看储小宝，笑道，你想干什么，我喜欢她待在这儿。要不，你过去喂猫吧。你不是最喜欢猫吗？

储小宝便笑了。

这时候，我也轻松多了。我说，奶奶早就醒了，她在门口做针线活呢！

储小宝便探出头去，向隔壁张望了一下。我奶奶果然坐在自家的门口，她的怀里端着针线匾子。我奶奶对储小宝笑道，鬼头鬼脑的干什么？打量我不知道你那点心思呢！

我们都笑了。

吴姑娘搁下毛线活，走出屋去和我奶奶搭话。吴姑娘说，奶奶你不晓得，小蕙子可懂事了。她一个晌午都在帮我理毛线，她能干着呢。

我奶奶拉过身旁的板凳，让吴姑娘坐。吴姑娘且不坐下，看着我奶奶笑。

我奶奶说，我刚才是开玩笑呢！小宝这孩子，我是看着他长大的，调皮着呢，以后你得当心点，免得他欺负你。

吴姑娘说，奶奶说得是，我当心着呢。——便看着储小宝笑。

我奶奶又把储小宝唤来，眼睛像探照灯一样地在他脸上只一探，这才笑道，小宝呵，也该带小吴回家见见父母了，把日子早点定了，把事给办了。这么好的姑娘，你挑着灯笼也难找啊！别委屈了人家。……

储小宝咧着嘴巴，向空气中抽了一下鼻子，算是默认了。

这时候，我爷爷也起床了，他站在门口，只轻轻地咳嗽了一声，储小宝便耗子似的，一闪身躲回自己的屋里去了。吴姑娘呢，一直微笑着，讪讪地站在我奶奶的身边，一双眼睛带看不看的，拿脚轻轻地踢着石子。

我爷爷背着手，走上了门前的一条甬道。在这个时候，他表现了一个老年正派男子所有的风姿和气度，他含蓄而漠然地走过了储小宝的门前，就当什么事也没发生似的，他轻轻地走远了。

很多年后，当我回忆起这一幕的时候，也是历历在目。那里头的人情世故，拐弯抹角处，一点点微小的细节，说话的机锋，人和人之间的微妙之处，——储小宝的孩子气，吴姑娘的精明，我奶奶的“厉害”和通达，至今回想的时候，仍觉得趣味盎然。

储小宝是在第二年春天举行了婚礼，不久后他们就离开了微湖闸，调回城里去了。在这期间，发生了一件小小的事故，我爷爷在一次职工会议上，不点名地批评了储小宝。

那是七十年代末期的中国，关于男女作风问题，似乎显得很严重。在微湖闸，也流传着储小宝和吴姑娘之间的种种丑闻，两个无耻而单纯的青年坦然地服从了他们身体的需要，并且觉得这一切都是天经地义的。

有时候，甚至是在大白天，他们也会躲进屋子里，门窗都关紧了；他们欢腾的、愉悦的叫声，伴随着木板床的“吱吱呀呀”的声音，一起透过门缝，晾晒在阳光底下。

路人侧目而过，他们蜡黄着脸，从牙齿缝里发出“嗞嗞”的声音，那声音既像笑声，又像呢喃声；他们窃窃地议论着，从嘴里哈出来的白的气息，是温热的，也是冰凉的。

有一次，在中午的饭桌上，我爷爷放下筷子，说，简直不像话，不成体统嘛。

我奶奶看着我，拿食指的骨节抵住牙齿，暧昧地笑着。长期以来，她恪守妇道，也养成了不参与我爷爷意见的好习惯——也许她压根儿就没什么意见，她对一切事情的理解都是含糊的，模棱两可的。

她偏袒储小宝，有一次，她对杨婶说，我看是那姑娘不好，不自爱。她要是不从，男的再强迫，这事也成不了。

杨婶叽叽咕咕地笑了起来，她说道，谁都是从年轻时过来的……

我奶奶接住话茬说，是啊，我第一眼就没看上那姑娘，有狐媚气，不是过日子的人。怕小宝将来会吃亏哩。

有时候，她也会换一副面孔，哧哧地笑着；她的搓麻绳的手在半空中停住了，说道，想想也怪她不得，她就是那样的脾性，小宝又是个缠人的东西，孤男寡女在一起，难免……自古以来，男女之间好也罢，歹也罢，都出不了那几个样子。

她又笑了起来，一双硕大的手把麻绳搓得“簌簌”直响。

底下的事情我就不记得了。

我爷爷怎样整治“风化”问题，储小宝怎样举行婚礼，直至后来他们离开了微湖闸……都是我从别人的闲谈里，零碎听来的。

我猜想，储小宝是恨我爷爷的，他是个腼腆的青年，那样兴师动众的批评，于他还是第一次。也许，什么都是第一次，荷尔蒙，女人，爱情，婚姻……那一年他二十二岁，是个孩子气的年轻人。他的小小的眼睛在太阳底下眯缝着。他笑了，嘴巴咧得很大，他的整齐的牙齿在太阳底下闪着白的光。他极少有安静下来的时候，即使在一个人的晌午，他坐在藤椅上，百无聊赖地架着腿，摸摸自己的鼻子和耳朵，弯腰看玻璃窗外的蓝天，逗我说些俏皮话，身子把藤椅晃得直哆嗦。

可是，我还能记得那天下午，开完“批斗会”回家，他站在电线杆底下，抽着烟，非常沉郁地。他对我叔叔说，我没做错什么……他拿牙齿咬住嘴唇，一双眼睛冷冷地看到我叔叔的眼睛里去。

那是第一次，我看见储小宝有这样严正的时刻。很多年后，当我回忆起这一幕的时候，我就想着，一个青年，他就是从这一天开始，慢慢长大了吧？也许连他自己也不知道，这样小小的挫折根本算不了什么，人生更大的不如意还在后面，人生里的磨难，温暾，出其不意……就像一场讽刺剧，在他面前渐渐地拉开了序幕，到那时候，他会变得怎样呢？他会变得很服从吗？或者，小心翼翼的样子，——总之，他肯定老了，他是一个中年人，一个男孩的父亲，战战兢兢地、麻钝地生活着。他的脸色也黄了。

——这就是我看到的很多年后的储小宝。

时光已经走到了1986年，那时候，我也早离开了微湖闸，回到了我父母的身边，我在我的家乡小城读书、生活，慢慢地成长——那一年，我已经是一个少女了。暗黄的脸色，细竹竿一样的身材，性情古怪、沉闷，很容易地就发怒了。

我和我父母吵架，折磨我弟弟……我的青春期，我的整个缓慢而阴郁的成长史，就是在和我的亲人们互相折磨中度过的。

那年夏天的一个午后，我父母打我，他们把我逼进墙角，让我跪立。在棍子的威迫之下，我跪下了。我面壁，披头散发，并轻声地哭出来；我的膝盖碰着了雕花的水泥地坪，那凹凸不平的、坚硬的花纹磕进我的骨头里了。屈辱，仇恨，成长的力量又一次侵入我的体内，它们挤对着我；有一种时候，我觉得自己快要睡着了。

就在这时候，储小宝出现了。就像从我的世界里突然消失一样，在那年夏天的午后，他又回到了我的视野里。

近十年过去了，他老了。他穿着黑蓝条纹的T恤衫，深蓝色的长裤，胳膊底下夹着公文包。他的头发并不蓬乱，只是比以前卷曲得更厉害了。他也不算胖，还是从前的适中身材，五官也还是从前的，只是对我来说，已经完全陌生了。

我猜想，如果是在另一种场合里，我们会擦肩而过的。我们已经认不出对方了。

对于我的样子，他也略略感到意外，他没想到会碰到这样的情景。也许他曾经设想过，在来时的路上，或者某天下午，经过某条小街的拐角，看到一家人的门口，站着一个小孩子，她把手指伸进自己的嘴里，静静地吮吸着。——那时候，他会想起什么呢？

他会想起一个很多年前的小孩子吗，在那个遥远的、已经逝去的中午，曾经伴随他一起跑步？她站在阴凉里，穿着印有橘子、香蕉和阿拉伯数字的花衬衫，她和他一起呼吸，在同一方蓝天底下走过。她把手伸进他的手掌里，他们去看一个姑娘，那个姑娘的房间里有清新的气息，他们说着关于葡萄的笑话，每个人都乐开了怀。——她曾经是他过去生活的见证。他还能记得吗？

很多年后，他们生活在同一个城市里，可是极少来往。差不多，他们从各自的生活里彻底地消失了，他们也很少想起对方，也就是说，对于从前的生活，他们已经不记得了。

这一天，因为一件要紧的事情，他来到了她的家里，他来看她的父母，说了两句话，差不多一两分钟的时间，他就走了。

起先，他站在屋子的中央，他的胳膊底下夹着公文包；那一年，他也不过才三十岁吧，可是明显地见老了，他的额头上有两道很深的抬头纹。也许，这根本算不得什么，一个男人的抬头纹……他站在屋子的中央，他的神情温和而沉静。他三十岁了。

他穿着黑蓝条纹的T恤衫，我刚才说过，他还穿着皮凉鞋，黑袜子。总之，你可以想象的，这是一个衣饰还算整洁的男人，他平庸，健全，语调沉着，没有任何特色，走入人群中，他很快就被淹没了。

一开始，他和我父母在说着什么，后来呢，大约是看见了跪在墙角的我，他轻轻地停顿了一下。似乎是隔了很长时间——也许仅仅是一瞬间，他向我父母问，这是小蕙子吧？

不知为什么，我听见了他的声音，一下子哭出声来。那是一种丧心病狂的哭泣，伤心，丑陋，自暴自弃。我的鼻涕也淌下来了，它和泪水一起流过了我的嘴角，一直流下去了。我感觉到一种东西，它走了，它再也不会回来了。

我拿牙齿咬住嘴唇，因为用力，我的牙齿也在疼痛。我拿手掌撑住了墙壁，为了压抑住自己，我把脸贴在墙壁上，我的整个身体伏在墙壁上了。

储小宝过来扶我，他说，起来，你看看，都长成大姑娘了。还记得我吗，你小时候管我叫“小皮匠”呢！小时候，我还带你去捉过知了呢！——他转过身去对我父母说，她小时候最喜欢给人起诨名了。他笑了起来。

我站在他的面前，身体痛苦地、神经质地抽搐着。我与他齐肩高了。因为头发粘住了整个的脸庞，我只能从发丝缝里打量他。隔着如此近的距离，我甚至能感觉到他身上的滚滚热浪，那是一个男人，他从夏日的阳光底下走过了，他的身上留有了某种气息。

我穿着家常的短袖衣衫，因为发育得晚，身体一条直线似的呈现着，仅在衣衫的褶皱里，能感觉到一个少女，她正在蜕变的痕迹。——这蜕变让我羞耻。

储小宝大约也意识到了这一点，他沉吟了一下，欲为我掸身上灰尘的那只手，终于在半空中停住了。他搭讪着走开了。

我站在屋子的中央，低着头，在某一个瞬间里，我似乎看见了从前的时光，它慢慢地回来了。

那时候，我还是个孩子，储小宝也很年轻，我们之间几乎没有性别的芥蒂。我记得有一次，他拿走了我的一张照片，他把它端正地压在玻璃台板下。

那是很多年前的一个小孩子，她站在冬天的阳光底下，穿着棉衣棉裤，老虎头的布棉鞋，她整个人是明朗而安详的。那也许是早春的阳光，寒冷、明亮，刺得人睁不开眼睛。她袖着手，微微地缩起了脖子，她的眉头紧紧地皱着。她笑了，对着照相机的镜头，很茫然地，也很仓促。也许她没准备要笑，禁不起照相人的引逗，就这样，她笑了起来。也许呢，在那一瞬间里，她想起了从前时光里一些有趣的事情，她微微咧开嘴巴，露出了她那不整齐的牙齿。

储小宝很喜欢这张照片，他三番五次地向我奶奶索取，终于有一天，他偷走了它，把它压在玻璃台板下。后来我看见了，郑重其事地向他讨还。

因为我五岁了，是个女孩子，我敏感，微妙，害羞。和任何一个异性的相处，我希望能有一种更清楚、纯洁、明朗的关系。

储小宝大大地动怒了。——他并不清楚我的心思。在这一点上，他的表现完全像个孩子。他扔还给我照片，说，拿去拿去，有什么了不起的，不就是一张照片吗？送给我都不要！

我弯下腰来，捡起照片。我的眼泪淌下来了。天知道我多么难过，一个五岁的人，才知道世事，她的世界单调而苍白，她根本不知道怎样去善待别人。

我又想起了储小宝，那时候，他是多么富有情感呵！他似乎很容易就喜欢上别人了，爱情，亲情，友情，甚至是邻居的一个小孩子，她的一张照片，他也要珍藏着。

很多年后的那个夏天的午后，我站在客厅的中央，我自己也知道，从前的一切就这样地流逝掉了。从前的青年变得很安详，从前的孩子成长为少女。现在，他们静静地对峙着，他们的身体之间，隔着一道厚实的空气。他们再也不会像从前那样亲密了。

我静静地打了个冷战。

我听到了一种声音，一点一滴的，清脆的，我知道，那是时间，它静静地走动了。就像很多年前，它走在杨婶家的屋子里，它穿过我奶奶做针线活的那双手，它荡漾在杨婶织毛衣的胳膊里，它在我们不经意的谈话间，它在阳光、空气和灰尘的深处……一天天，一年年地，它走远了。

它曾经停留在储小宝和吴姑娘的爱情里，那是很多年前的秋天的下午，我坐在吴姑娘的脚边，我的手里拿着褐色的毛线团子。有一种时候，我会抬起头来，看吴姑娘织毛衣，她把毛线绕在自己的小手指上，毛线在她的手指间一跳一跳的，像可爱的小兔子。

我看见了她那月白色的脸，饱满的，圆润的，那一年，她十八岁了吧？她的睫毛长长的，隔两秒钟就闪一下。她笑了起来。

储小宝呢，他正匍匐在床上，用扑克牌算命；有时候，他抬起身子，“哎哟”了一声，拿手击着膝盖，嘴里发出叽叽咕咕的声音。有时候呢，他跳下床来，窜到镜子前，一边梳理着头发，一边用脚踢吴姑娘的座椅。吴姑娘也用脚还击着。两人哧哧地笑出声来。

我把毛线团放在怀里，弯腰抱住了膝盖；因为愉悦，我也大声地笑了。

也就是在那静静的一瞬间里，我听到了时间的声音，非常含糊的，像雨打芭蕉的点滴的声音。窗外一片清明，秋日的阳光落在我们的脚边，我们的怀里，我们的手指间，我们的嘴唇上，我们的眼睛里……有一种时候，有风吹过了，风吹起了落叶，发出“沙沙”的声音。

我抬起头来，异常空明的屋子里，我听到了自己庞大的喘息声，那些具体实在的木质家具，人，各种物体，它们呈现着各种姿态，一片一片地展现在我的眼前。

我看见时间跳到墙壁上了，那是阳光，一闪一闪的，像水一样地荡漾着。刚刚是一瞬间呵，时间曾经停留在我们的衣衫上，现在，时间已经走到墙壁上了。

很多年后的那个夏日的午后，我站在屋子的中央，拿手抱住了肩膀，不时地战栗着。有一种时候，我以为自己是抬起了头来，我看见午后的阳光，在夏日的窗外，静静地盛开了。那是很多年前的阳光吗？

我听见了庞大的蝉声，一片一片的，此起彼伏的，在虚空里延续着。它渗入到我们的肌肤和汗渍里去了。有一种时候，蝉声像是约定了似的，突然沉寂下来。

就像梦魇一般，在泪眼蒙眬中，我看见了在阴凉的屋子里，站着的我的父母，人到中年的储小宝，我弟弟正蜷缩在墙角的沙发上，静静地啃着手指头。

我还看见了木质家具，水泥雕花地坪，一只空的玻璃杯子，在窗台上落下了阴影；风扇在头顶上吹着微风。一只苍蝇，匍匐在家具上，一动不动地，就像睡着了一样。

我们家的那只老式座钟，木质外壳，坐落在条儿的正中，正“嘀嘀嗒嗒”地走动着，那样的平静，坦然，苍茫。也不知道延续了多少日月，也不知道走过了多少时辰，也不知道到了哪年哪月？

储小宝转过身去，他就要走了。他和我父亲握手，稍稍抿起嘴巴，矜持地、吃力地微笑着。他甚至没抬头看我一眼，就走进阳光里去了。窗外的阳光一如既往地盛开着，灿烂，黯败，一点点地往下堕落了。

我抱着我的身体慢慢地蹲了下来，我滑落到地上去了，就像纸片儿一样，它是轻飘的，伤心的，没有方向的。它坠落了。它哭泣了起来。

很认真的一种哭泣。静静地瞪着眼睛，没有声音。把手指伸进嘴巴里，用力抠着。眼睛里全是金的光芒。眼前渐渐黑暗了下来。

在黑暗的光芒里，我看见了一个中年男子的身影，从窗前走过。他稍稍有点驼背，他甚至咳嗽了一声。他驼背的身影让我酸疼。

我父母回过头来，重新呵斥我跪下。我服从了。我仰起头来，非常爱怜地，我看着他们。他们也老了，他们是我的父母，人到中年，气力旺盛，烦躁，不安。他们不快乐。

时间到底从我们身上带走了什么？——年轻的容颜？爱情？一点点快乐的回忆？……我重新哭出声来。

这是我最后一次见到储小宝。后来，就连这相见的记忆，也慢慢地消淡了。我们重新回到了日常生活里，沿着各自的轨道迅速向前飞驶，再也没交叉过。

关于他婚姻生活的不幸，我是从别人那儿零碎听来的。

据说，这段因爱情而结合的婚姻，不久就显出弊端来了。“那娘们儿作风不好，死跟人睡觉。”我奶奶有一次不屑地说。

说这话时，我已经念中学了，那是在1987年，我回到微湖闸的叔叔家过暑假。我就问，怎么作风不好了？总是有原因的吧？

我奶奶看了我一眼，觉得这种话题，跟一个姑娘不便多说什么。我也沉默了。

很多年后的今天，我已年近三十，我很明白，爱情到底是怎样的一种东西。当年的吴姑娘的容颜已消退在我的记忆中，对于整个事件的叙述，她也只是个陪衬；即使从情感性来说，我对她的情感也不及对储小宝的情感的一半；至于我自己呢，我也不属于那种生命力很旺盛的女子。我和男人的关系，大多是清楚而坦白的。——唔，我以为自己是这样子的。

但是，我很以为，我明白吴姑娘这样的女性。那几乎是她们体内与生带来的东西，她们生命的气息结实而饱满，那有什么办法呢，她们约束不了自己。就这么简单。她们身上的动物性更强一些，理性，道德，责任心，与身体的欲望比起来，也许并不算什么。——她们是天生有着破坏欲的那一类女人。

可是，我还能记得很多年前的那些时日，光阴怎样在一个姑娘的身上留下的芳泽，光阴也在她的身上打下了阴影。一年一年的，她也老了吧？她成了一个妇人，就像当年的杨婶，就像很多年后的我奶奶。面对正在成长的孩子，艰难的生计，几十年如一日的生活。有一种时候，她也许走在下班回家的路上，她骑着自行车，她的车篮里放着一沓便宜的布料，还有一双塑料拖鞋。

她骑着自行车，在某个嘈杂的瞬间里，她抬起了头，看正午的日头，那样的光芒，短促。她眯缝起了眼睛。她听到自己身体的尖叫了吗？

即使在她肉体最欢腾的时候，她还能记得很多年前，和一个青年的爱情吗？这段爱情成了事实上的婚姻，这真是人世间最邋遢的事情。

也许她什么也不记得了，她拐过了一些街巷，看着自行车的车轮压过了自己的影子，非常茫然地，她想到一些不相干的事情上去了。她的自行车龙头稍稍扭曲了一下，她向路边的石子吐了一口唾沫。她回家了。

这段婚姻维持了十多年，两个人同床异梦，生育一子。离婚以后，孩子归属储小宝。如今，这孩子怕也有二十了吧？他也该恋爱了吧？

2000年　南京

乡村、穷亲戚和爱情

一

我们这个家族基本上都是穷人，他们分布于江淮一带，世代以务农、捕鱼为生。你也许在电视上曾见过这样的画面，在广袤的江淮平原上，有很多星罗棋布的小河流，它们交叉、汇合、在平原上流淌。

村舍掩映在绿荫之中，尖尖的红屋顶的房子。江淮一带的民居，大都是这种样式的砖瓦房，它们踏实，平安，祖祖辈辈在这里生活，于心平气和中偶尔也会露出一点不老实。那屋檐是上翘的，做成精致的流线型，俗称“飞檐”。那砖红色的墙和房顶，也透着中国民俗特有的“喜气”。

在这里，哪条河流不萦绕着村庄？河水是流动的，清澈见底。河水也可以饮用，常见人担着两桶水，轻快地走在村路上。夏天的时候，孩子们光着身子在河里嬉戏，妇女们在这里漂洗衣服，牧童躺在河边的草地上睡着了。

这是真的，如果你走在江淮农村，你一定会看见这样的图景。世世代代的人民在这里生活，他们耕作、捕捞、通婚、生育；这是他们赖以生存的肥沃的土壤，这里埋藏着他们的生老病死，百年如一日、向前涌动的日常生活，人世的情感，悲欢离合，世态炎凉。

汽车载着你，驶过了这片土地，一窗子的蓝天和树木，在你眼前静静地伸展，延续数百里；春天的田野上，麦子和油菜花盛开了，一片黄，一片绿，色彩是那样的鲜明、饱满、招摇。

如果你恰逢走进了一个村庄，你就会看见，家家户户的门窗都开着，家家户户的门前有草垛、菜园子、猪圈；屋后有茅厕。

你还会看见一些人物，他们都是地道的江淮农民，他们害羞、含蓄，见了生人，眼睛带看不看的；也有一些小孩子，蹦蹦跳跳地说着江淮方言，他们尾随着你，就像影子一样，跟着你从一户人家走过另一户人家。

正是农闲季节，村庄好像睡着了。村庄是那样的安静、祥和，老人们蹲在草垛旁，抽着旱烟，有一搭无一搭地说起了农事。有一瞬间，他们的眼睛是看到阳光里去了，阳光是痒的，他们眯缝起眼睛，笑了。他们的笑容是那样的单纯，很深很深的沧桑的皱纹，无尽的岁月从其间流过了。在那一刻，他们的笑容几乎是浮面的，惯性的，不触及感情的。

有一个农妇，从院子里走出来，怀里端着一盆猪饲料，她一边“噜噜噜”地叫唤着，一边朝猪圈走去了。

这时节，你是看不见姑娘的。她们大多躲在闺房里，静静地做着针线活。她们绣荷包、纳鞋底、织毛线衣、踩缝纫机……总之，一代又一代的姑娘，就是这样躲在闺房里，感觉到这个世界的变化莫测。时代在前进，她们手里的针线活，已由手工缝制改为机械操作——可是心思，到底还是从前的那些心思啊。才过了十八九岁，已到了说婆家的年纪了，她们有了自己的心事，无限的憧憬和惆怅。——这种事，到底是不踏实的。

她们大多长得很美，有的也不是漂亮，只不过是清楚、明朗、和平，她们的眉宇间有一种动人的姿态。当你走在江淮的乡间，看见一个姑娘迎面走过来，她衣衫整洁，神态矜持而从容；如果你打量着她，她就会低下头，羞涩地、迅疾地走过了。

你也许会觉得奇怪，一草一木，万物生灵，在这片土地上，呈现出一种别样的、活泼的姿势。它们是那样的和谐，具有某种朴素的美质。那是因为，你爱上了这片土地，你与它们紧密地联系在一起了。

我刚才说过，我们这个家族基本上都是穷人，他们分布于江淮一带。在一百多年前，他们从山东迁徙而至，辗转安徽，至江苏，从此安居了下来。他们婚丧嫁娶，生育繁殖，就这样度过了一个世纪。

我们家族的穷，是有渊源，有历史的，那是典型中国农民式的穷，单调，灰暗，没有幻想。他们以土地为生，穷也穷得安乐、坦然，仿佛生来如此，并不心酸。到了我爷爷这一支，情况略有改观。

我爷爷在三四十年代参加了革命，他组织了武装游击队，打土豪劣绅，也杀过日本人和国军。后来，他成为一名职业革命者，加入了中国共产党。解放以后，他被分了一官半职，最盛世的时候，他曾做过地委的组织部长；曾有消息说，他与市长这个职位失之交臂。——当然了，这也许只是谣传。

对于我们家族来说，我爷爷最大的贡献就在于，他把这个家族的一支带出了乡村，走向城市。他们是他的嫡系子孙，在城里出生，长大，接受教育。总之，这个家族就这样被分离了，其中的一支远离了土地。

到了我和弟弟这一代，我们已经完全地被改造了。我们开始过上富足的生活，有身份和地位。我们衣着优雅，谈吐精致，性情敏感而害羞。我们惧怕劳动，体质柔弱，总之，我们与那片土地的联结少了，淡了。我们的感情冷却了。

我们家族的其他人，仍滞留在本土，他们勇敢、忠诚地面对贫穷，过着百年如一日的生活。偶尔，他们到城里来，买台彩电，采购结婚用品，或者买辆手扶拖拉机，总不免要来我们家看看。他们坐在客厅的沙发上，穿着崭新的衣衫，蓝卡其中山装的风纪扣，紧紧地卡在脖子上。他们的布鞋也是新做的。他们的神情多少有些腼腆和局促，他们从布袋里掏出旱烟，在腿上轻轻地磕着。一下子也不知说什么好。

想起来，大家都是亲戚，他们血液的一部分，也在我们的身上汹涌地流淌。他们都是地道的农民，在乡间生龙活虎惯了的，一向也是落落大方的，可是一旦离开那片土地，来到城里，他们全变了。面对似曾相识的亲人，他们变得紧张、生涩，他们那孩子气的、单纯的面容，——那些经过贫穷、岁月的磨难，在阳光和泥土里浸染了许多年而仍旧活泼的面容，在那一刻突然不安了，他们变得拘谨，缺乏自信，他们的神情几乎是死的，呆板的。

我们家族还有一些女人们，有时候，她们也会跟着自己的男人，来到城里。如果放在乡间看，她们也是体面人，她们衣衫得体，举止庄重，她们的容颜甚至称得上是清秀。你在乡间，到处会看见这样的年轻妇女，她们走在蓝天底下、田埂上，她们穿着素色的碎花布衫，步履轻快，神态安详。她们融入到环境里去了，她们与乡村的环境是那样的协调、和睦，亲为一体。

可是当她们来到城里，她们就显得有些土气了。她们走在街道和楼群之间，显得那样的格格不入，相形见绌；虽然也穿着西装、瘦身裤子、黑皮鞋，虽然她们的神态是那样的明净、祥和，看上去并不谦卑，可是你一眼就认出来，她们是乡下人。她们的容颜里有一种气息，那是一种土地的气息，它浸入到她们的肌肤和血液里去了。

这就是我们家族的穷亲戚们，当他们寒寒缩缩地坐在我们家的客厅里，这时候，你就会对他们怀有某种恻隐之心，或者心生怜悯；总之，那是一种很微妙的情感，不是喜欢，也谈不上讨厌，你只是觉得，客厅里凭空多了一件物体，显得有些异样。

常常地，我放学回家了（那时我念中学），看见家门口放着一辆破旧的自行车，我就知道，家里又来穷亲戚了。我母亲向我介绍说，这是你表大爷家的三哥，这是你表婶。

我点点头，照例在客厅里站了会儿；他们也站起来了，非常局促，他们的脸上堆起了菊花的笑纹，说道，这是小敏吧，才几年不见，就长成大姑娘了。

我母亲说，快坐下，她小孩子家，不值得这样子的。

他们便坐下了，扯扯衣角，不时地拿眼睛打量着我，一下子也想不起要说什么，低着头黯淡地笑着。我站在阴暗的客厅的拐角，看见窗户外一片灰色的天空，天快下雨了吧？邻居家的衣服在阳台上飘扬，有鸽子从灰天下飞过了。

我有些难过起来。客厅里的空气是那样的僵硬、生疏，我知道，那是因为我的存在。也不是紧张，只是黯然。长时间没有话语，脑子里是空的，身体完全多余。人都很善良，也有情感，可是完全不是这样子的，完全不是。

我离开了客厅，回到自己的房里，甚至觉得沮丧了。天真冷呵，手冻得青白，蜷缩着像只鸡爪子；很多年后，想起我们家的穷亲戚们，总能引起我生理上类似的反应。

我确实知道，在我和他们之间，隔着一条很深的河流，也许终生难以跨越。想起来，我们的祖辈曾在同一片土地上生活，我们的血液曾经相互错综，沸腾地流淌。现在，我眼见着它冷却了下来，它断了，就要睡着了。

对这一切，我们能有什么办法呢？

他们来我们家，至多也不过是坐坐，吃上一顿饭，说些家常话，就走了。每次也不是空手来，总是带些东西，新打的稻米，刚起的花生，都是自家责任田里产的，也不花什么钱，完全是一片心意。

卖粉丝的人家送来粉丝，做豆腐的人家送来豆腐。腊月的天气，已近年关了，他们骑自行车赶百十里的路，来到城里，单单是为卖个好价钱。大清早，他们敲开我们家的门，不由分说，撂下一笼豆腐就走了。

我母亲跟在后面，袖着双手，身体冷得直哆嗦，说道，送这个来干什么，快拿去卖了，给媳妇孩子添件衣服。

他们说，要卖的在这儿呢，这笼豆腐是单给婶子家做的，不卖的。是连夜赶出来的，你掀开笼布摸摸，还温着呢。快做了吃吧，虽不金贵，味道却好。过年过节也没什么好孝敬的，就这点心意，婶子快莫客气。

他们推着自行车就要走了，擤了一下鼻涕，拿手指在棉衣上蹭了蹭。又紧了一下围脖，拿头巾包住了脸，单只露出一双眼睛和冻得发红的鼻子。

我母亲说，中午来家吃饭呵。他们已经走远了。

他们中的大部分人，是不来家里吃饭的，因为敏感和自尊，这是我们家族的传统。我们家族的人，不管是穷人还是富人，骨子里都是尊贵的，这是从血液深处带下来的，没法子改变的。他们可以送你一笼豆腐，一麻袋萝卜，半只绵羊，他们是心甘情愿的，本心也是愉悦的。他们不想因为这个而接受感激。

我父母要是客气了，他们就会红了脸，说道，大哥大嫂，快别这样说。都是亲戚，换了别人家，我还不送呢。再说，以后也许还有事求着你们呢。——就当我留一份人情在这儿，将来你还我还不行吗？便笑了起来。

这说的是真话，真话也说得如此漂亮、地道、得体。这里头有“中国式”的人情世故，做人的精细和含蓄，微妙的利益关系……总之，一切全在里面了。

这时候，他们的神情也放松了，语气也轻快了，他们重新获得了信心；付出让他们如此愉快，付出让他们感觉到人的尊严。——这就是我们家族的穷亲戚们，他们纯朴，平安，弱小，也尊贵。

二

陈平子也是我们家族的穷亲戚，他是我爷爷的侄孙，属于父系的那一支。他父亲早逝，母亲不守妇道，丢下他们兄弟三个，随一个外乡男人远走他乡。那一年，陈平子已有二十岁了。

他是家族的长孙，为人厚道而沉默。略通文墨，大概是小学毕业吧，或者初中，我也不很清楚。他长相清秀，身材伟岸，虽是三十多岁的人了，看上去并不见老，显年轻。

他的衣着很朴素，甚至有点随意。有一年春节，他来我们家，竟穿着田间劳动服，还打了补丁，吓了我们一跳。我母亲说，陈平子，你就到这副田地了？也没件新衣服？

他说，有。不想穿。你让我穿什么？穿中山装，还是西服？我看见乡下人穿西服就烦，不合身份，又土气。

这倒是真的，陈平子不土气。虽然穿打补丁的衣服，看上去也像个农民，可他身上有一种气质。气质是什么，我也说不清楚。总之，他相貌堂堂。有一次，我母亲叹道，这么一个帅小伙子，命却不好，又穷，又留不住媳妇。

陈平子三十多岁才结婚，是一个外乡女人，也许是买来的吧？家里盖了三间瓦房，也有几亩薄产。可是现如今，农民靠土地为生，已经很难维持了，过得磕磕绊绊的。只是穷。漫无边际的穷，再穷下去，就安心了，不再抗争了。

陈平子能吃苦，脑子也活络。他经营起庄稼来，可不省力气，又是耕种，又是收割，再是天寒地冻，他也要去田里看看。农闲季节呢，他就打短工，为人盖房子，砌砖，弥缝，他是个好瓦工呢。谁家遇上红白喜事了，他便给人出谋划策，关于风俗和细节，怎样闹新娘子，怎样讨喜钱不为过分；何时出殡，儿孙们站在哪里，媳妇们什么时候哭丧，他全懂。他给的建议也极妥当，富有人情味。

也是在红白喜事期间，他给人家当厨子。他置办酒席，从买菜，到烧汰，到洗涮，他里里外外一把手呢。你没看见过陈平子系着白围裙的样子，他干净，清爽，他在灶间忙碌，大声吆喝着。偶尔闲下来，他在庭院里站着，静静地点燃一根烟。他倚在廊柱上，噘着嘴逗树杈间的鸟雀说话。

你能想象这样一个乡村青年吗，他贫穷，安静，有种不自知的快乐。他坐下来，看一个小姑娘在地上画圆圈。他逗她说一些无聊的话，自己先笑起来。小姑娘也不搭理他。他又说，哎，给我讲讲新娘子。小姑娘说，有什么好讲的，待会儿你自己看就成了。

陈平子笑道，你新嫂子长得漂亮吗？

小姑娘说，眼睛大，就是胖了点。

陈平子说，胖好。

小姑娘抬起头来看他，很不以为然地说，胖有什么好？

陈平子细细地眯起眼睛，一脸的坏笑，说，你小孩子家不懂得，女人还是胖的好。

他侧过头去看堂屋的酒席，下午的阳光落在门框里的地砖上。有一个男人侧过头来擤鼻涕。席间有人在猜拳，隔着圆桌，双手比画着，脸涨得通红。陈平子只是微笑着。

结婚已有一些年头了，陈平子还能记得，那天自己做新郎官的时候，脸上寒缩的笑容。他在庭院里走着，看看这，看看那，说不上两句话，又被人扯开了。他觉得欢喜，可是那欢喜也是茫然的，空洞的，虚飘的，也不知该做些什么。身子被分成了几截，在阳光底下，只是忙乱，纷扰，有片刻的清醒，一点一滴的，全是不相干的。

他女人是两年前失踪的。她原本是外乡人，来无影，去无踪，陈平子也没去找。他知道她再也不会回来了。他带着五岁的女儿过活。——他原本再想要个儿子的。

陈平子觉得羞愧。有很长一段时间，他见人抬不起头来。他把自己关在院子里，一天天地晒太阳。他坐在屋檐底下，袖着手，身体蜷缩得像一只软体动物。晌午到了，他起身去厨房弄吃的，他女儿跟在他身后，抱着柴火，往灶里擦火。

大约有一个星期时间，陈平子不敢回房睡觉。他女人瘦，干瘪，邋遢，陈平子喜欢丰腴一些的女人。起先，他嫌她不够好看，就有族人出来说话了。大意是，能娶上媳妇就不错了，哪里容他横挑竖捡的。漂亮能当饭吃？他陈平子漂亮，却打了三十多年的光棍！这话怎么说？也有一些年轻后生，对陈平子耳语道，你没经历过，关键不在胖和瘦……陈平子便笑了。

即便隔了两年，陈平子还能想起她的身体。她给予他的好处，她躺在他的脚头，她瘦小的怀里的温暖。

起先是因为自尊，也是疼惜他自己；后来呢，就是疼惜钱财了。这是真的，他娶亲花了两万多块钱，又是造房子，又是聘礼，他欠着债呢。

我听我母亲说，陈平子曾去过深圳，在建筑工地当瓦工，后因工头克扣工资，半年以后又回来了。说起深圳，陈平子总是摇头叹息。显然，他不太适应那个城市。他拘谨，贫困，没有尊严，也看不见希望。而且，他也不够狡智。

总之，这是一个农民在城市的遭遇。他失败了，带着羞辱，空手而归。他又回到了自己贫瘠的土地上。在这里，他被养育了三十年，他娶妻荫子，他的祖祖辈辈曾在这里天马行空地生活过，死了也安静地躺在这里。

他又操起了老本行，做瓦工，当厨子。一切是那样的熟能生巧，他做活能做出乐趣来。每一道工序，他深谙它的拐弯抹角处。大到结构的掌控，小到细节的雕琢，他总是得心应手。

他有着一个工匠的责任心和道德感。况且，他是自由和快乐的；穷当然还是穷的。

他说着家乡话。爬上屋檐盖瓦，听着人们在说笑话，他也会插上一两句，咧着嘴不动声色地笑着。他是有点冷幽默的。

村路上有姑娘走过来了，他看着，并不像别人那样起哄、搭讪、垂涎。喜欢也是喜欢的，他觉得愉悦。已是春天了，从屋顶往下看，只见得遍地的田野，绿油油的，风吹过来麦子和泥土的清香，他感觉到一种饱满的、结实的气息。那是丰收、富裕的气息，他觉得安全。

他人缘极好，不是个枯燥的人，也知道人情味和做事的分寸感。逢着村人遇着婚丧嫁娶，他被请去当厨子，丧事是不收钱的，纯粹帮忙。喜事呢，不但收钱，喜糖、喜烟都拿双份的。他说，我是厨子……托一只不锈钢盘直送到新娘脸上。只在这时，他才是恣意妄为和蛮横的。众人都笑。

家主就说，新娘子给钱吧。（我们当地的风俗，厨子的佣金是由新娘付的。）

新娘从皮箱里取出红包，放进托盘里，仍回坐到床沿上。陈平子拆开看了，把托盘往新娘怀里一塞，紧靠着新娘坐了。他拿手臂抵抵新娘，轻声慢语地说（他的声音很是蚀骨销魂），你不给钱，是不是想留我过宿呀？闹房的人围了一圈，嬉笑着看热闹，也有乘机去摸新娘脸的，气氛更热闹了。

新娘子脸红了，禁不住别人笑话，又添加一份。陈平子仍不依不饶。就这样，一个讨价一个还价，彼此都不觉得过分，众人也欢喜。

总之，这就是陈平子的乡村生活。每次我父母下乡出礼，总是给我带回一些乡野趣闻，还有穷亲戚们的讯息，这其中也包括陈平子。他就这样在乡间度过了一年又一年。他慢慢地长大成人，他情窦初开了，他的青春期是一晃而过的，里头有很多细密的心思，他已经记不起来了。他结婚了，有了女儿，妻子走失了。他母亲早在很多年前就跟人野合了。他蒙受着贫困、羞辱和种种痛苦。可是在某个瞬间里，也有很多日常的喜悦，一点一滴地聚起来，成了欢腾。他享受着，并感激，并忘却。

陈平子很快从他婚姻的不幸里走出来了。他带着女儿过活，又当爹又当妈，虽辛劳，抱怨，倒也平淡，恬静。农闲季节，偶尔出去打打小牌也是有的。

他没有再娶，我想可能是出于经济考虑。日子照样的穷，债务永远也还不清。可是日子还是向前的，一天天地，女儿大了，上小学了。他说，借钱也要供她读书，读到她读不下去为止。

那些年他偶尔来我们家走动，我父母要是问起了，他也会说起生计。他说，卖了两头猪，还了后庄老杨家的钱，明年再还独眼龙的钱……他的口气是那样地淡然，尊严，听不出一点悲伤。他对生活是有希望的，适可而止的那种，不更多一点，也不更少。

我母亲劝他外出打工，早日把债务还了，积攒点钱再讨个女人回来。他坐在墙角笑了。显然，他对这个建议是否定的。他知道自己适应什么样的生活，应该待在什么地方。他说，在乡间住惯了的……他摇了摇头。

我想，他和那片土地已经融合了。到底是什么使他们更深地联系在一起，彼此不分离？是相宜度吗？是感情，还是惯性？也许是因为胆怯吧？不上进，懒惰，保守，忠于贫穷，乡间能够滋养这种情绪的。

那时候，我并不理解陈平子，也不理解一个人对于土地的亲近感，是地久天长，一天天培养起来的。那几乎也是从血液里带下来的。试想，祖祖辈辈在这里生长，死了也融化成泥土的一部分。土地就像屏障，有了它，人世才安全，可以托附和依赖。屏障外面的世界与他们是不相干的。屏障里面呢，有广阔无垠的天地。每个人都辛劳着，有很多不如意，也坦白而快活。也生动，也自由。

这就是我的穷乡僻壤，穷人们在为生计发愁。更年轻的一辈人外出打工了，有的人滞留在城市，更多的孩子回到了本土。他们带回来新鲜的气息。一开始，他们的衣着和话语简直让那些老派的人看不惯！什么玩意儿！他们抽着旱烟，从胸腔里吐出愤然的气息。

天长日久，那些孩子们也长大了，本分了，年轻时的气盛和理想被那片土地吸收了。他们回归到日常生活里去。也看惯了很多东西，男盗女娼，刁民恶习……城市里的一切离他们远去了。摩天大厦，红歌星的演唱会，很有点异域风情的海滨椰林……那不是他们的东西，记得当然是记得的。

我父亲有一次说起家乡，以一种纯知识分子的口吻、很忧虑地；他说，现代化的进程会很慢，简直没有希望……不是因为贫穷；是人；是土地里固有的一些东西。

可是什么是土地里固有的东西，我当时也不甚明白。

那些年我十六七岁，就读于省重点中学。我在城里出生、长大；微弱的一点乡村记忆，也是随父母去“下放地”才有的。我并不以为，我与那片土地有太多的联结；诚然，我的祖、父辈曾在那里生活过，他们接受过土地的恩泽，可那与我有什么关系呢?

我不喜欢家里来穷亲戚。那些年，常有乡下人来我们家走动，七弯八拐，都够得上是“亲戚”了。有的我也没见过，甚至叫不上名字。

因为穷亲戚多，我们家总是门庭若市。隔三岔五地，这个走了，那个又来了。有时候一天之内，家里来数门穷亲戚也是有的。

他们来我们家坐坐，送来一些土特产品，和我父母说些家常。有的是家里遇着事了：婆媳纠纷，兄弟失和；因为地界和邻里闹矛盾了，够得上吃官司的，来我们家托关系通融。甚至还有一些怯弱愚钝的穷亲戚，连儿女婚恋、进城买台彩电，也要来和我父母商议、由我父母陪同着去买。总之，为这类鸡毛蒜皮的小事来我们家的穷亲戚，络绎不绝。

而与此同时，我在另一个世界里生活，富裕，尊贵，有了知识和新的情感。做解析几何题，读叔本华传。夏天约女友们去吃冰激凌，坐在沿街的橱窗里看风景。偶尔也谈些什么，交换着心事，哧哧地笑着。

我们相约，要离开自己的小城，考上北大和清华，去大洋彼岸的美国，飙车，谈恋爱，生孩子。总之，要享受精神和物质，要像浮萍那样漂着，死了也要葬在美国。

而且我早恋了，是高年级的一个男生，打得一手好篮球。高挑，秀朗，家境优越。想起来，我这一生也经历过一些男子和恩爱，无数次的恋爱就像一场恋爱，因为男子都是一种类型的。他们生活在城市，向上，向善，文明和教养在他们身上投下了影子。我再没想到，在我二十八岁那年，我会遇上另一场恋爱，他生活在乡村，他与土地相关联。这是后话。

我还能记得在那些日子里，我和男友走在城市的街道上，看完了电影，谈完了理想和人生，他送我回家。家里的客厅里坐着穷亲戚。

我看见我的理想与现实怎样决绝地分开来，就像一个讽刺。我母亲叫住我，笑道，这是陈平子，你怎么也不叫表哥？我客气地微笑着，我自己也晓得，我的笑容是浮面的，假的，僵硬的。

陈平子从沙发里欠了欠身子，笑道，放学了？他轻声地咳嗽两声。我看得出他的拘谨和不自在。我想，我的冷漠也许足够让他寒心吧?

他是那样一个敏感而自尊的人，因为穷，一点细枝末节的好意和伤害都能感觉到。他倍加小心了。偶尔到城里，也是礼节性地来拜访，送些时令特产，只和我父母说些家常。他很少有事来麻烦我们家，也绝不留下吃饭。看见我和弟弟放学回家了，他就走了。他大约也知道，我们是冷漠的。下一代人的乡村情结是越来越少了。

我母亲过意不去，送他些旧衣衫。他讪讪地站在一旁，竭力推辞着。他不是客气，他是真的不想要。他觉得难堪了。

我站在一旁，因为他的存在，感觉到周围的空气是那样地黯淡，往下沉，直沉到泥土里去。原来，乡村和贫困是这样一种东西，它让人揪心，不愉快，无奈；它让人麻木，变得意志消沉。

在我的少女时代，一看见家里来穷亲戚，我就变得意志消沉。他们于我，就像一个物体的两面，一面是向上飞腾的，一面是往下坠落的。它们互相牵扯着，谁也脱不了干系。我感觉到我身体里的一部分力量走了，有一种东西沉淀了下来。

我向我母亲哭诉着，我不喜欢家里来穷亲戚，我也不想看见他们。我弟弟也嘟噜着。——他不喜欢和穷亲戚一起吃饭。

我父母站在一旁，黯淡地笑着。他们奇怪下一代人竟是这样冷漠无情，虽然和土地没有接触过，但是人毕竟是人呵。我父亲说，我也是农民的儿子，你爷爷现在就躺在那片土地上。在中国，谁敢说自己和土地没有关联？都是亲戚，何苦来？你们血液的一部分是相通的，脱不了干系的。

我冷冷地听着，没有搭话。我知道自己是要往前走的，会丢弃掉很多东西。我血液里有一部分东西是凝固的，它冷却了下来。那就如河流的分叉，很多年前，我们在同一条母河上流淌；后来分叉了，其中的一支汇入大海，另一支流向荒野。

我们每个人都无能为力。我对我父亲说，这是趋势，只会越来越遥远，你帮不了他们。与其看他们吃力，受苦，不如远离他们。这不是自私，这是善良。

我父亲摇头叹道，这不是帮助的问题——他们也不需要帮助；这是维系。你不懂的。也许有一天你长大了，需要回过头去追溯自己的来源……

我母亲说，每次家里来亲戚，必有一场大闹——她转向我和弟弟：你们摆脸色给谁看呢？你们叫人寒心哪！

我也觉得寒心。是冬天的晌午，阳光落在客厅里一片一片的。穷亲戚刚走，客厅里留有他们的气息：劣质烟味，局促不安的笑容，沾有泥土的脚印子。家里一片狼藉：碗筷堆在水池里，衣橱是打开的，穷亲戚没拿走的旧衣衫堆在床上。一切全乱了套。接济者的宽厚慈悲，被接济者的难堪困窘。我恨他们。

我蜷缩在客厅的角落里，捂着胸口。想起家族里的穷亲戚，只觉得无力，灰败。还在生着气，心一点点地往下沉。贫困卑微是那样消磨人的意志。天是冷的；因为没有吃饭（每次家里留穷亲戚吃饭，我和弟弟便恶意绝食），肚子是空的；因为发过脾气，所以觉得愧疚。阳光一片片的，全是不相干的。

我觉得我的理想被击碎了，在那一刻，他们是我的一部分现实。他们躺在我的血液里，是那样的安静，温绵，他们带我一点点沉了下去。

三

我底下要说的这则爱情，跟前两章没有太多关联。它们不是因果关系。

很多年后，我终于从我的小城走出来了。我没有考上北大和清华，也没能去美国。我生活在南京，谢天谢地，我理想的一部分得以实现了。我在过物质生活，也马不停蹄地谈恋爱。几乎是走马观花的，我和异性相处，也获得愉悦。

我不以为我的爱情是值得记录的，那都是一个模子里出来的。我说过，无数次的恋爱在于我，就像一次恋爱。一步步地往前走着，说不定哪天就遇上了一个男人，那又会怎样呢？也许会擦肩而过，也许呢，会“携子之手”。总之，就是这样子了。

所遭遇的场景，两个人最初的喜悦，甚至说话方式，种种微妙的细节……事后想起来，都有可能是相同的。你和一个男人走过这条小街，和另一个男人走过那条小街；也许你带他们去过同一家购物中心——真的，已经记不起来了。

他们大体上都是一类男人，有的也不是好看，有的并不富有，但是——怎么说呢，真是一类男人的。很多年后，他们的面容也模糊了，想起来的时候就像一个人。所有的伤心和盟誓都过去了，人和人之间的温暖，那些感动和信任……也不值一提了。你只会在笑谈间一带而过。

恋爱就是这样子的吧？知道是在重复，也没多大意思，可是能上瘾的。愉悦当然是愉悦的。

这就是这么多年来我的现实生活，我沿着少年时的足迹一路狂奔，向前，再向前，很茫然的，也随手丢弃了很多东西。我知道自己是无情的。在我长大成人的这十年间，中国发生了天翻地覆的变化。城乡差别拉大了，那就如一条鸿沟，彼此站在两岸遥相对望，静静地对峙着。它们各自往深处走远了。

至于我自己呢，一如既往地贪图富贵享乐。我沉浸在都市里，享受文明和现代化的一切。我一年年地虚度年华，上班，赚钱，身穿华服，谈恋爱。我没什么志向，也缺少幻想。

“乡村”离我越来越远了，就像梦境。谈不上有什么感情，也不很厌恶。总之，完全是不相干的。小时候被我厌弃的穷亲戚，十年间我也没有见到他们。有时候在街上看见一个乡下人，面色苍黄，扛着铺盖慌张地走着，我就会想起家族里的穷亲戚，有种恻隐之心。

我说过，个人是无能为力的，贫穷衰败是那样铁铮铮的事实，让人满心不悦。我不想见到他们。我们终将是擦肩而过的，很礼貌地，客气地，我侧过身体，我们各自走过去了。

我二十八岁那年，我奶奶死了。按照当地的风俗，我们把她的骨灰送回乡下，和爷爷合葬，这在民间叫“合坟”。家里举行了盛葬仪式，车队像河流，缓缓地驶出小城，流向乡村。

这是我二十多年来第一次回乡下，我得以看见了我的穷乡僻壤，还有穷亲戚们。那么多，他们穿着丧服，悲哀的脸在阳光底下静铸着，就像大理石雕塑。他们站在村口迎接，密密挨挨地挤成一团，也有探头张望的，也有弯腰系鞋带的。

他们迎上来了，拉着我父母的手，安慰着。有三五个壮劳力，拿着扁担、铁锹带头向田野走去了。我们跟在后面。也有一些穷亲戚过来和我搭讪，这其中就有陈平子。他叫我小敏，他说，你还记得我吗？常去你家的，那时你还小，有这么高吧——他用手比画着。

我说记得。我侧过头去看他，十多年过去了，时间在他身上没有留下太多的痕迹。他依然那么年轻，三十出头的样子。刚毅俊秀的脸庞是冷的，贴切的，也几乎没有表情。

他说，有很多年没见了，你都长成大姑娘了。

我突然羞赧了。低声地、愧疚地说道，小时候不懂事……

他似乎是没听见，把头侧向田野，眯缝起眼睛。他说，常回来看看。你爷爷就躺在这里，他的坟是我填的，现在你奶奶也来了。你父亲、叔叔也是在这里长大的，那时我们玩得很好。

我低下头，拿手拨弄着鬓发。我的眼泪淌下来了。只有我自己知道，我的心堵得慌，我的喉咙涩得发疼。我在阳光底下静立，陈平子站在身旁等我。他的影子打在我的身体上。

他说，别难过，人总是要死的。你奶奶活了八十多，想起来是值得庆贺的。

我说，是值得庆贺的……我抬起头来，在泪眼婆娑中，看见一片片的阳光，原野上的小径，村庄，一两户新贵人家竖起的楼房，还有村口的代销店。几个老农蹲在小店门口晒太阳，一个梳着鬏髻的小女孩踮起脚，趴在小店的窗洞里，似乎张望、指点着什么。

风从村庄深处吹过来，是阳春三月的风，带有麦田青草的气息。虽是丧日，我的眼泪也让我觉得汗颜、吃力。我不愿意承认，我对这片土地有了感情。它从来就躺在我的身体里，它是我血脉的一部分。很多年来，它睡着了。

你没有到过乡野，你也不是乡村子弟的孩子，——假如你的爷爷奶奶没有葬在这里，你就很难理解这种感情。它几乎是一触即发的，不需要背景和解释，也没有理由。你只需站在这片土地上，看见活泼、古老的世风，看见一代代在这里生长的子民，你就会觉得，有一种死去的东西在你身上复活了。

它来得如此突然，你竟没有准备。你的躯体平静地支撑着，在晌午的阳光底下，也会觉得阵阵寒冷。你在田野里跪下了，衣衫和身体沾着青草的汁。你看着村人掘坟，把爷爷奶奶的骨灰撒在一起。坟被填上了，连同棺材，连同几件贵重的衣衫和物品也烧了，一起埋了。

只在这时，你才能感觉到，你身体的一部分也跟着走了。你和死去的亲人一起，把一些东西留在了这片土地上。

你跪在荒落的原野里，拉都拉不起。你哭了，不发出声音。拿牙齿咬住嘴唇，咬得疼，咬出血来。你蓬头垢面。在眼睛的余光里，你看见血脉相连的一家人：父母和弟弟，弟弟的儿子——

他才三岁，也跪在原野上，向空中“咕嘟咕嘟”地吹气泡。还有叔叔和姑姑一家，还有那些穷亲戚们。

那些窘迫的、饱尝岁月和贫穷磨难的穷亲戚呵，那一刻，他们也跪在原野上，呈一字排开。他们悲戚，也平静。有一瞬间，他们的眼睛是看到阳光里去了，那眼睛里有老实和平安，有慈善，也有忠诚。——只在这时，你才会懂得，你和他们是骨血相亲的，你和他们“在一起”。

我们借一个亲戚家摆了宴席，由陈平子做厨子。我回去时，我母亲正和陈平子坐在里屋商量着什么。我母亲说，你也过来听听，风俗人情，将来用得着的。这是你表哥陈平子。

陈平子笑道，我们已经打过招呼了。

我母亲说，老大不小了，至今还是单身一人，她自己是不急的，可急坏了我们。这话是对陈平子说的，他立在床头柜前，一只腿微屈着。他略沉吟了一下，大约觉得不便说什么，沉默了。

我坐在床沿上，拿手指剔另一只手指的泥垢。我想起这么多年来，我在城市的浪荡生活。我不以为我是浪荡的，可是没有情感，走马灯似的一个个换男朋友，只为了愉悦、彼此取暖，也许还有刺激和享乐。不是浪荡又是什么呢？

我想起那些男人们，从我生命里像过客一样流逝掉了，我从不疼惜，也绝不回忆。我说过，我是要往前走的，会随手丢弃很多东西，最珍贵的，无关紧要的。

我拿爱情当作钱财一样算计，吝惜得很。我从不承认我爱过他们，一桩桩爱情走后，我全盘否定。我甚至不承认，我为他们淌过眼泪，失望过，伤心过……唔，眼泪还是要承认的。可是眼泪能证明什么呢？我打个响亮的榧子，或者摊开双手，耸耸肩——就这样，我走过去了。

这么多年来，我就这样过着可耻而堕落的生活。我把自己保护得滴水不漏。没有任何一样事物能让我感动，所有的欢乐和伤痛都是暂时的，有代价的，也几乎是浮面的。我知道。

我变得斤斤计较，做一切事情都会后悔，这其中也包括付出感情。

总之，在我二十八岁那年回乡的途中，当我置身于乡野间，走上了一条小径；当我跪下了，目送着我的爷爷奶奶躺在这里；当我哭泣了，把手指插进松软的泥土里。

当我最终和乡亲们融合在一起，和他们搭讪，交谈，说一些最朴素的话；当我直面贫穷，感觉到心疼和隐痛；当我看见他们的贫穷背后，仍有着明净的、开朗的笑容……我确实知道，我喜欢他们。有一种古老的情感在我身上复苏了。

当我坐在母亲和陈平子之间，倾听他们的谈话；当我有时间来回忆自己的堕落生活，想起那些衣着优雅的男人们和他们之间精致的、虚无的谈话，似是而非的微弱的情感……不知为什么，觉得那么遥远。我开始厌倦了，并皱起眉头。

当我看见陈平子的裤管落在我的眼睛里；当他和我说话时，我抬起头来，礼貌地、客气地微笑着，而他却侧转过头……我就知道，有一些微妙的东西，在那一瞬间来到了我们的身体里。

那几乎是无法言说的，也没有理由。所有的解释都是不相干的。那是爱情，某个机关适时地打开了，存在于我和穷表哥陈平子之间。

我母亲迅速地分派了任务，陈平子掌勺，我和弟弟负责上菜、招呼客人、清洗碗碟。陈平子走了，我和母亲又坐了一会儿。我母亲说，天可怜见！四十多岁的人了，还没个女人。

我说，人倒是神清气爽的，看不出颓败。

我母亲说，女儿都十六了，也辍学了。浆洗缝补，能照应他了。

我黯然地听着，一时也找不出话语。我不知道陈平子怎样度过了他这四十年，这四十年中的每一天，而他的每一天都是和我相关的。他的贫穷、窘迫和屈辱，他的明朗和纯净。他终究是个普通男人，一辈子无声无息。我多么想听到他的一切，哪怕片言只字。我也想说起他，哪怕仅仅提一下他的名字。

可是我母亲走了。我在空洞的房间里坐着，内心里五湖四海，一片蓝天。只有我自己知道，我正在爱着，它和我以往所有的爱情都不一样。我不提防，可是内心有些紧张。我感到害怕吗？

很多年后，我也扪心自问，这段感情来得真实吗？它是否就像一个梦境？……在那正午的阳光底下，一切都被放大了，这虚弱的男女之情，一点一滴地聚拢起来，在一个春日的下午盛开了。它是否有足够的基础和保障？——它需要吗？两个处于隔离世界里的男女，他们相遇了。他们原本是不相干的。

可是在那春天的村子里，天地是旷远而古老的，人是连在一起的。古老的太阳直直地照着，身上滋滋地冒出汗珠来。一切都是微小的，细节性的呈现，触手可及。

简单，远古，荒老。有着适宜的环境和情调，也有情感。敏感，微妙，善于感知……男女之间就是这样子的吧？

我走出屋去，陈平子正在庭院里忙碌着。他站在临时搭建的灶台前。他的背影坚实而宽厚。他的影子在太阳底下是小的。他回过头来看我，笑道，别站着发呆，快过来帮忙。这是第一次，他以这种放松的、亲热的口气跟我说话。

我踽踽地走上前去，立在他身旁袖手旁观。离着那么近的距离，气氛越来越不对了。我几乎想逃。

陈平子让我往灶台里点火，他看了我一眼，笑道，你会吗？

我说会。我着手捡柴火，冷静地做着这一切。不再说话。我知道一件事情将会发生，而它已经发生了。这是事实。我不想逃避。因为发生在内心里，也逃避不了。我只是尽可能地避免在我和陈平子之间，人为地建立一种亲密无间的关系。我不喜欢，而且它也足够危险。就像一切恋爱的开始，在那半明半暗的一瞬间，我害怕。

陈平子走过来了，他蹲在我身旁，把秸秆往后拉一拉，说道，哎，烧火是这样子的。你把它往前顶，火顺着烟囱全跑了，我还怎么做菜？他笑了起来。

我也笑了，跳起来说道，我让弟弟来烧，我不行的。我去那边招呼一下客人。我抱歉地看着他，走了。自己也知道这一招很软弱无能的，有杀伤力。

陈平子笑了笑。亲爱的陈平子，那一刻他是那样的无力和胆怯。他一定在自嘲吧？他在想，这么一个女人—— 一切都是他在自作多情吧？

我走出庭院，看见很多披麻戴孝的人们，哀哀地站着，坐着，一团一团的，也有低头抽旱烟的，也有说着话的。他们都是我的穷亲戚、乡亲们。他们的神情紧紧地皱着。春日的阳光底下，大约是倦了，有人开始打哈欠。

我叔叔和他少年时的伙伴蹲在树荫底下，说起了陈年往事。

从前他们是玩得很好的朋友，一起逃学，去果园里偷吃苹果，被人一路追着……想起来，这一幕就在眼前。他们吃力地笑起来。

我的眼里婆娑着泪水，我看着树荫底下的人们，以为自己隔着遥远的距离，很努力地，我把眼睛眯缝到阳光里去。我看着四周的场景，一片一片的，像静物写生。许多像虫子一样的细节，一些细碎的话语……我看着，听着，把它们记在心里。

我想，即使有一天我会留在这里，——为什么不呢？因为爱情。我常常为爱情做出很多荒唐、冲动之举，为什么这次就不能呢？

我穿过院墙外的一条小径，在一棵老树底下站住了。我看见院墙里袅袅地冒出炊烟来，我知道，那是陈平子在灶前灶后地忙碌着。他离我那么近，越过院墙的窗户，我甚至能看见他的身影。他弯着腰，正在自来水龙头前接水。

这个劳碌的、庸常的男人，我爱他。我迅速地盘算着我的感情走向，是的，时间已经不多了，只有一个下午。吃完了饭，我就要和父母、叔叔一起回去了。车子已在村口等着。也许这一走，再也不会回来了，我和乡村短暂的联结就此消亡了。我又回到我惯常的生活轨道上去，继续和男人们周旋，过着麻木而堕落的生活。整个人的状态是无情的，没有幻想的，少活力的。我和陈平子的爱情就这么无疾而终了吗？

我们还没有开始，也许永远也不会。这并不遗憾。在我以往的情爱史中，像这样擦肩而过的人太多了。可是这次总有一点不同。……是不同的。它让我觉得疼惜。

在这多住几天，也许是一年半载，也许是一生。嫁给他，照料他的生活，和爷爷奶奶相厮守。很多年后，自己也葬在这片土地上。……你不要以为我是矫情的，绝不是。那是我某个瞬间的理想，它真真切切地存在过。它在那个春日的晌午袭击了我，击垮了我，让我觉得浑身乏力，让我觉得精神振奋。

呵，和贫苦人一起生活，忠诚于贫苦。和他们一起生生息息，最终成为他们中的一分子。这都是我的想象，可是这样的想象能让我狂热。

你再也不会想到这样的场景。一个城市女人倚在老树干上，她四周的环境是旷朗的，看不见什么人。蓝天白云，坚实的土地。有风从麦田深处吹过来，那泥土和植物温凉的气息，刺得她鼻子有点发酸。一只老狗蜷缩在草垛旁晒太阳。几只水牛躺在不远处的小河里。她间歇还能听见村人说话的声音，嗡嗡的，像有无数的飞虫在叫。晌午的村庄实在静极了。

在那静静的瞬间里，使得她能天高地远地想一些事情。她觉得自己格外清醒，她比任何时候都冷静，理性。她可以撇开自身的一切情感……是的，情感并不重要。在这个时刻，她尤其要追问，她这是怎么啦？这一切从何而来？它是否真实？她是否有能力去承受？她的情感虚伪吗？——她敢承认吗？

她想过一种什么样的生活？她在这片贫瘠的土地上能找到答案吗？

她计划着怎样和现任男友分手。他在一家公司里做部门主管，文明，有教养；他们才相处了两个月，还没来得及厌倦。他如果问她分手的理由，她就告诉他。他准会笑起来。她自己也笑了。

她转过头去，这才看见陈平子立在路口。她和他之间隔着一条小径，几十米迫近的距离。他在看她，她吃了一惊，他也吃了一惊。那一瞬间，一切都昭然若揭了。

这个男人，他爱她。这个春天的村子里，正在发生着一桩爱情。他等她已经很久了吗？他预备走过来和她说话，带她去村子里走走，看看她祖、父辈曾经生活过的地方……他承诺过她的；可是一直犹豫着。他在犹豫什么呢？

她迅速地把头转回来。在刚才四目交接的一瞬间，他的神情是那样的仓皇。他装作很不介意的样子，笑了笑，掸掸身上的白围裙，东张西望着。他装作自己出来看看闲景，无意中撞见了她，那又会怎样呢？

他朝叔叔他们走去了。他站下来抽烟，听几句闲话，有时也搭讪两句；听不清说什么，反正大家都笑了。他自己也笑了。他和他们一起散了，大约是开席的时间已经到了。

她看着他走了。她甚至没有目送他，她的身体像树桩一样立在虚空里，他走出了她眼睛的拐角。她知道，他们再也没有机会了。男女之间就是这样奇怪，你没法解释的。你以为你们有很多机遇，无限的可能性……可是一次错过了，永远错过了。

她知道，他再也不会说出那句话来了，她也不会。一天的时间太短促了，一生也不够。他们没有勇气，也没有能力。她的眼泪淌下来了。很平静的一种哭泣，也不伤心，只觉得异常遥远，无力。

底下的事情就不重要了。在那所剩不多的时间里，我和陈平子又维持了正常的相处，很艰难的，我们也知道。我帮他上菜，洗刷碗碟，和他不着边际地搭讪着。有时也叫来弟弟，和他商量着回城时间。我说，我搭叔叔的车直接回南京。

陈平子客气地说，回来一趟不容易，怎么不多住几天？

我说不了，以后还有机会的。也知道这话是言不由衷的。

我的神情很放松，知道一件事情结束了，再也没有可能了。我和他之间的一切……都完了。还没来得及开始。我和他之间的一切，又是漫山遍野的，盘根错节的，到处都是，到处都是。我所有的计划，我的理想……在那一瞬间里已经灰飞烟灭了。

我们是傍晚时分起程的，为了避免和陈平子告别，我提前半小时躲进车子里。我蜷缩在后座里，就像狗一样，把自己裹起来。有时候也会摇下窗玻璃，我想再看一眼我的乡村，它们与我有着血肉的联结。可是我没有能力。

我看见空旷的原野一片苍茫，这原野曾养育过我的祖父辈，也承载着我死去的亲人。我看见村人们陆陆续续地收工了，他们扛着锄头，走在混沌的天地间，走远了。我微笑着，只有我自己知道，我的心收缩得疼。

我看见陈平子走了过来。他走在一群村人之间，和我父母、叔叔握手告别。我摇上车窗玻璃。隔着墨绿色的玻璃和苍茫夜色，我越来越看不清他了。他就像一个模糊的影子，高高的个头，有容颜和思想，有生命，可他和我是没有关系的。

汽车载着我们，走过了颠簸的村路。一路的灰尘跟着我们，灰尘淹没了村庄，原野，树木……灰尘把一切都抹去了，我们的眼前一片混沌。我们一路疾驶，乡村就像风一般地掠过了。而且，黑暗慢慢地降临了。

2000年　南京

大老郑的女人

一

算起来，这是十几年前的事了。

那时候，大老郑不过四十来岁吧，是我家的房客。当时，家里房子多，又是临街，我母亲便腾出几间房来，出租给那些来此地做生意的外地人。也不知从哪一天起，我们这个小城渐渐热闹了起来，看起来，就好像是繁华了。

原来，我们这里是很安静的，街上不大看得见外地人。生意人家也少，即便有，那也是祖上的传统，习惯在家门口摆个小摊位，卖些糖果、干货、茶叶之类的东西。本城的大部分居民，无论是机关的，工厂的，学校的……都过着闲适、有规律的生活，上班，下班，或者周末领着一家人去逛逛公园，看场电影。

城又小。一条河流，几座小桥。前街，后街，东关，西关……我们就在这里生活着，出生，长大，慢慢地衰老。

谁家没有那些陈芝麻烂谷子的事，说起来都不是什么新鲜事，不过东家长西家短的，谁家婆媳闹不和了，谁离婚了，谁改嫁了，谁作风不好了，谁家儿子犯了法了……这些事要是轮着自己头上，就扛着，要是轮着别人头上，就传一传，说一说，该叹的叹两声，该笑的笑一通，就完了，各自忙生活去了。

这是一座古城，不记得有多少年的历史了，项羽打刘邦那会儿，它就在着，现在它还在着；项羽打刘邦那会儿，人们是怎么生活的，现在也差不多这样生活着。

有一种时候，时间在这小城走得很慢。一年年地过去了，那些街道和小巷都还在着，可是一回首，人已经老了。——也许是，那些街道和小巷都老了，可是人却还活着：如果你不经意走过一户人家的门口，看见这家的门洞里坐着一个小妇人，她在剥毛豆米，她把竹筐放在膝盖上，剥得飞快，满地绿色的毛豆壳子。一个静静的瞬间，她大约是剥累了，或者把手指甲挣疼了，她抬起头来，把手甩了甩，放在嘴唇边咬一咬，哈哈气……可不是，她这一哈气，从前的那个人就活了。所有的她都活在这个小妇人的身体里，她的剥毛豆米的动作里，她抬一抬头，甩一甩手……从前的时光就回来了。

再比如说，你经过一条巷口，看见傍晚的老槐树底下，坐着几个老人，有一搭无一搭地聊着什么。他们在讲古诫。其中一个老人，也有八十岁了吧，讲着讲着，突然抬起头来，拿手朝后颈处挠了几下，说，日娘的，你个毛辣子。

多少年过去了，我们小城还保留着淳朴的模样，这巷口，老人，俚语，傍晚的槐树花香……有一种古民风的感觉。

另一种时候，我们小城也是活泼的，时代的讯息像风一样刮过来，以它自己的速度生长，减弱，就变成我们自己的东西了。时代讯息最惊人的变化首先表现在我们小城女子的身上。我们这里的女子多是时髦的。不记得是哪一年了，我在报纸上看到，广州妇女开始化妆了，涂口红，抹眼影，一些窗口单位如商场等还做了硬性规定，违者罚款。广州是什么地方，可是也就一年半载的工夫，化妆这件事就在我们这里流行起来了。

我们小城的女子，远的不说，就从穿列宁装开始，到黄军服，到连衣裙，到超短裙……这里横躺了多少个时代，我们哪一趟没赶上？

我们这里不发达，可是信息并不闭塞。有一阵子，我们这里的人开口闭口就谈改革，下海，经济，因为这些都是新鲜词汇。

后来，外地人就来了。

外地人不知怎么找到了我们这个小城，在这里做起了生意，有的发了财，有的破了产，最后都走了，新的外地人又来了。

最先来此地落脚的是一对温州姐妹。这对姐妹长得好，白皙秀美，说话的声音也温婉曲折，听起来就像唱歌一样。她们的打扮也和本地人有所区别，谈不上哪有区别，就比如说同样的衣服穿在她们身上，就略有不同。她们大约要洋气一些，现代一些；言行淡定，很像是见过世面的样子。总之，她们给我们小城带来了一缕时代的气息，这气息让我们想起诸如开放，沿海，广东这一类的名词。

也许是基于这种考虑，这对姐妹就为她们的发廊取名叫作“广州发廊”。广州发廊开在后街上，这是一条老街，也不知多少年了，这条街上就有了新华书店，老邮局，派出所，文化馆，医院，粮所……后来，就有了这家发廊。

这是我们小城的第一家发廊，起先，谁也没注意它，它只有一间门面，很小。而且，我们这里管发廊不叫发廊，我们叫理发店，或者剃头店。一般是男顾客占多，隔三岔五地来理理发，修修面，或者叫人捏捏肩膀、捶捶背。我们小城女子也有来理发店的，差不多就是洗洗头发，剪了，左右看看就行了。那时，我们这里还没有烫发的，若是在街上看见一个自来卷的女子，她的波浪形的头发，那真是能艳羡死很多人的，多洋气啊，像个洋娃娃。

广州发廊给我们小城带来了一场革新。就像一面镜子，有人这样形容道，它是一个时代在我们小城的投影。仅仅从头发上来说，我们知道，生活原来可以这样，花样百出，争奇斗艳。是从这里，我们被告知关于头发的种种常识，根据脸形设计发型，干洗湿洗，修护保养，拉丝拉直，更不要说烫发了。

等我知道了广州发廊，已经是两三年以后的事了。有一天放学，我和一个女同学过来看了，一间不足十平方米见方的小屋子里，集中了我们城里最时髦、漂亮的女子，她们取号排队，有坐着的，也有站着的，或者手里拿着一本发型书，互相交流着心得体会……我有些目眩，到底因为年纪小，胆怯，踅在门口看了一下就跑出来了。

我听人说，广州发廊之所以生财有道，是因为不单做女人的生意，就连男人的生意也要做的。做男人的生意，当然不是指做头发，而是别的。这“别的”，就有人不懂了，那懂的人就会诡秘一笑，解释给他听：这就是说，白天做女人的生意，夜里做男人的生意。听的人这才似懂非懂，恍然大悟，因为这类事在当时是破天荒的，人的见识里也是没有的。因此都当作一件新奇事，私下里议论得很有劲道。

倘若有人怀疑道，不可能吧？派出所就在这条街上……话还没说完，就会被人“嘻”的一声打断道，派出所？怎见得派出所里就没她们的人？说着便一脸的坏笑。或者由另外的人接话道，你真是不灵通，现在都什么年代了，这事在广东那边早盛行了。

大老郑是在后些年来到我们小城的，他是福建莆田人，来这里做竹器生意。当时，我们城里已经集聚了相当规模的外地人，就连本城人也有下海做生意的，卖小五金的，卖电器的，开服装店的。

广州发廊不在了，可是更多的发廊冒出来，像温州发廊，深圳发廊……这些发廊也多是外地人开的，照样门庭若市。那温州两姐妹早走了，她们在这里待了三四年，赚足了钱。关于她们的传言没人再愿意提起了，仿佛它已成了老皇历。总之，传言的真假且不去管它，但有一点却是真的，人们因为这件事被教育了，他们的眼界开阔了，他们接受了这样一个现实。一切已见怪不怪。

大老郑租的是我家临街的一间房子。后来，他三个兄弟也跟过来了，他就在我家院子里又加租了两间房。院子里凭空多了一户人家，起先我们是不习惯的，后来就习惯了，甚至有点喜欢上他们了，因为这四兄弟为人正派乖巧，个性又各不一样，凑在一起实在是很热闹。关键是，他们身上没有生意人的习气，可什么是生意人的习气，我们又一下子说不明白了。

就说大老郑吧，他老实稳重，长得也温柔敦厚，一看就是个做兄长的样子。平时话不多，可是做起事来，那真是既有礼节，却又不拘泥于礼节，这大概就是常人所说的分寸了。当年，我家院子里结了一株葡萄，长得很旺盛，一到夏天，成串的葡萄从架子上挂下来，我母亲便让大老郑兄弟摘着吃。或者她自己摘了，洗净了，放到盘子里，让我弟弟送过去。大老郑先推让一回，便收下了；可是隔一些日子，他就瓜果桃李地买回来，送到我家的桌子上。又会说话，又能体贴人，说的是：是去乡下办事，顺便从瓜田里买回来的，又新鲜，又便宜，不值几个钱的，吃着玩吧……一边说，一边笑，仿佛占了多少便宜似的。

他又是顶勤快的一个人。每天清晨，天蒙蒙亮就起床了，开门第一件事就是扫院子，又为我家的花园浇浇水，除除草……就像待自己家里一样。我奶奶也常夸大老郑懂事，能干，心又细，眼头又活……哪个女人跟了他，怕要享一辈子福呢。

大老郑的女人在家乡，十六岁的时候就嫁到郑家了，跟他生了一双儿女。我们便常常问大老郑，他的女人，还有他的一双儿女。大凡这时候，大老郑总是要笑的，不说好，也不说不好……总之，那样子就是好了。

我们说，大老郑，什么时候把你老婆孩子也接过来吧，一起住一段。

大老郑便说好，说好的时候照样还是笑着的。

有很长一段时间，我们都信了大老郑的话，以为他会在不经意的某天，突然带一个女人和两个少年到院子里来。尤其是我和弟弟，整个暑假慢而且昏黄，就更加盼望着院子里能多出一两个玩伴，他们来自遥远的海边，身体被晒得黝黑发亮，身上能闻见海的气味。他们那儿有高山，还有平原，可以看见大片的竹林。

这些，都是大老郑告诉我们的。大老郑并不常提起他的家乡，我们要是问起了，他就会说一两句，只是他言语朴实，他也很少说他的家乡有多好、多美，但是不知为什么，我的眼前总浮现出一幅和我们小城迥然不同的海边小镇的图景，那儿有青石板小路，月光是蓝色的，女人们穿着蓝印花布衣衫，头上戴着斗笠，背上背着竹筐……和我们小城一样，那儿也有民风淳朴的一瞬间，总有那么一瞬间，人们善良地生活着，善良而且安宁。

我不知道，我为什么会有这样的想象，也许这一切是缘于大老郑吧。一天天的日常相处，我们慢慢对他生出了感情，还有信任，还有很多不合实际的幻想。我们喜欢他。还有他的三个弟弟，也都个个讨人喜欢。就说他的大弟弟吧，我们俗称二老郑的，最是个活泼俏皮的人物，又爱说笑，又会唱歌。唱的是他们家乡的小调：

姑娘啊姑娘

你水桶腰　水桶腰

腔调又怪，词又贫，我们都忍不住要笑起来。有一次，大老郑以半开玩笑的口吻，托我母亲替他的这个弟弟在我们小城里结一门亲事，我母亲说，不回去了？大老郑笑道，他们可以不回去，我是要回去的，是有老婆孩子的人呢。

大老郑出来已有一些年头了，他们莆田的男人，是有外出跑码头的传统的。钱挣多挣少不说，一年到头是难得回几次家的，我母亲便说，不想老婆孩子啊？大老郑挠挠腮说道，有时候想。我母亲说，怎么叫有时候想？大老郑笑道，我这话错了吗？不有时候想，难道是时时刻刻想？我母亲说，那还不赶快回去看看。大老郑说，不回去。我母亲说，这又是为什么？大老郑笑道，都习惯了。他又朝他的几个兄弟努努嘴，道，这一摊子事丢给他们，能行吗？

大老郑爱和我母亲叨唠些家常。这几个兄弟，只有他年纪略长，其余的三个，一个二十六岁，一个二十岁，最小的才十五岁。我母亲说，书也不念了？大老郑说，不念了。都不是念书的人。我母亲说，老三还可以，文弱书生的样子，不爱说话，又不出门的。大老郑说，他也就闷在屋子里吹吹笛子罢了。

老三吹得一手好笛子，每逢有月亮的晚上，他就把灯灭了，一个人坐在窗前，悠悠地吹笛子去了。难得有那样安静惬意的时刻，我们小城仿佛也不再喧闹了，变得寂静，沉默，离一切好像很远了。

有一阵子，我们仿佛真是生活在一个很远的年代里，尤其是夏天的晚上，我们早早地吃完了饭，我和弟弟把小矮凳搬到院子里，就摆出乘凉的架势了。我们三三两两地坐着，在幽暗的星空底下，一边拍打着蒲扇，一边听我父母讲他们从单位听来的趣闻，或者大老郑兄弟会说些他们远在天边的莆田的事情。

或有碰上好的连续剧，我们就把电视机搬到院子里，两家人一起看；要是谈兴甚浓的某个晚上，我们就连电视也不看的，就光顾着聊天了。

我们说一些闲杂的话，吃着不拘是谁家买来的西瓜，困了，就陆续回房睡了。有时候，我和弟弟舍不得回房，就赖在院子里。我们躺在小凉床上，为的就是享受这夏夜安闲的气氛，看天上的繁星，或者月亮光底下梧桐叶打在墙上的影子；听蛐蛐、知了在叫，然后在大人窃窃的细语中，在郑家兄弟悠扬的笛声和催眠曲一样的歌声中睡去了。

似乎在睡梦之中，还能隐隐听到，我父亲在和大老郑聊些时政方面的事，关于经济体制改革，政企分开，江苏的乡镇企业，浙江的个体经营……那还了得！——只听我父亲叹道，时代已发展到什么程度了！

我们两家人，坐在那四方的天底下，关起院门来其实是一个完整的小世界。不管谈的是什么，这世界还是那样的单纯，洁净，古老……使我后来相信，我们其实是生活在一场遥远的梦里面，而这梦，竟是那样的美好。

二

有一天，大老郑带了一个女人回来。

这女人并不美，她是刀削脸，却生得骨骼粗大。人又高又瘦，身材又板，从后面看上去倒像个男人。她穿着一身黑西服，白旅游鞋，这一打眼，就不是我们小城女子的打扮了。说是乡下人吧，也不像。因为我们这里的乡下女子，多是老老实实的庄稼人的打扮，她们不洋气，可是她们朴素自然，即便穿着碎花布袄，方口布鞋，那样子也是得体的，落落大方的。

我们也不认为，这是大老郑的老婆，因为没有哪个男人是这样带老婆进家门的。大老郑把她带进我家的院子里，并不做任何介绍，只朝我们笑笑，就进屋了。隔了一会儿，他又出来了，踅在门口站了会儿，仍旧朝我们笑笑。

我们也只好笑笑。

我母亲把二老郑拉到一边说，该不会是你哥哥雇的保姆吧。二老郑探头看了一眼，说，不像。保姆哪有这样的派头，拎两只皮箱来呢。

我母亲说，看样子要在这里落脚了，你哥哥给你们找了个新嫂子呢。二老郑便吐了一下舌头，笑着跑了。

说话已到了傍晚，天色还未完全暗下来，从那半开着的门窗里，我们就看见了这个女人，她坐在靠床的一张椅子上，略低着头，灯光底下只看见她那张平坦的脸，把眼睛低着，看自己的脚。她大约是坐得无聊了，偶尔就抬起头来朝院子里睃上一眼，没想到和我们其中一个的眼睛碰个正着，她就又重新低下了头，手不知该往哪放，先拉拉衣角，然后有点局促地，就摆弄自己的手去了。

她的样子是有点像做新娘子的，害羞，拘谨，生疏。来到一个新环境里，似乎还不能适应。屋里的这个男人，看上去她也不很熟悉，也许见过几次面，留下一个模糊美好的印象，知道他是个老实人，会待她好，她就同意了，跟了他。

那天晚上，她给我们造成了一种婚嫁的感觉，这感觉庄重，正大，还有点羞涩，仿佛是一对少年夫妻的第一次结合，这中间经过媒妁之言，一层层繁杂的手续……终于等来了这一天。而这一天，院子里的气氛是冷淡了些，大家都在观望。只有大老郑兴兴头头的，在屋子里一刻不停地忙碌着，他先是扫地，擦桌子……当这一切都做完的时候，他犹豫了一下，在离她有一拳之隔的床头坐下了。他搓着手，一直微笑着，也许他在跟她说些什么，她抬起头来看他一眼，就笑了。

他起来给她倒了一杯水。

再起来给她搬来一只放杯子的凳子。

那么下面还能做些什么呢？想起来了，应该削个苹果吧，于是他就削苹果了。他把苹果削得很慢很慢，像在玩一样技艺。有时他会看她，但更多的还是看我们，看我和弟弟，还有他家的老四。我们这几个半大不小的孩子，就站在院子正中的花园里，一边说着玩着笑着，一边装作不经意地探头看着……隔着花园里的各种盆盆罐罐，两棵冬青树，我们看见大老郑半恼不恼地瞪着我们，他伸出一条腿来把门轻轻地挡上了。

那天晚上，这女人就在大老郑的房里住下了。原先，大老郑是和老四住一间房，后来，老四被叫进去了，隔了一会儿，我们看见他卷着铺盖从这一间房挪到另一间房，他又嘟着嘴，好像很不情愿的样子，我们就都笑了。

那大的气氛很奇怪，我们一直在笑。按说，这件事本没有什么特别可笑的地方，因为我们小城的风气虽然保守了些，可是在男女之事上，也有它开通豁达的一面。大约这类事在哪里都是免不了的，一个已婚男子，老婆又不常在身边，那么，他偶尔做些偷鸡摸狗的事也是正常的。我父亲有一个朋友，我们唤作李叔叔的，最是个促狭的人物，因常来我们家，和大老郑混熟了，有一次他就拿他开玩笑说，大老郑，给你找个女朋友吧？

大老郑便笑了，嗫嚅着嘴巴，半晌没见他说出什么来。李叔叔说，你看，你长得又好，牙齿又白，还动不动就脸红——

我母亲一旁笑道，你别逗他了，大老郑老实，他不是那种人。

可是那天晚上，我母亲也不得不承认道：这个死大老郑，我真是没看出来呢。她坐在沙发上，很笃定地等大老郑过来跟她谈一次。她是房主，院子里突然多出来一个女人，她总得过问一下，了解一些情况吧。

原来，这女人确是我们当地的，虽家在乡下，可是来城里已有很多年了。先是在面粉厂做临时工，后来不知为什么辞了职，在人民剧场一带卖葵花子。我母亲说，我们也常去人民剧场看电影、看戏的，怎么就没见过你？

女人说，我也常回家的。——当天晚些时候，大老郑领女人过来拜谒我母亲，两人坐在我家的客厅里，女人不太说什么，只是低着头，拿手指一遍遍地划沙发上的布纹，她划得很认真，那短暂的十几分钟，她的心思都集中到她的手指和布纹上去了吧？大老郑呢，只是一个劲地抽着烟，偶尔，他和我母亲聊些别的事，常常就沉默了。话简直没法说下去了，他抬头看了一眼灯下的蛾虫，就笑了。我母亲说，你笑什么？

大老郑说，我没笑啊。

这么一说，禁不住女人也笑了起来。

女人就这样来到我们的生活里，成为院子里的一个成员。这一类的事，又不便明说的，大家也就睁一只眼闭一只眼的，就此混过去算了。我母亲原是极开明的，可是有一阵子，她也苦恼了，常对我父亲嘀咕道，这叫什么事啊！家妻外妾的，还当真过起小日子来了。——又是叹气，又是笑的，说，别人要是知道了，还不知该怎么嚼舌呢，以为我这院子是藏污纳垢的——

其实，这是我母亲多虑了。时间已走到了1987年秋天，我们小城的风气已经很开化了。像暗娼这样古老的职业都慢慢回头了，公安局就常下达“扫黄”文件，我父亲所在的报社也做过几次跟踪报道。当然了，我们谁也没见过暗娼，也不知她们长什么样子，穿什么样的衣裳，有着怎样的言行和做派，所以私下里都很好奇。我母亲因笑道，再怎么着，大老郑带来的这个也不像。我奶奶说，不像，这孩子老实。再则呢，她也不漂亮，吃这行饭的，没个脸蛋身段，那股子浪劲，那还不饿死！我父亲笑道，你们都瞎说什么呢？

总之，那些年，我们的疑心病是重了些，我们是对一切都有好奇、都要猜忌的。那的确是个与众不同的年代吧，人心总是急吼吼的，好像睡觉也睡不安稳。一夜醒来，看到的不过还是那些旧街道和旧楼房，可是你总会感觉到，有什么东西变了，它正在变，它已经变了，它就发生在我们的生活里，而我们是看不见的。

无论如何，女人就在我家的院子里住了下来。起先，我们对她并不友善，我母亲也有点忌讳她和大老郑的姘居关系，可是她又不能赶的，一则和大老郑的交情还不错；二则呢，这女人也着实可怜，没家没道的。乡下还有个八岁的男孩，因离了婚，判给前夫了。

她待大老郑又是极好的，主要是勤快，不惜力气。平时浆洗缝补那是免不了的，几个兄弟回来，哪次吃的不是现成饭？还换着花样，今天吃鱼明天吃肉的，逢着大老郑兴致好了，哥几个咂二两小酒也是有的。他们一家子人，围着饭桌坐着，在日光灯底下，刚擦洗过的地面泛着清冷的光。

有时候，饭是吃得冷清了些，都不太说话，偶尔大老郑会搭讪两句，女人坐在一旁静静地笑。有时却正好相反，许是喝了点酒的缘故吧，气氛就活跃了起来。老二敲着竹筷唱起了歌，他唱着哩哩啦啦的，不成腔调，女人抿嘴一乐道，是喝多了吧？

老三说，别理他，他一会就好了。

两人都愣了一下，可不是，话就这么接上了，连他们自己都不提防。郑家几个兄弟都是老实人，他们对她始终是淡淡的，淡不是冷淡，而是害羞和难堪。就比如说她姓章，可是怎么称呼呢，又不能叫嫂子或姐姐的，于是就叫一声“哎”吧，“哎”了以后再笑笑。

女人很聪明，许是看出我们的态度有点睥睨，所以轻易不出门的。白天她一个人在家，她把衣服洗了，饭做了，卫生打扫了，就坐在沙发上嗑嗑瓜子，看看电视。看见我们，照例会笑笑，抬一下身子，并不多说什么。从她住进来的那一天起，这屋子就变了，新添了沙发、茶几、电视……她还养了一只猫，秋天的下午，猫躺在门洞里睡着了，下午三四点钟的太阳照下来，使整个屋子洋溢着动物皮毛一样的温暖。

有一次，我看见她在织手套，枣红色的，手形小巧而精致，就问，给谁的？织给儿子的吗？她笑道，儿子的手会有这么大？是老四的。她放下手里的活，找来织好的那一只放在我手上比试一下，说，我估计差不多，不会小吧？

几个弟弟中，她是最疼老四的，老四嘴巴甜，又不明事理，有一次就喊她做“姐姐”了，她愣了一下。一旁的老二老三对了对眼色，竟笑了。没人的时候，老四会告诉她莆田的一些事情，他的嫂子，两个侄儿。他们镇上，很多人家都住上小楼了，她就问，那你家呢？老四说，暂时还没有，不过也快了。

她又问，你嫂子漂亮吗？这个让老四为难了，他低着头，把手伸进脖颈处够了够，说，反正是，挺胖的。她就笑了。

她并不多问什么的，说了一会儿话，就差老四回房，看看他二哥三哥可在，老四把头贴在窗玻璃上说，你待会来打扫吧，他们在睡觉。她笑道，谁说我要打扫，我要洗被子，顺带把你们的一块洗了。

她虽是个乡下人，却是极爱干净的，和几个兄弟又都处得不错，平时帮衬着替他们做点事情。她说，我就想着，他们挺不容易的，到这千儿八百里的地方来，也没个亲戚朋友的，也没个女人。说着就笑了起来。她的性格是有点淡的，不太爱说话，可是即便一个人在房间里坐着，房间里也到处都是她的气息。就像是，她把房间给撑起来了，她大了，房间小了。

也真是奇怪，原来我们看见的散沙一样的四个男人，从她住进来不久，就不见了，他们被她身上一种奇怪的东西统领着，服从了，慢慢成了一个整体。有一次，我母亲叹道，屋里有个女人，到底不一样些，这就像个家了。

而在这个家里，她并不是自觉地，就扮演了她所能扮演的一切角色，妻子，母亲，佣工，女主人……而她，不过是大老郑的萍水相逢的女人。

她和大老郑算得上是恩爱了。也说不上哪恩爱，在他们居家过日子的生活里，一切都是平平常常的，不过是在一间屋子里吃饭，睡觉。得空大老郑就回来看看，也没什么要紧事，就是陪陪她，一起说说话。她坐在床上，他坐在床对面的沙发上。门也不关。——门一不关，大方就出来了，就像夫妻了。

慢慢地，我们也把她当作大老郑的妻了，竟忘了莆田的那个。我们说话又总是很小心，生怕伤了她。只有一次，莆田的那个来信了，我奶奶对大老郑笑道，信上说什么了？是不是盼着你回去呢？我母亲咳嗽了一声，我奶奶立刻意识到了，讪讪地，很难为情了。女人像是没听见似的，微笑着坐在灯影里，相当安静地削苹果给我们吃。

也许我们不会意识到，时间怎样纠正了我们，半年过去了，我们接受了这女人，并喜欢上了她。我们对她是不敢有一点猜想的，生怕这样就亵渎了她。我母亲曾戏称他们叫“野鸳鸯”的，她说，她待他好，不过是贪图他那点钱。后来，我母亲就不说了，因为这话没意思透了，在流水一样平淡的日子里，我们看见，这对男女是爱着的。

他们爱得很安静，也许他们是不作兴海誓山盟的那一类，经历了很多事情了，都不天真了。往往是晚饭后，如果天不是很冷的话，他们就会出去走走，我母亲打趣道，还轧马路？怎么跟年轻人似的。他们就笑笑，女人把围巾挂在大老郑的脖子上，又把他的衣领立起来。有时候他们也会带上老四，老四在院子外玩陀螺，他一边抽着陀螺，一边就跟着他们走远了。

或有碰上他们不出去的时候，我们两家依旧是要聊聊天的，说一说天气，饮食，时政。老二倚在门口，说了一句笑话，我们便“嗤”的一声笑了，也是赶巧了，这时候从隔壁的房间里传来了一声清亮的笛音，试探性的，断断续续的，女人说，老三又在吹笛子了。我们便屏住了声息，老三吹得不很熟练，然而听得出来，这是一首忧伤的调子，在寒夜的上空，像云雾一样静静地升起来了。

我家的院子似乎又恢复了从前的样子，甚至比从前还要好的。一个有月亮光的晚上，人们寒缩，久长，温暖。静静地坐在屋子里，知道另一间屋子里有一个女人，她坐在沙发上织毛线衣，猫蜷在她脚下睡着了。冬夜是如此清冷，然而她给我们带来了一种岁月悠长的东西，这东西是安稳，齐整，像冬天里人嘴里哈出来的一口热气，虽然它不久就要冷了，可是那一瞬间，它在着。

她坐在哪儿，哪儿就有小火炉的暖香，烘烘的木屑的气味，整间屋子地弥漫着，然而我们真的要睡了。

有一阵子，我母亲很为他们忧虑，她说，这一对露水夫妻，好成这样子，总得有个结果吧？然而他们却不像有“结果”的样子，看上去，他们是把一天当作一生来过的，所以很沉着，一点都不着急。冬天的午后，我们照例是要午睡的，这一对却坐在门洞里，男人在削竹片，女人搬个矮凳坐在他身后，她把毛线团高高地举起来，逗猫玩。猫爬到她身上去了，她跳起来，一路小跑着，且回头“喵喵”地叫唤着，笑着。

这时候，她身上的孩子气就出来了，非常生动的，俏皮的，像一个可爱的姑娘。她年纪并不大，顶多有二十七八岁吧。有时候她把眼睛抬一抬，眼风里是有那么一点活泼的东西的。——背着许多人，她在大老郑面前，未尝就不是个活色生香的女人。

逢着这时候，大老郑是会笑的，他看她的眼神很奇怪，是一个男人对女人的，又是一个长者对孩子的，他说，你就不能安静会儿。

她重新踅回来坐在他身后，或许是拿手指戳了戳他的腰，他回过头来笑道，你干什么？她说，没干什么。他们不时地总要打量上几眼，笑笑，不说什么，又埋头干活了。看得多了，她就会说，你傻不傻？大老郑笑道，傻。

这时候，轮着他做小孩子了，她像个长者。

三

第二年开春，院子里来了一个男人。这男人有四十来岁吧，一身乡下人的打扮，穿着藏青色裤子，解放鞋。许是早春时节，天嫌冷了些，他的对襟棉袄还未脱身，袖口又短，穿在身上使他整个人变得寒缩，紧张。

按说，我们也算是见过一些乡下人的，有的甚至比他穿得还要随便，不讲究的，但没有像他这样邋遢、落伍的……他又是一副浑然无知的样子，看上去既愚钝又迂腐，像对一切都要服从，都能妥协似的。那些年，我们这里的乡下人也多有活络的，部分时髦人物甚至胆敢到城里来做买卖的，开口闭口就谈钱，经济、回扣，十足见过世面的样子。可这个男人不是，看得出来，他是属于土地的，他固守在那里，摆弄摆弄庄稼……这大概是他第一次进城吧？

他像是要找人的样子，有点怯生生的，先是站在我家院门外略张了张，待进不进的。手里又攥着一张皱巴巴的纸条，不时地朝门牌上对照着。那天是星期天，院子里没什么人，吃完了午饭，大老郑携女人逛街去了，其余的人，或有出去办事的，到澡堂洗澡的，串门的……因此只剩下我和母亲在太阳底下闲坐着。老四和我弟弟伏在地上打玻璃球。

这时候，我们就看见了他，生涩地笑着，瑟缩而谦卑，仿佛怕得罪谁似的。我母亲因勾头问道，你找谁？他低下头，微微弯着身子，把手抄进衣袖里说道，我来找我的女人。我母亲说，你女人叫什么？并向他招招手，他满怀感激地就进来了，轻声说了一个名字，我母亲扭头看了我一眼，噢了一声。

他要找的是大老郑的女人，这就是说，他是女人的前夫了？

我们再也不会想到，这辈子会见到女人的前夫，因此都细细地打量起他来。他长得还算结实，一张红膛脸，五官怕比大老郑还要精致些，只是肤质粗糙，明显能看出风吹日晒的痕迹，那痕迹里有尘土，暴阳，田间劳作的种种辛苦……也不知为什么，这乡下人身上的辛苦是如此多而且沉重，仿佛我们就看见似的，其实也没有。

他一个人站在我家的院子里，孤零零的，显得那样的小，而且苍茫。春天的太阳底下，我们吃饱了饭，温暖，麻木，昏沉，然而看见他，心却一凛，陡地醒过来了。我母亲说，要么，你就等等？他笑笑。我母亲示意我进屋搬个凳子出来，等我把凳子搬出来时，他已贴着墙壁蹲下了，从怀里取出烟斗，在水泥地上磕了磕。

毋庸讳言，我们对他是有一点好奇的。就比如说，我们不知道他为什么来找女人，是想重修旧好吗？他们现在还有密切的联系吗？他们又是怎么离的婚？我们对女人是一点都不了解的，只知道她的好，他也是好的……可是两个好人，怎么就不能安安生生地过日子呢？

起先，他是很拘谨的，不太说什么。可是也就一袋烟的工夫，他就和我母亲聊上了。原来，他是极爱说话的，他说话的时候有一种沉稳又活泼的声色，使我们稍稍有些惊诧，又觉得他是可爱的。他说起田里的收成，他家的一头母猪和五头小猪，屋后的树……总之加起来，扣除税和村上的提留，他一年也能挣个几百块钱呢！——不过，他又叹道，也没用处，这几百块钱得分成八瓣子用，买化肥和农药，孩子的书学费，他寡母的医药费……所以，手里不但落不下什么钱，反倒欠了些债。

我母亲说，这如何是好呢？

他没有搭话，把手伸进腋窝里挠了几下，拿出来嗅嗅，就又说起他们村上，有两家万元户的，他们凭什么？不就因着手里有点余钱，承包个果园、鱼塘……他哼了一声，看得出有点不屑了。他们丢了田，他咕哝道，天要罚的。他说这话时有一种平静的声气，很忧伤，而且悲苦。

我母亲打趣道，依我看，你要解放思想，那田不种也罢。

他打量了我母亲一眼，瓮声瓮气地说道，种田好。

我母亲笑道，怎么好了？种田你就当不上万元户。

他的脸都涨红了，急忙申辩道，种田踏实。自从盘古开天以来，哪有农民不种田的，你倒跟我说说！也就是这些年——可这些年怎么了，他一下子又说不出来了——再说，我不当万元户，也照样有饭吃，有衣穿，也能住上新瓦房。不过——他想了想，把手肘压在膝盖上，突然羞涩地笑了。他承认道，造瓦房的钱主要是女人的，她在城里当干部，每月总能挣个三四百，够得上他半年的收入了。

我们都愣了一下，我母亲疑惑道，当干部？当什么干部？我一个月都挣不了三四百，问问这城里，除了做生意的——再说，不是离婚了吗？

离婚？他扶着膝盖站起来了，睁大眼睛说道，你听谁说的？

看他那眉目神情，我们都有点明白了，也许……我们应该怀疑了，什么地方出问题了，我们被蒙蔽了。他不是女人的前夫，他是她的男人。我母亲朝我努努嘴，示意我把老四和弟弟领到院外去，她又笑道，瞧我说的这是哪门子胡话，因不常见着你，小章又一个人住，就以为你们是离了婚的。

男人委屈地叫道，她不让我来呀。再说了，家前屋后的也离不开人，要不是细伢子的书学费……这不，都欠了一个月了。老师下最后通牒了，说是再不交就甭上学了。也是赶巧了，那天二顺子进城，在这门口看见了她，要不我哪找她去？

他絮絮地说着，抱怨起这些年他的生活，又当爹又当妈的，家也不像家了；但凡手里宽绰些，他也不会放她出来。当什么干部？——他“哧”的一声笑了，我还不知道她那点能耐？双手捧不动四两的，也就混在棉织厂，当个临时组长罢了。

我和母亲面面相觑。面粉厂，棉织厂，人民剧场卖葵花子……这么一说，都是假的了。我母亲且不敢声张，又拐弯抹角地问了他一些别的。总之，事情渐趋明朗了，它被撕开了面纱，朝我们最不愿意看到的那个方向转弯了。

男人一说竟滑了嘴，收不住了。那天晌午，我们耳旁嗡嗡的全是他的声音。那是怎样的声音啊……一说起他的婆娘，他显得那样的啰唆，亲切而且忧伤。他时常想她吗？夜深人静的时候，他是否常常就醒过来，看窗格子外的一轮月亮。一天中难得有这样的时刻，能静下来想点事情吧？白天下田劳作，晚上锅前灶后地忙碌，一年年地，他侍候老母，抚养幼子……这简直要了他的命！他的女人在哪？这当儿，她也睡了吧？一想起她在床上的熊样子，他就想笑。想得要命。她是顾家的，哪次回来没给他捎上好的烟叶，给儿子买各式玩具，给婆婆带几样药品？可他不如意，也不知为什么，有时简直想哭。他就想着，等日子好了，他要把她接回来，安派她做分内的事，让家里重新燃起油烟气。

呵，让家里燃起油烟气。那一刻，他坐在正午的太阳底下，慢慢地眯起了眼睛。

他停顿了一下，许是说累了，不愿再说下去了。在那空旷的正午，满地白金的太阳影子，我家的院子突然变大了，听不到一点声音，人身上要出汗了。——再也没有比这更寂寞、荒凉的一瞬间，我们一点点地沉了下去，在太阳地里坐得久了，猛地抬起头来，阳光变成黑色的了。

丈夫最终没能等来他的女人，他兴高采烈地回去了。他知道，隔几天他的女人就会把工资如数上交，他要用这笔钱给细伢子交书学费。他又从门洞里拖出半袋米，托我们转交，说，这是好米，在城里能卖不少的价钱呢，留着她吃吧；我们在家里的，能省些则省些。

女人是在晚上才回的家，她跟在大老郑的后头，手里提着大包小包的。我母亲趋前问道，都买了什么？大老郑笑道，随便给她买了些衣服。女人立在床头，把东西一样样地抖出来，皮鞋，衣裙……又把一件衣服放在膀子上比试一下，问我母亲道，也不知好看不好看？我就嫌它太花哨了，都是他主张要买。大老郑笑道，这几样当中，我就看中这一件，花色好，穿上去人会显得俏丽。

平心而论，女人的做派和先前没什么两样，可是我们都看出一些别的来了。就比如说她是细长眼睛，大老郑说话的当儿，她把眼睛稍稍往上一抬，慢慢地，又像是不经意地……反正我是怎么也描述不出来，学不出来的。——就这么一抬，我母亲拿手肘抵抵我，耳语道，真像。

原来，我母亲早就听人说过，我们城里有两类卖春的妇女，说起来这都是广州发廊以后的事了。就有一次，有人指着沿街走过的一个女子，告诉她说这是做“那营生”的。那真是天仙似的一个人物，我母亲后来说，年轻且不论，光那打扮我们城里就没见过；我母亲因问道，不是本地人吧？那人淡淡地笑道，哪有本地人在本地做生意的？她们敢吗？人有脸，树有皮，再不济也得给亲戚朋友留点颜面，万一做到兄弟、叔伯身上怎么办？

还有一类倒真是我们本地人，像大老郑的女人，操的是半良半娼的职业。对于类似的说法，我母亲一向是不信的，以为是谣言，她的理由是，良就是良，娼就是娼，哪有两边都沾着的？殊不知，这一类的妇女在我们小城竟是有一些的，她们大多是乡下人，又都结过婚，有家室，因此不愿背井离乡。

这类妇女做的多是外地人的生意，她们原本良善，或因家境贫寒，在乡下又手不缚鸡，吃不了苦，耐不了劳；或有是贪图富贵享乐的；也有因家庭不和而离家出走的……凡此种种，不一而足。她们找的多是一些未带家眷的生意人，手里总还有点钱，又老实持重，不寒碜，长得又过得去，天长日久，渐渐生了情意，恋爱上了。

她们用一个妇人该有的细心、整洁和勤快，慰藉这些身在异乡的游子，给他们洗衣做饭，陪他们说话；在他们愁苦的时候，给他们安慰，逗他们开心，替他们出谋划策；在他们想女人的时候，给他们身体；想家的时候，给他们制造一个临时的安乐窝……她们几乎是全方位的付出，而这，不过是一个妇人性情里该有的，于她们是本色。她们于其中虽是得了报酬的，却也是两情相悦的。

若是脾性合不来的，那自然很快分手了，丝毫不觉得可惜；若是感情好的，那男人最终又要回去的，难免就有麻烦了，总会痛哭几场，缱绻难分，互留了信物，相约日后再见的，不过真走了，也慢慢好了，人总得活下去吧？隔一些日子，待感情慢慢地平淡了，她们就又相中了一个男子，和他一起过日子去了。

做这一路营生的妇人，多由媒人介绍来的，据说和一般的相亲没什么两样，看上两眼，互相满意了，就随主顾一起走了。而这一类的妇人，天性里有一些东西是异于常人的，就比如说，她们多情，很容易就怜惜了一个男子；她们或许是念旧的，但绝不痴情。她们是能生生不息、换不同男子爱着的……或许，这不是职业习性造就的，而是天性。

和我们一样，她们也瞧不起娼妓，大老郑的女人就说过，那多脏，多下流呀！而且，也不卫生。她哧哧地笑起来，那是早些时候，她的“前夫”还未出现。她们和娼妓相比，自然是有区别的，和一般妇女比呢，就有点说不清楚了。照我看来，唯一的区别就在于，在通过恋爱或婚嫁改善境遇方面，她们是说在明处的，而普通妇女是做在暗处的。因此，她们是更爽利、坦白的一类人，值不值得尊敬是另一说了。

我们家对过，有一户姓冯人家的老太太，我们都唤作冯奶奶的，最是个开朗通达的人物。长得又好，皮肤白，头发也白，夏天若是穿上一身白府绸衣褂，真是跟雪人一般。这老太太是颇有点见识的，大概因她儿子在监察局做局长、女儿在人民医院做护士长的缘故吧，她说起天文地理来，那是能让人震一震的。常常是坐在自家门口剥毛豆米，隔着一条马路就朝我奶奶喊过来，你家今天吃什么？两个老太太一递一声地说着话，末了她端着一个竹筐子，一路颠颠地就跑过来了。看见我，就笑道，阿大下学堂了？看见我弟弟，就说，小二子，今天挨没挨先生批？她是很得人缘的一个，凡是认识她的没有不尊敬她的。她的风流事在我们这一带是传遍了的，年轻时因男人跑台湾，单单丢下她娘儿三个，两张嗷嗷待哺的嘴，怎么活呀？就找相好呗，也不知找了多少个，才把这两个孩子拉扯大，出息了，成家了。倘若有人跟她做媒，她大凡是回绝的，说的是，她男人一天不死，她就要等他回来。有人背地里取笑她，这叫什么等？比她男人在时还快活。无论如何，她是抚养了两个孩子，不是含辛茹苦，而是快快乐乐。

我们无论如何也说不清，在大老郑的女人和冯奶奶之间，到底有何不同，可是我们能谅解冯奶奶，而不能谅解大老郑的女人。我母亲很快下了逐客令，当天晚上，她就找大老郑过来摊牌了，大老郑如实招供，和我们了解的情况没什么出入，不过他说，她是个好人。我母亲通情达理地说，我知道。你也是好人，可是这跟好人坏人没关系，我们是体面人家，要面子，别的都好说，单是这方面……你不要让我太为难。

我母亲又说，你是生意人，凡事得有个分寸，别让外人把你的家底给扒光了。大老郑难堪地笑着，隔了一会儿，他搓搓手道，这个，我其实是明白的。

大老郑携女人走了，为了眼不见心不烦，我母亲让他的几个兄弟也跟着一起走了。从那以后，我们再也没见过他们，也没听到过他们的任何讯息了。

这一晃，已是十五年过去了，我们也不知道，大老郑和他的女人，他们过得还好吗？他们是不是早分开了？各自回家了？在他们离开院子的最初几个年头，每到夏天，我们乘凉的时候，或是冬天，我们早早缩在被子里取暖的时候，就会想起他们，那是怎样安宁纯朴的时光啊，像我们幻想中的莆田的竹林，在月光底下发出静谧的光……现在，它已经遥不可及了；或许，它压根儿就没存在过？

而这些年来，我们小城是一步步往前走着的，这其中也不知发生了多少事；有一次，我父亲因想起他们，就笑道，这叫怎么说呢，卖笑能卖到这种份上，还搭进了一点感情，好歹是小城特色吧，也算古风未泯。我母亲则说，也不一定，卖身就是卖身，弄到最后把感情也卖了，可见比娼妓还不如。

唉，这些事谁能说得好呢？我们也就私下里瞎议论罢了。

2002年12月17日

石头的暑假

二十年前，石头还是我们这条街上最俊朗的男孩子。问问我们这里的街坊邻居，谁不记得当年的石头啊？那个白皙颀长的少年，又安静又腼腆，他挎着黄书包，骑着自行车从街巷间趟过的样子，至今还浮现在我们的眼前。

邻居的阿姨、大妈们都说，一个暑假过去了，石头就长高了，出挑成一个帅小伙子了。可不是，这一眨眼，石头就十七岁了，我们这些随他一起耍大的小姑娘，有一天突然不敢看他了，害臊了，脸红了，也不和他说话了。

石头看见我们，也会脸红的。他朝我们笑一下，轻轻侧过头去……石头妈说，你看我们家石头，成天跟大姑娘似的，也不晓得叫人了。我妈说，是啊，我们家嘉丽也是这样，这些孩子，人小鬼大呢。

两个母亲站下来说话的时候，我和石头打了一个照面，就各自回家了。我妈是很喜欢石头的，也许，她私下里是盼着石头将来能成为她的女婿呢。

石头和我们街上别的男孩子都不同，石头规矩，有教养。他在重点中学读高一，成绩嘛，总算还可以。石头的父亲李叔叔说，石头就是有点闷，眼看就要考大学了，还整天记日记，你说多浪费时间啊，大人都急死了。

我妈说，日记上都写什么了？

李叔叔“哎”一声道，还能写什么呢？不过就是忧愁呀，人生呀，我看都不要看的，做作！我们就都笑了。

我妈说，你不懂，石头像个诗人。

李叔叔常来我们家，找我父亲下棋，几盘棋下来，他就点上一支烟，“石头石头”地挂在嘴边。他是既骄傲，又焦虑的。他常说，这一代的孩子啊，接着就叨唠起当年他在山西当兵，冰天雪地的，还要到山地里铺铁路。——怎么个苦法，嘉丽你知道吗？有人再也没出过山，死在那儿了；雷管刚拿出来，全冻裂了……我告诉你嘉丽，那时候，你李叔叔可想不起命运、人生这些字眼来，我嘛——他站起来，在院子里踱上两步，笑道，净想着你张阿姨了，想着我要是能活着出去，就和她结婚，生个像模像样的儿子出来，取名叫石头。石头再生儿子，就叫石子。

说到这儿，李叔叔笑嘻嘻地看了我一眼。

李叔叔是个风趣人物，他常拿我打趣，说将来要找一个像嘉丽这样的儿媳妇，而我父母竟是一点都不恼的。我尤其记得夏天的傍晚，他坐在我家的院子里，说起儿子时眉飞色舞的样子。石头这个词由他嘴里蹦出来，就像在敲鼓点，又响亮，又有节奏，石头，石头。他又是个不停嘴的人，一说能说几个小时，而我们是怎么也听不够、听不厌的。

暑假将近末梢，八月底的一天，我们对过的一户人家来了一个小亲戚。小姑娘大约八九岁吧，也是本城人，她因父母出差，便被送到这户姓王的表叔家里，暂住几天。

我还能记得那天，她由母亲领着走进我们的街巷里。她穿着天蓝色的泡泡袖连衣裙，一双大大的眼睛，在太阳底下眯缝着，既安静又灵活。她是黄黄的小卷毛儿，额头上有两个旋儿，一左一右扎着髽髻，像羚羊的角。后来我们知道，这个像精灵一样的小人儿，她叫夏雪，在实验小学念一年级。

起先，她是很认生的，她一只手拎着个小包裹，另一只手攥在她母亲的手心里，抵死不肯进亲戚家的门。她母亲笑道，这又怎么了？不是说好了吗？你自己兴兴头头要来的！待她母亲要走了，她站在门框里，眼泪汪汪地说，妈妈，你说过两天以后来接我的。她妈妈说，你要听话，我去上海给你买裙子和皮鞋。她这才收住眼泪说道，皮鞋我要红色的，裙子是白色的。她妈妈笑道，都说过一千遍了！她婶婶弯腰跟她说道，你先住着吧，我们这条街上小姑娘可多啦，过两天赶你走，你都不想走呢。你不是有个同学叫李清的吗？喏，就住在斜对面，待会我带你去找她。

她这才勉强一笑。

小姑娘就这样走进石头的家里，去找他的妹妹李清。我们说，石头的命运是从这一天开始转变的，虽然这一天，他也许并没有遇上她。

两个小姑娘整天混在一起，我们确实知道，至少在暑假的最后几天，她们是快乐的。她们在巷子里疯跑，玩“捉迷藏”的游戏。其中一个倚在电线杆后面，闭上眼睛问，好了吗？那一个说，还没呢，不准看呵。常常地，我们就听到她们的尖叫声，从巷子的某个角落里传来，弥漫在正午的太阳底下。

很多天后，石头说，他也听到了类似的尖叫声，有时是在正午，有时是在晚上，待他从床上爬起来的时候，它就不见了。

真是奇怪，石头说，它不见了。

它从来是在石头似睡非睡时响起，迷迷糊糊的像一声呼哨；他清醒的时候，它就消失了。所以，这究竟是怎样的一种声音，石头是描述不出来的。有时候，他怀疑自己得了幻听，也不知从哪一天起，石头突然烦躁了，常常彻夜不眠，为的就是等——也许和我们听到的并不是一种尖叫声。有一天下午，石头去妹妹房间里找剪刀，推开门的时候，看见两个小姑娘脱光了衣服，坐在床上玩一种叫作“石房子”的游戏。

石头很大方地就进去了，从抽屉里摸出剪刀，侧头看她们一眼，笑道，你们两个，怎么不讲文明啊？石头根本没在乎她们，整一个夏天，都是由他为妹妹洗澡，他摸着她的小胸脯，常常开玩笑说，一把瘦骨头。床上坐的另一位却是胖的，然而跟她的胖并没有关系，石头紧张了，那是因为她紧张了。

自始至终，她用一双惊恐的大眼睛瞪着石头，一边拿裙子遮住了身体，这动作是连贯的、迅速的，很像个成人。石头觉得很有意思。一个八岁的小女孩，皮肤是粉红色的，肉乎乎的四肢和手脚，她把膝盖支起来，挡住了胸口，双手把肩膀紧紧搂住……就这么蜷缩在床角，往后退，往后退。石头也呆了，他从未见过这样的阵势，一个八岁的小女人。

后来，她的裙子滑下去了，她放下手臂去捡裙子，石头就看见了她的小乳头，还来不及肿起来，往里瘪。石头听见自己的声音软弱而轻飘，像来自远方，像经历了一场大汗淋漓，他说，你们把衣服穿起来吧。他转过身去，把门关上了，他感到自己很昏沉。

我们小街上的第一场强奸案就发生在两天后。石头终于听到了他找寻已久的尖叫声，那是由他自己发出来的，在他的身体里藏了很久，折磨得他快要发疯了。石头不承认自己是强奸，然而那天上午，他把妹妹支走了，屋子里只剩下他和那个小女孩，他把她抱在怀里……竟哭了。他知道在这间屋子里，此时此刻，发生了一件事情，他已大祸临头。

石头觉得冤屈。

他回忆说，从见她第一面起，他就喜欢上了她。这是他的第一次……看着一个女孩子坐在他家的院子里，葡萄架下她抬起长睫毛的眼睛，阳光在她的脸上忽闪忽闪的。她的胳膊里夹着一个布娃娃，他看着她给布娃娃把屎把尿，哄它睡觉，又掀起衣服给它喂奶。她喂奶的样子真是迷人极了，微微低着眼睑，嘴唇一张一合的。石头说，他从来没把她当作八岁，在他看来，她是个比他更年长的女子，十八岁，二十岁，她像的。

她比我们街上任何一个少女都像少女。——石头这句话，伤了我们街上的所有女孩，尤其是女孩的母亲们。我妈就说，她怎么就像少女了？少女就得遭强奸啊？总之，这是个奇怪的混合体，她时而矫揉造作，时而落落大方，她看人的眼神是直接、清澈的，有时也曲折。石头忘不了那一双天使般的眼睛，纯洁，坦荡，看上去什么都明白……她的鼻翼上有人的汗珠。

她叫他好看的石头哥哥，有时她会亲他，央求他给她买一根冰棍。她也会撒娇，她是对谁都要撒娇的，扭一下小身子，伤心的时候泪水就汪在眼里。她让石头背着她，身体吊在石头的脖子上，嘴唇咬在他的耳边，学李清的口气说道，李石，李石。后来，我们街上的人都说，这是个小尤物，虽然她什么也不懂……这事怪不得石头。

那天上午，一声尖叫刺破了小街的上空，直到二十年后，这尖叫还回荡在我们的耳中，让我们想起久远的一段往事，那发生在十七岁的少年和八岁女孩之间的一场“友情”：那于他们都是新鲜的，第一次……两人都很害怕。他央求她别把这事告诉给别人，她答应了，她求他带她去看一场电影，他也答应了。她渐渐感到疼了，石头的最后一个暑假就结束了。

石头被判了两年。

女孩的父亲是刑警队队长，他是在外地执行任务时听说这件事的，一个七尺男儿当即蹲在地上痛哭，他拿拳头砸地，水泥板上血肉模糊。后来，他拔出枪来，朝幽暗的星空连放了数枪。他是当夜赶回来的，到我们街上接他的女儿。女儿蜷缩在婶婶怀里，天已经很晚了，她真的困了，就要睡了。一屋子的人却围住她，轻声地说着，侧过头去抹眼泪。

父亲抱住女儿恸哭，女儿也哭，大呼小叫的。我们街上的人都说，究竟为什么要哭，她自己其实是不知道的。

父亲来到石头家里，在屋子里站了会儿，他的牙齿都在发抖。他毕竟是刑警出身，并未做出什么过激之举，临走的时候只丢下一句话说，我会让你赔命的。

这是真的，石头差点就送了命，虽然他只有十七岁；石头家为此付出了惨重的代价，他们甚至越级到了省城——李叔叔是供电局局长，是能通上很多关系的。反正至少在半年里，这件事是我们小城的头等大事，被大家议论得沸沸扬扬。当事的两个男女主人公，也成为我们这里的名人。

我们街上的人都在叹息，石头毁了。

不可避免地，我们眼前就常浮现出一个玉树临风的少年，他优雅懂礼，有着青瓷一样秀美的五官和肤色，他笑起来是不出声的，白牙齿微微地露出来。再有一学年，他就要考大学了，老师们都说，谁能想到石头会出这种事呢？这孩子老实，成绩又好，不知有多少女生暗恋他，往他书里夹纸条，他一概不理的。每年暑假开学，总有几个学生来不了的，他们或是病死的，或是游泳淹死的，李石是强奸的。

那个女主角呢，听说被送到外地的舅舅家里，每天上学由外公外婆接送，只在过年的时候才被悄悄地送回来。全族的人都在为她制造一个安全的氛围，让她忘掉往事，忘掉这个小城，某一年夏天，那条小街……就像一切都没有发生过。

城里有个“智多星”说，其实大可不必，既然事情已经做了，两个孩子也都废了，那两家更应化干戈为玉帛，不如结成亲家，横竖石头再等几年，等她长大了，倒真是一对璧人呢。

不过这话也就私下里瞎说说，传了一阵，就没人提起了。

石头放出来的时候，我们已差不多忘了他。两年，我们这拨孩子的个子又长高了一点点，有了新的朋友、知识和思想。有一天，我就看见了他，他一个人在路边走着，他的身后，是我们生长于斯的嘈杂的街巷，来来往往的下班的人群，整个庞大的夏日的蝉鸣，夕阳的余晖一点点地掉下去了。

我看见了一个青年，他趿着拖鞋，穿着白衬衫和肥大的黄军裤，他似乎瘦了点，鼻梁上架着副眼镜，神情沉着而硬朗。而且，他抽烟了，他一只手抄在裤兜里，一只手夹着烟，偶尔手臂轻轻一抬，从鼻孔里冒出白色的气雾来。我看见了他那青梗梗的下巴，青梗梗的，他十九岁了，到了该用剃须刀的年纪了。

说不清楚我是以怎样的眼光来看石头的，他也看见我了，朝我大方地点点头，笑笑，我也笑笑。非常奇怪地，原来存在于我们之间的那种紧张微妙的东西不见了，我伤心地发现，从前那个青涩的石头不在了，他长大了，看见任何一个姑娘，再也不会害臊脸红了。

我妈说，你要当心石头，晚上最好别一个人出门——我们街上，所有的母亲都是这样告诫女儿的。可是我想，石头对我们是不会有兴趣的，不管丑的还是美的，因为我们不是夏雪——那个八岁的“少女”；因为，他亦不是他了。那天晚上，我一个人坐在屋子里哭了很久。

时间不断地流淌，清新，永恒。等我长到了石头的十七岁，也读高一的时候，石头已是一个三岁男孩的父亲了。他很早就结了婚，娶了一个朴实能干的乡下姑娘，听说感情还不错。李叔叔又托关系为他在医药公司谋了一份职，这些年来，石头过得还凑合，他健康，平安，矜持。而且他胖了，也没有到痴肥的地步，不过，从前瘦弱的体态确实不见了。他也很少出门，只偶尔，我们会在街上看见他，他骑着自行车，前杠上放着儿子，有时他会俯下身来听儿子说话，夕阳迎面照过来，他微微眯着眼睛，身后的影子拖得很长。

我们都说，石头是善始善终。他心中的熊睡着了。

要不是今年秋天发生的一件事，石头也许就这样过着平庸的生活，一年年地，看着自己的躯体在腐坏，衰老……静静老死于街巷；他将和我们一样，成为一介良民，一生碌碌无为，心里越来越麻木。二十年过去了，我们这些当年一起长大的孩子，都已步入而立之年。李叔叔也退休了，这年秋天他得了中风，被送进了医院。

是啊，这事说出来谁会相信呢，就在这所医院里，石头又遇见了夏雪。这些年来，我们城里也算发生过一些稀奇古怪的事，可是都不及这对男女……长辈们说，疯了，这事蹊跷了，天上的哪颗星要掉了。也有人说，这就是命吧，二十年前的孽债还没尽，他们不安生呢！当年发表预言的那个智多星还活着，他听了，愣了半晌叹道，这两个可怜的孩子，当年要是听我的话结了婚，也不至于此。

总之，事情确实发生了。两个历尽沧桑的人，共同经历了少年时期的一段往事，他们已认不出对方了。他们的容颜都有了很大的改变，女方隐姓埋名，她从八岁起就被送离了自己的小城，就像做贼一样，后来几经辗转，嫁给了一个转业军人，三年前离婚了。这年秋天，她回家来休年假，顺便陪陪父母，跟外人就说，这是她的姑父、姑母。

这天傍晚，大约五六点钟的光景吧，她来医院找“姑母”。她姑母是医生，正在病房里值班，不能陪她，她就一个人出来转转。门诊部的左侧有一条僻静的甬道，参天的树木底下摆着一排排绿长椅，她先是在长椅上坐了会儿，大约是百无聊赖了，就沿着甬道走。她把手抄在风衣的口袋里，低头看自己的脚，偶尔她也抬起头来，秋天的阳光从树叶的深处漏下来，像雨点一样砸进她的眼睛里，她站了会儿，闭了闭眼睛。

这时候，她感觉身边有一个男人迎面走过去，是个中年人，她也没在意。这天下午，总有一些人走在这条甬道上，和她擦肩而过。这个人也是。他们各自瞥了对方一眼，似乎都愣了一下。后来她说，她只是觉得这个人有点面熟，好像在哪见过，却怎么也想不起来了。那擦肩而过的一瞬间，好像是漫长了些，有意转过身去看吧，又觉得没必要。总之，是顿了顿脚步，心思微微动了一下，就各自走开了。

后来，她又看见了这个人，在甬道的尽头，朝她这边看过来。他在看她，却装作在看别人……他穿着高领线衣，牛仔裤，棕色皮鞋。微风之中，头发有点乱了。他看上去并不老，虽然也有小腹，眼袋，皱纹……是个体面男子，没什么特征。想来，他不过和这城里的大部分中年人一样，过着安静优越的生活，身体一天天地沉了下去。

然而这一天，他遇见了一个女人。这女人并不美，高，出奇的瘦，石头的心竟一凛。石头后来说，这些年来，他一直在等一个女人，他不知道她长什么样子，身在何方，可是他总在设想一幕情景，设想他和她见面了，他的身体因此而抽得紧，他的手心里攥着汗，他的呼吸里能听到隐隐的尖叫声。

这尖叫已经久违二十年了，石头说，他差不多已经忘了，可是又常常想起，尤其在夜深人静的时候，他睡不着觉，就会坐到院子里，或者摸黑走到妹妹的房间里，妹妹出嫁后，这房间就空着，他沿着床沿滑到地上，连他自己都不知晓，泪水就汪在眼里。

有时他也不哭，仅是干巴巴地坐着，耳边就会响起那风啸一样的声音，在很多年前的烈日底下，像幽灵一样地刮过来。那是像呼哨，像人的喘息，刀子一样的声音，刺进了他的身体里。他的眼前就会浮现出那个八岁小姑娘的身体，胖乎乎的，粉红色的……石头一下子把灯打开，双臂搭在床沿上，拿手掸了掸床单。

石头决定朝女人走去，现在，他还不清楚自己想干什么，他有点害羞，身体在轻微地发抖。后来，他站到了她面前，她便抬了抬眼睛。

石头低了低眼睑，把两只手团着，按得指节咔咔直响。他笑道，你也是来看病人？

她睃了他一眼，郑重地说道，我在等一个亲戚。

石头抿了抿嘴唇说，听口音不是本地人？

她点点头。

哪里人？石头问。

她笑了起来，摆出一副宽恕的、什么都明白的样子，石头的脸便唰地红了。他搓搓手，嗫嚅着说道，你别误会，我不是那个意思……他说不下去了，心有点疼。她以为他是谁？想干什么？他近乎恼怒了。二十年了，没有人知道他这二十年是怎么过来的，如行尸走肉一般，他早就死了。他的心里爬满了无数羞辱的虫子，每个虫子都在跟他说强奸两个字……石头的身体抖了一下。

她抬头看了他一眼，越发警惕了。自小，她就被告诫不要跟陌生人说话，八岁那年的事，她并不记得很多，记得的就是她曾受过伤害，这伤害很重要，人人都同情她。她处处要做出一副端正的样子，据说这样就不会受侵犯，而这些年来，类似的侵犯总有一些……总有一些人会上来跟她搭话，问问她几点钟，贵姓，芳龄，家在哪里，是否需要送送；问问她是否结过婚了，跟她说她很迷人。——无论她怎样冷淡，这些男人……可是细细琢磨起来，她并不是每次都生气的。

这一次也是。首先，这男人还不算讨厌，他面目温和，衣着得体，如果他要追求她，又是单身，或许……她会委婉地拒绝他，跟他说她是离过婚的，家又在外地。她对他有点爱理不理的，三句话能接个一句，可是一句话就能让石头留下来。

石头真是不想走，他有点眷恋，也不知为什么。面前的这个女人……她告诉他，她姓顾，叫顾平平。无缘故地，石头听到自己吁了一口气，他有些失望，仿佛又更加安心。

有好几次，他想鼓足勇气跟她说说他自己，他从前的一些事……这些事他跟任何人都没说过，放在心里，只想哭。他还想说，这些年来，他在等一个人，一个似曾相识的人，哪怕从未见过面，可是打一眼，他就知道他们会很亲近，她能理解他，她长得并不美，可是她很迷人。

有一瞬间，石头觉得自己像是回到了二十年前，那时他还很年轻，才十七岁吧，是个无所事事的少年。他仿佛又听到了当年在睡梦里才能听到的尖叫声，迷迷糊糊的，正午的太阳底下，有什么东西被烤焦了，他的心动了一下，他感到害怕。

石头现在害怕的，是女人的眼神，小心而机警的，戒备的，像兔子一样忐忑不安。天色渐渐暗下来了，林荫道上没什么人，路灯光从很远的地方打过来，恍若隔世。他有点看不清楚她了，然而记得的总是她的眼神，那温绵的，柔软无骨的，勾魂摄魄的……她的眼神。石头很沮丧，他得努力控制自己，不让眼泪落下来。

女人表示要走了，她很慌张，几乎没说什么话，掉头就走，她的脚步越来越快，几乎要跑起来了，石头也跑。他“哎”了一声，三步两步就抓住了她的臂膀，那是一个死角，平时很少有人来这里，而且，它的四周一片黑暗……

我妈说，四周一片黑暗，他追上了她……我一下子失声尖叫起来。我清楚地记得，那是我的尖叫，很锐利，凄楚，它在二十年前的暑假就发作过，它发作过呀，那高亢的、捉摸不定的呼哨一样的声音，曾一直在石头的耳旁萦绕，只是石头不知道罢了。

石头怎会知道呢？石头！

这么多年来，我以为自己已经忘了石头，真的，有多少年了，我不再想起他！可是这年年末，我回小城探亲，当我妈说起他的时候，当我看见弟弟的资料袋里有当事人口述记录的时候（我弟弟在公安局工作），我泪如雨下。

二十年过去了，我竟然不能忘掉他，他竟然还很爱她。那一刻，我觉得自己异常的委顿，很伤悲。

2002年12月27日

化妆

一

十年前，嘉丽还是个穷学生，沉默，讷言，走路慢吞吞的，她长得既不难看，也不十分漂亮，像校园里的大部分女生一样，她戴着一副厚眼镜。

嘉丽不知道自己的眼睛有多美：大，安静，灵活，时常焕发出神采。有一次，一个男生跟她说，你的眼睛里有光。嘉丽说，谁的眼睛里没有光？那个男生看了她一眼，笑道，我是说……你的脑子里。你的脑子里有光。

嘉丽一阵害羞，她知道他在说什么了。嘉丽平时默默无闻，很少引人注目，她是个平庸的学生，精力既不花在学业上，也不像一般的女生，花在恋爱和穿衣打扮上。整天，她的脑子里会像冒气泡一样地冒出很多稀奇古怪的小念头和小想法，那真是光，磷火一样眨着幽深的眼睛；又像是蚊虫的嗡嗡声，飞绕在她的生活里，赶都赶不走。有时候，她像是被这些念头和想法给吓坏了，担心有一天会被它们所驱动，一不小心做出什么惊人之举来；但有时候，她又像是乐在其中，沉浸在一种无与伦比的激动和快活里。

大学四年，嘉丽生活得还算平静，没有人知道她在想些什么，而且谢天谢地，她也并未做出什么荒唐事来。

大学最后一年的那个秋天，嘉丽被分派到邻市的一家中级人民法院实习。就在这短短的半年见习期内，她爱上了她所在科室的科长，并且和他发生了关系。他姓张，一个三十多岁、精明强干的法官，有家室，是一个八岁男孩的父亲。他的家庭看上去还不坏，办公桌的玻璃台板下就压着这一家三口的合影，坐在春天的草坪上，一对中年夫妇带一个孩子，眼睛望到虚空的某个地方，安静而矜持地微笑着。嘉丽难过了很久。

嘉丽就这样无可救药地坠入了一段恋情里，她那么笨拙，沉迷，忧伤，还来不及有恋爱经验，学校里有那么多青春年少的男孩子，可是嘉丽能抵挡住这些男孩子，却抵挡不住这样一个男子。她的办公桌就在他的对面，有时不经意的某个瞬间，两人的眼神会撞到一起，随即分开了。嘉丽简直不敢看他的眼睛，那样的沉着，静美，他看上去比实际年龄要年轻一些，架着秀郎镜，举止温和，风度翩翩。

一个星期四的下午，天突然下起了雨，办公室的人都出去办案了，只剩下嘉丽一个人，她在翻一张旧报纸，不时地拿手去搂一下肩膀。这时她听到对面有一个声音说，冷吧？

嘉丽并没有吃惊，她大方而镇静地朝他笑笑。他显然刚从酒席上回来，头发湿漉漉的，身上有雨和酒混杂的气味。他立在办公桌旁摸索一通，拢拢文件，放在桌子上磕磕。有一瞬间，他的眼睛像是瞥过了嘉丽，神情有点呆呆的。他起身去脸盆架旁拿毛巾，走至嘉丽身边时却又站下来，问她一些工作上的事。嘉丽把手肘撑在桌子上，从敞开的喇叭袖薄毛衣里露出葱管一样青白的手臂。她并没有看他，然而她知道，他的眼睛一定落在她的手臂上，一寸寸的像蚂蚁在爬。

嘉丽放下了手臂，很吃力地摊在桌子上。他上前捏捏她手臂外面的衣袖说，穿得这样少！嘉丽吃了一惊，那完全是他的低吟，像咬着她的耳垂，朝耳膜里轻轻地吐着气。

约会是在两天以后，周日的一个傍晚，他来宿舍找她，手里拿着一摞文件，急匆匆的样子，一路上和同事打着招呼，敷衍了很多话。进门的时候话倒又少了，坐在椅子上，一言不发地看着她。两天不见，他邋遢了许多，胡子拉碴的，一副疲沓相。他告诉她，他睡得不好。嘉丽的身体紧了一下，她明知故问道：怎么啦？

他低了低眼睑，站起来一把搂住了她，嘴唇直拱进她的耳朵里，说了些谁也听不清的糊涂话。

两人都知道，这是一段毫无希望的恋情，况且，嘉丽的日子不多了，再有两个月，她就要回到学校，接受分配。躺在一起的时候，他时常扳着手指算道，还有四十三天……三十二天。越发要发疯的样子。有时候，他也会静下来，认真地打量她，像是从来不认识她似的，要把她吸进身体里。他说，嘉丽。

嘉丽应了一声。

他又说，嘉丽。

嘉丽扯扯他的头发，笑道，怎么啦？

他咕哝道，我只是想喊喊你的名字。

嘉丽的眼睛突然一阵发涩。在这一刻，她发现这个男人爱她，当他们躺在床上的时候，当他触碰到她的身体……他爱她。他破例说很多话，跟她掏心窝子：他们单位，谁和谁好，谁和谁不好，他这科长是怎么升上去的，他是苦孩子出身……他妻子是怎么追的他，人人都说她好，可是他恨她！结婚十五年了，不在一起睡觉已经七年了。

他和嘉丽亦很少一起睡觉，因为没有机会。每天朝夕相处，各自的眼角里会带上对方的衣袂，一只手，一缕头发，半张脸，可是没有机会。他像是急了，偶尔会猛一抬头久久地瞪着她，像是攒了一身的力气，全然不顾别人看见与否。嘉丽赶忙低下头，她不敢理会，他疯了。又有一次，他借故走到她身边看一份文件，一边说着话，一边在文件上指点着，另一只手却摸摸索索塞进她手心里，在里面横冲直撞的。嘉丽惊恐地看着办公室里的其他人，身上兀自冒出冷汗。很多年后，嘉丽想，这男人是有点穷凶极恶的。

他不过是想和她睡觉，他繁忙，嘈杂，怯弱，每天被形形色色的人包围着：他的上司，同僚，打官司的人，朋友，他的老婆和孩子……他只有很少的时间给嘉丽。好不容易偷闲把她带到宾馆里，吃完了饭，就急匆匆地抱住她，把脸藏在她的胸脯里，一刻也不能消停。嘉丽叹了口气，因为她爱他，她得服从他。

嘉丽究竟不知这男女之事有何乐趣可言，她爱他是因为他身上有一些别的，那细微的、很多人都不注意的：他的头发，衣着，安静下来时像黄昏一样的眼神，他的孩子气，喝醉酒时会跟她胡闹，说同事的坏话，把桌子拍得叮咚响。他人前神气活现的样子……有一天晚上，他突然对着她哭了，他说他不如意，很失败……如果他清醒，如果他老婆不呼他回家，嘉丽会了解到他的痛苦，然而他走了。

那天晚上，嘉丽才明白她爱的是这个男人的痛苦，那谁也不知晓的他生命的一部分。有一天下午，两人站在高楼的窗前，他从身后抱住了她，孩子一样把头偎在她的肩上，嘉丽突然一阵哽咽。他不作声，把手罩在她的眼睛上，眼泪掉一滴，他就擦一滴。后来他把她扳过来，愧疚地说，嘉丽，我不能给你什么。

嘉丽含着泪，微笑着，很慢很慢地摇着头。她不需要。这是她生命中最美的一段，她二十二岁，有着枝繁叶茂的正在开放的身体，很多年后，她一定会记得这一段，记得这个男人，因为他曾陪她一起开放过。

嘉丽很穷，她每月靠父母从邮局汇来的生活费过活，下面还有一个正在读大二的弟弟。她父母都是普通工人，举债供她姐弟俩念大学，因着这一层，嘉丽总是记得。有一年暑假，她跟一个女同学回家住几天，那女同学比她高大许多，她母亲便把女儿从前穿剩的衣服送与嘉丽穿，嘉丽不要。她母亲说，你看，都是旧衣服，也不值什么钱的。

嘉丽顿时泪落。

她不能忘记她的穷，这穷在她心里，比什么都重要。她要时刻提醒自己，吃最简单的食物，穿最朴素的衣服，过有尊严的生活。有时嘉丽亦想，她这一生最爱的是什么？是男人吗？是一段刻骨铭心的情感？不是。是她的穷。待她年老的时候，不久于人世的时候，她能想起的肯定是这一段黑暗的日子，大学四年，她暗无天日。她比谁都敏感，她受过伤害，她耿耿于怀。她恨它，亦爱它，她怕自己在这个字眼里再也跳不出来了。

实习的这段日子，嘉丽跟着科长出入过一些大饭店，他带她去最豪华的歌舞厅，他一掷千金，然而嘉丽知道他用的不是自己的钱；他本人没什么钱，他亦很少送嘉丽礼物，只有一次，他去外地出差，回来的时候给嘉丽捎了一枚戒指，嘉丽抵死不要，她穷惯了，她不需要什么戒指，戴在手上很不像；她不甚懂黄金的行情，然而她有一个姨曾买过戒指来着，个头比他的大，做工也精致，据说近千元，嘉丽估量这一枚至少也有四五百元，这么一想，更加不能要了。

科长很伤心，他说，嘉丽，我没有别的意思。

嘉丽说，我知道。

他把戒指重新拿出来，给她戴上，嘉丽微笑着把它脱下，他再戴上，她再脱下。他生气了，阴沉着脸坐在一旁不说话。嘉丽觉得抱歉，她爱他，她就不能收他的东西，这不是别的，这是戒指，戒指是钱买的。她不能收钱。

隔了半晌，他才说，嘉丽，我对你是认真的，我不能给你别的，我只有这么点东西……我不知道怎样对你好！

嘉丽最终收下了这枚戒指，自此，他再也不敢提礼物的事了。然而衣服总是要送一点的，嘉丽太不修边幅了，一身寒素，有一次他忍不住跟她说，嘉丽，你其实挺好看的。

嘉丽噢了一声笑道：其实？！

他说，你只需稍稍打扮一下。

嘉丽不说话了，这是她的痛处。谁不喜欢打扮？谁天生会跟漂亮衣服过不去？她看着大街上那些花枝招展的美女……她不看她们，她鄙视她们，恨她们！可不是，这还是钱的问题。

隔了几天，他去百货公司为她挑衣服，又怕她拒绝，便事先跟她打招呼：这次你不能过分！嘉丽意意思思地收下了。她不甚喜欢这些衣服，样式陈旧，颜色过于鲜亮……嘉丽突然怀疑起这衣服的价格，心里一阵紧张。后来，她到底没忍住去百货公司看了，结果让她很伤心，他买的是最低档的衣服，他舍不得钱。——他只送她这一次衣服，她跟他睡了半年，他舍不得钱。

嘉丽重新拿出戒指来，想去金店估一下价，冷笑一声，到底罢了。有什么意思？这不是钱的问题！他不爱她，这才是真的，纵使他在她身上花过一些银两，也是应该的。嫖娼还要付钱呢。她算道，这半年他在她身上花的钱不足一个嫖客的三次嫖资。三次！她几次？嘉丽哭了，她的价位还不及一个娼妓。

嘉丽不能忘记，有一次她跟他说起结婚时，他脸上放出的暗淡难堪的笑容，他软弱地抚着她的头，坚定地说，他……他不能离婚，他得顾忌到自己的仕途。她是个好孩子，理应明白这一点。他老婆纵有千般不是，然而——然而嘉丽迅速地擦掉眼泪，更多的眼泪掉下来。她为自己伤心。没有人会像她那样爱他，视他若生命……他只想跟她睡觉。

临走的那天下午，他们又睡了一次。他送她到火车站，离发车时间尚早，他把行囊寄存了，便带她穿街走巷找到了附近一家小旅馆。嘉丽该永远记得那家肮脏的私人旅馆，踏上屋顶上结满蜘蛛网的摇摇欲坠的楼梯，她的心都灰了。她也奇怪，她怎么会爱上这么一个人，没有志趣，急吼吼的。房间里只有一张床，床单上有前任房客交媾的遗迹。

嘉丽欲和他说些别的，他看了一下表，笑道，快点，还来得及。嘉丽像发疯似的抱住他，剥了他的衣裳。春天的窗外，突然开出了一枝夹竹桃，嘉丽没有想到，在这样的环境里，也能看见花，看见夹竹桃。

隔了一会，他像是享受似的叹道，好久没有……这样放荡过了。他说了真话，很有点不好意思，搭讪似的摘下眼镜，噘起嘴吹吹，不待擦就又戴上了。嘉丽觉得自己是隔着很远的距离来打量着这个淫客，她有点不认识他，也再不想见到他。她甚至开始恨这个城市，在这里生活了半年，它弄了她一身脏气。

他看着嘉丽，捧起她的脸，在那极漫长的瞬间，他像是起了感情，长久地沉默着。他的神情单纯，沉郁，镜片上有西窗太阳的光芒。他说，嘉丽，我们以后再也见不着了吗？

嘉丽摇摇头。

他说，我会去找你的。

嘉丽听着他的声音，一字一顿的，像来自另一个世界。他一下子抱住她，轻轻地咬着她的耳朵，头发，脖子，手指，衣裳……有一瞬间，嘉丽也迷糊了。她恍惚觉得他们是爱着的，他身体满足了，他知道爱了。现在，嘉丽宁愿相信是自己错了，她冤枉了他。从前，她不懂男人，她太小心眼，她对不住他。男人是最奇怪的物种，他动物凶猛，他不擅长表达……然而他是爱着的。

他像是想起了一件最重要的事，突然从身上摸出三百块钱来，塞到嘉丽的衣兜里，说，拿着，给自己买点东西。

嘉丽一下子被惊醒了，她瞪大了眼睛，说不出一句话来。她没想到他会来这一招，她刚跟他睡过觉，他就给她钱！她咧着嘴巴，一点点、细声地哭出来。

他不能理会她的意思，竟慌了，语无伦次地安慰她：这钱……嘉丽，你先拿着，我知道你用得上。一回到学校，你就会忘掉我的——他的声音突然低了，变得软弱，卑贱，说话时有颤音：我对不起你……钱不多——

嘉丽突然从床上一跃而起，塞住耳朵，对着他的脸发出了那一天在火车站附近都能听到的尖叫声。

二

这十年来，嘉丽过得还不错。她留在了她母校所在的城市，先是不停地跳槽、换工作，直到四年前，她和同伴合伙开了一家律师事务所，后来同伴退出，她一个人把事务所撑了下来。这两年，事务所的状况明显地好转了，她雇了几个员工，在市中心的黄金地段供了一户写字楼，每天，她开着那辆黑色的“奥迪”，驰骋在通往乡间别墅的马路上……

嘉丽不明白自己为什么会把生活弄成这样……奢华，流于表面化。没错，她有钱，她付得起这个钱。可是，很多有钱人并不都是这样生活的，他们简朴，含蓄，从来不乱花一个子儿。嘉丽不。她明知她的这些钱全是花给她自己看的，坐在五星级酒店的旋转餐厅里，所有人都不认识她。她静静地吃着，一顿午饭花它个六七百块钱。

嘉丽不快乐。有时她想，为什么钱到了她手里，就突然变得没意义了呢？这些年来，她不就是为这个而活着的吗？可这些年来，她无聊，空虚。她只是个朴实的孩子，自小家教严明；她常会念叨起自己的穷，没有人鄙视她——可是她曾经穷过，这才是真的。有一天晚上，她回到寓所里，突然想起自己这三十年，谈过几个男朋友，最后都走了；她的大学时代，她不能忘记那个叫许嘉丽的学生，她的眼睛里时常闪着光，她的脑子里有很多狂想。

呵，那些稀奇古怪的、就连她自己也不甚明了的狂想……现在都走了，一个也不剩了。嘉丽突然一阵失魂落魄，她想哭。她坐在沙发上，后来滑到地板上，她几乎匍匐在地板上，痛苦地蜷缩成一团。

一天中午，嘉丽接到一个电话，她拿起话筒，只听那边“喂”了一声，她就知道他是谁了。十年过去了，纵使他已经死了，变得灰飞烟灭了，她也辨得出他的声音。她只奇怪，他怎么找到她的。这些年来，她做的最为骄傲的一件事，就是成功地摆脱了他。他的那一页翻过去了。

最初的几年，她还不能。她时常想起他，夜深人静的时候会突然从床上坐起来；有时走在上班的路上；清晨的巷口，嘈杂的公交车站牌底下；黄昏时坐在路边的修鞋摊上补鞋子……常常就泪如雨下。很多人看见她在哭，可是不知道她为什么哭，为谁哭。她从未给他打过电话。

有一年春节，他把电话打到她父母家里，嘉丽这才想起，当初她给他留过家里的号码。他问她好，又简单地说了些自己的情况，突然叹了一口气道，嘉丽，我想你。

嘉丽一阵怆然，近乎恼恨。她父母就站在一边，狐疑地看着她，她不便说什么，匆匆地挂了电话。后来她叮嘱父母，不要把她的联络方式告诉任何人。她父母或许是忘了，所以隔个一年半载，他总能找到她，很忧伤的声音……嘉丽便想着该换电话了。

最后一次通话是在六年前，嘉丽明确地撒谎，她已经结婚了。那边一阵沉默。隔了很久才问道，还好吗？

嘉丽说，很好。

他不再说什么，从此挂了电话。

嘉丽决定见见张科长，既然他已经来到这个城市。——他是来出差的。刚才他在电话里说，这些年来，他一直不能忘记她，常常想起她。

他是鼓足勇气才打这个电话的。他说，这几年，他总有机会来这里出差，有时走在街上，他希望能在千万人群里碰见她，有一个声音招呼他，有一只手从身后拍拍他。他突然说，嘉丽，你变了吗？

嘉丽低头想了想说，我老了。

他说，我也老了。

嘉丽抱着话筒，拿圆珠笔的那只手在空中顿了一下，她相信，他是真的老了。她这才发现自己很残忍，他们都老了。她最年轻的一段是给他的，她竟不留恋！她心一软，又一次撒谎道，我已经离婚了。

那边一阵唏嘘，电话里不便多说什么，便约晚上见。

下午的这四五个小时，嘉丽准备去美容店做一下头发，精品店里买几件衣服，然后回家休息。她估计今晚和他上床是免不了的，既然他们十年未见，况且她又是离过婚的。总之，上床是一定的，要不，太说不过去了。

下面的这件事情，是嘉丽走到一家旧货商店门口偶尔想起来的。她害羞地推门进去了，肥胖的老板娘大概是第一次迎来这位衣着时髦的顾客，跟在她的后面不免期期艾艾的。嘉丽在旧竹筐里挑了几件遭淘汰的学生衫，样式笨重、失去光泽的旧皮鞋，一件松松垮垮的对襟黑线衣，放在身上比试一下，满意地笑了。

现在，她很明确自己想干什么了，她要化妆，变成另一个人，那个十年前的自己：暗淡，自卑，贫困。她将重新变得灰头土脸，默默无闻。呵，没有人会记得她的灰姑娘时代，那像被虫子啃噬过的微妙的难堪和痛苦，那些羞辱……没有人会记起十年前的她，包括她的父母和弟弟，可是他记得，因为他只有这一段。

嘉丽的内心突然一阵温润，以至于开始颤抖。她全身心地投入到这次行动中来，她第一次发现，三十年了，没有哪件事会让她如此激动。她飞车行驶在乡间公路上，看见田野的风扑面而来，这是树叶、麦苗、金黄的油菜花盛开的季节，多少年了，她的生活中不再出现这样的颜色了？现在，她看着它们，一路飞驰而过，一路微笑叹息着。

嘉丽捯饬了一个下午，才把自己弄得比较满意。现在，她站在镜子前，仔细地端详着自己，自以为是无可挑剔了。镜子里的这个女人，看上去有三十岁左右，她戴着一副厚眼镜（这是她从废物箱里找出来的十年前的那只），眼神疑虑、呆滞。她面色苍黄，皮肤干燥，勉为一笑的时候，眼角有鱼尾纹。她的衣服倒是干净利落的，像是经过精心搭配，然而一看就知道是地摊上的便宜货；她分明是要见某位重要的客人，所以破例地涂上口红，像第一次涂口红的人一样，她犹疑，不踏实，所以涂涂擦擦，最后变成一种让人不安的颜色。

总之，这样的一个女人，每天大街上都能看见很多，她平庸，相貌寻常，一看就知道是出身底层，她……她是一个穷人。

呵，一个穷人。嘉丽的身体竟一阵簌簌发抖。谁能够知晓一个穷人的痛苦：她的委屈和恼恨，她的消沉，她的伸手不见五指的黑暗……嘉丽含着泪看着自己，现在，她真的相信一件事情：她变回去了。十年的时空突然倒转，十年的奋斗付诸东流。仅仅是两三个小时之前，那个光彩照人的新女性许嘉丽，现在想起来就像一场梦。

嘉丽突然很伤心，她扶着墙壁，跌跌撞撞地走到客厅的沙发前，歪在了上面。她打量着这偌大空间里的一切：灯饰，精巧的吧台，巨大的投影电视，楼梯的玻璃踏板，落地窗外一片绿色的草坪，邻居的小孩子和一只狗。一只皮球滚到草坪上，一束阳光跟着它们跑。

她认真地看着这些，仿佛有一天会失去它们；这本属于她的一切，她要把它们全记在心里。

嘉丽就这样走出了家门，一步一回首，她先是把车开到市区的某个地下停车场。走出来的时候，已是黄昏时分，街上有夕阳的影子；正是下班高峰，许多人像树叶一样纷至沓来，嘉丽立在路边待了一会儿，一时竟无所适从。

就在这时，她看见一个男人从街对面走过来，此人叫李明亮，某证券公司的老总。两年前，因涉及一起证券纠纷和嘉丽有过短暂的接触，后来，嘉丽帮他赢了这场官司，从此便有了些交往。看得出，他对她似乎有点情意，偶尔会打个电话致一声问候，前不久，他还请她喝过一次下午茶，两人暧暧昧昧的，即便谈的仅仅是工作的一些事。

嘉丽没想到，她出门第一天就遇见熟人！现在，他朝她走过来了，他似乎看见她了……嘉丽惊恐地立在路边，根根汗毛直竖。她的第一个念头，就是转过身去，发足狂奔，她要避开所有人，认识的，不认识的……嘉丽突然听他“咦”了一声，一抬头，他已站到她面前。

她一下子屏住了呼吸。两人都疑惑地看了对方一眼，他不介意地笑笑，说，认错人了。

是的，认错人了。嘉丽的身体一阵发软，她把手搭在电线杆上。他走了。现在她知道，再也不会有人认出她了，她的朋友，亲人……总有一天，他们都会唾弃她。

现在，她要迫不及待地去见一个人，只有他能认出她，哪怕她老了，丑了，衣衫褴褛，沦为乞丐。——只有他会相信她：只要她站在他面前，哪怕不说一句话，他就知道：她是她。

她犹犹豫豫地去坐一辆公交车（真的，她竟没想起打出租），一路上，她低着头，就像做贼一样，小心谨慎地看着周围的行人，每个人都很匆忙，冷漠地走着路。嘉丽第一次以异样的眼光来看着她周遭的世界：那些西装革履的男子，以及刚从写字楼出来的浓妆艳抹的小姐……若在平时，他们必互相打量一眼，每人心中一杆秤，称出对方的容貌，身份，地位，年薪……可是今天，任她怎样看，他们绝不回敬她。

嘉丽突然气怯，她远远地站在一边。他们瞧不起她，瞧不起穷人。她心中不由得一阵嫉恨，他们凭什么？谁给了他们这样的权利？这些大公司里的小职员，他们站在公交车站牌底下，旁若无人，气定神闲……她，她感到艳羡。偶尔，她眼睛的余光会偷偷地扫上他们一眼，即便此时，她还不能忘记自己的身份，朝心中吐了一口唾沫说：就你们！平时来巴结我的可都是你们的老板！

车来了，她混在人群中，几乎脚不沾地地被送上车去。车厢里有一股汗馊味，这是嘉丽多么熟悉的气味啊，她腾出一只手来，急忙捂住嘴巴，一阵呕吐从胸腔里被送上来。这拥挤在一起的无数张的脸孔，黄色的，紧张的，扭曲的……嘉丽看着它们，热爱它们，这是她过去生活的一部分，而现在，她离它们远了。只有她自己知道，这些年来，她过着怎样的堕落生活，她背叛了她的贫困，也背叛了她的人群。

她身子前倾，手越过无数的人头，直塞进吊环里；因为激动，她的脸涨得通红；售票员用扬声器一遍遍地喊：上车请买票，下站安华里，上车请买票。嘉丽把身子往人群里钻了钻，不声不响地宣布了她的逃票计划。

是的，她要逃票。一块钱对她来说不算什么，可是对一个穷人，它意味着一碗鲜肉小馄饨，三块烧饼，去理发店里剪一次头发；如果能接二连三地逃票，意味着能买一双球鞋，花花绿绿的汗衫和短裤……对她，它意味着一种全新的生活。

嘉丽从未逃过票，现在她站在人群里，一双警惕的耳朵注意听四周的动静；她把身子稍稍弓着，想想不妥，重新直起腰板来，若无其事地眯缝着眼睛，看车窗外的街景。公共汽车徐徐前行，它拐了个弯，趁这间隙，嘉丽轻轻喘了口气，不由得想：这趟汽车将把她的生活带往哪里呢？

汽车停下了，嘉丽跟着一部分乘客往外走；售票员正在检票，她的头就像拨浪鼓，前门后门，左一下右一下。嘉丽是从后门下的车，连她自己都不防备，就在售票员把头转向前门的那一瞬，她一下子拨开人群，兔子一样窜下车，沿着街巷一路狂奔；很多人停下脚步，吃惊地看着她，嘉丽不在乎，因为她知道，她的黑夜降临了。

三

嘉丽风尘仆仆地赶到科长下榻的宾馆，已经晚了一个多小时。穿灰制服的服务生站在大堂门口，他稍稍弯下身子，一只手背在身后，另一只手为一个行将走下出租车的乘客拉开车门。也不知出于怎样的奇怪心理，嘉丽看了他一眼，他也看了嘉丽一眼；嘉丽讨好地朝他笑笑，正待往里走的时候，他叫住了她。

这是一个二十岁左右的相貌堂堂的小伙子，他先是打量她一眼，年轻的脸上有狐疑但克制的神情，他问她去哪里；嘉丽愣了一下，脸唰地涨红了。噢，这里不是她来的地方！她不理他，径自往里走。他突然伸手一拦，挡住了她，平静而冷漠地说，请问你找哪位客人？嘉丽突然被激怒了。她挑了挑眉毛，盯着他看了半晌才道：你说呢？

他低了低眼睑，双手下垂，训练有素地说，我不知道。

你不知道你问什么？嘉丽的声音突然高了八度，大堂里有很多人朝她看过来。一个看上去像大堂经理的先生匆匆赶过来，问发生了什么事。

嘉丽突然哭了。这一天她的生活到底发生了什么？她怎么了？经理和服务生耳语了一阵，然后搓搓手赔笑道，对不起小姐，刚才发生了一点误会——

误会？嘉丽一下子炸了，这帮势利的、唯利是图的小人！她指着大堂里来来往往的顾客说，你们为什么不对他们误会？撒泡尿照照自己的影子，你们敢吗？我要投诉你们，王八蛋，等着瞧吧，我是律师——她突然噤了声。她在说什么！天哪，她是律师？

人群里有人捂着嘴在笑，嘉丽这才发现她的身边三三两两地站了一些人：饭店的清洁工，前台小姐，几位西装革履的闲客……大家都在以一种奇怪的眼神看着她，似乎在等她还能编出哪些可笑的话来。两个身材威猛的保安一左一右把嘉丽夹在当中，他们早就不耐烦了，不时地朝经理递眼色；如果不是看在这个泼妇说话利索的分上，他们早把她当疯子抓起来了。

嘉丽开始意识到事态的严峻性了，她丢不起这个人。今天她是来会见旧情人的，还有很多重要的事等着她去做……她忍了忍，哽咽着跟经理说出了科长的名字，在哪个房间。

嘉丽像影子一样，摇摇晃晃地向电梯走去，她把头贴在电梯冰冷的壁板上；在电梯门行将关上的时候，她和目送她的人群敌意地对视着。她恨他们。嘉丽闭上了眼睛，一行清泪从她的睫毛下面滚落下来，流经鼻凹，淌到嘴里。现在，她明确地知道，她恨这个世界，恨所有人。

科长老了。他打开门笑吟吟地站在她面前的那一瞬间，嘉丽一阵灰心。她早该知道他老了，有好几次，她甚至把他想象成一个白发老翁，拄着拐杖，佝偻着腰；然而他绝无这样不堪。一个四十六岁的男子，老得很恰当；他皮肤松弛，眼袋下垂，而且也胖了。嘉丽不由得感叹时间不公，造物是件奇怪的事，十年光阴就把一个男人弄成这样子！原来的风流倜傥哪去了？

他穿着一身藏青色西服，把手放在门把上；十年的相思仿佛全集中到那一刻他的凝视里了。他吐了一口气，轻轻唤了声“嘉丽”。

嘉丽有点不好意思，侧着身走进房间里。现在，他就坐在她的对面，有很长的一段时间，两人都不能开口说什么，他们甚至不敢看对方一眼。是啊，十年……什么都毁了：容颜，爱情，生活。嘉丽一阵恍惚，不能相信他们已经认识了十年！而她这十年是怎么过来的？她摇了摇头，竟什么也想不起了。

他把手从桌子对面伸过来，嘉丽握住了它。他一用力，嘉丽就把头磕在他的手腕上，身子不由自主地侧倾，绕过圆桌，一下子跪在他面前。

他把手插进嘉丽的头发里，一下一下地，一边问，嘉丽，这些年你还好吗？

嘉丽的鼻子突然一发酸，几乎落泪。

他俯下身，把脸贴着嘉丽的头发。他从椅子上滑下来了，抱住了嘉丽。

嘉丽把头藏在他的胸脯里，就在这时她闻到了他身上的一股气味，这气味从他的V字领的羊毛衫的领口散发出来，嘉丽嗅得出来，这气味在他的身体里，四肢、胸脯、鼻息里，这是衰老的气味，俗称“老人味”的。

一个四十六岁的男子，这气味来得早了些；嘉丽皱了皱眉头，心里一阵厌恶。她迅速看了他一眼，觉得和他上床是件不能忍受的事。

现在，嘉丽开始说话了，这才是她此行的真正目的。为了消除因激动带来的紧张感，她先做了两次深呼吸。她跟他说，这十年她过得……挺不容易的。她的语调平静而忧伤，像沉浸在一件久远的往事里，很认命。

十年前，她被分配到一家国有企业的法律部门，丈夫是同厂的一个工会干部。那时候，国企的效益已经很不好了，两人一商量，决定由他下海开一家花木公司，钱没挣几个，女人倒赚了不少。后来就离婚了。两年前，她所在的工厂也宣布倒闭了，所以她现在是一个无业游民，换句话说，是一个下岗女工。

说到“下岗女工”时，嘉丽顿了一下，她按了按胸脯，她看到她的情绪已经开始飞扬，不受控制了。

在她说话的时候，科长偶尔会打断她，问她一些细节。嘉丽不缺细节，她以她那惯常的、没有表情而呆板的脸对着科长，继续说着她那莫须有的往事。偶尔她会看他一眼，她的眼睛直愣愣的，有时也会眨一眨。

科长坐在床边的地毯上，托着腮，神色沉重。他在认真听。他说，嘉丽。

嘉丽应了一声，抬头看他。

他犹豫了一下，到底还是问了：他是怎样的一个人？

嘉丽猜度他的心思：在这个问题上他不愿停留太久；两个有

外遇的男人，两种结局，他不能把自己逼到一个尴尬的位子上。好在嘉丽对离婚也不甚感兴趣，她摇了摇头，表示不愿谈她的前夫，又继续她那穷困潦倒的生活话题了。

嘉丽只对这个感兴趣，一说起穷，她能激动得浑身轻颤，她的眼睛会发出神采，她的呼吸意外地急促，以至于有时不得不停下来，大声地咳嗽两声。她做过家教，在私人公司当过法律顾问，被人炒过鱿鱼，最困难的日子，她坐不起公交车，手里只剩下三毛钱了，不得不打电话向一个朋友求救……原以为大学四年，她会苦尽甘来，可是谁能想到呢？

她深深地吸了口气，不能再说下去了。她把自己描述得如此不堪，她伤了她的心。科长上前搂住她，嗫嚅了半天，想不出一句安慰的话来。隔了很久，他才说，嘉丽，你怎么会这样？——怎么会这样？嘉丽看着这张脸，直到它在她的眼前完整地呈现……她扑在他的肩上，发出了这三十年来最撕心裂肺的一声哭喊。

他领她去楼下找一家小饭店，吃饭的时候，他不太说什么，一个劲地往她碗里夹菜，说，这是猪肝，你多吃点，很补的。

嘉丽简直感激涕零。这个世界上，不会再有像他这样的好人了，他瞧得起她，他爱她。有一瞬间，嘉丽甚至想重新恋爱了。

十年前的一切，她准备既往不咎。她恨他是没道理的，纵使他在她身上花过一些银钱，可是哪个恋爱中的男子不在女人身上花银钱？这是天经地义的事。她不该拘这个心，她太小气了。从前，到底因为穷，她见不得钱。上次他在小旅馆塞给她的三百块钱，她一直留着没用，太有纪念意义了，像是她的“卖身钱”。

两人喝了点酒，回到房间来。嘉丽觉得自己是醉了，利索地脱掉毛衣，躺到了床上，拿眼睛看着他。她以为他会奔过来，然而没有。他笃定地坐在窗边的椅子上，把身体沉沉地陷了进去，架着腿在抽烟。

他似乎在想些什么，灯影下脸红扑扑的。他突然抬头看了嘉丽一眼，嘉丽一激灵，他幽暗的眼睛里有什么东西是意味深长的。隔了一会儿，他掐灭了烟，走到她床边坐下来，搭讪了一些别的事。后来，装作不介意地问，嘉丽，这些年你是靠什么生活的？

嘉丽不防他会问这个，想了想笑道，还能靠什么？打零工，靠朋友的接济，偶尔也借点钱。

他噢了一声笑道，靠朋友的接济？男朋友还是女朋友？

嘉丽一下子坐起来，认真地看了他半晌，方才笑道，当然是男朋友。

他哈哈笑了两声，表示并不在乎，错错牙齿说，多吗？

嘉丽再是涵养好，也忍不住了。她跳下床来，穿起衣服就要走人。他慌忙拦住她，把她抱紧，说道，嘉丽，你听我解释——

嘉丽推开他，后退几步倚到写字台上。现在，她再也无须伤心了，今天她哭过多少回了？失望过多少次？被多少人欺侮歧视过？一切都过去了。

她唤了一声他的名字，跟他说，你不用害怕，我身上没有脏病，但是我没有卫生证明，信不信由你。

他坐在床头，很是发窘，兀自拿手拭拭额角说，嘉丽，你误会了，我只是开开玩笑。

嘉丽居高临下地看着这个男人，她想啐他。他不是坏人，可是他龌龊，懦弱，无聊。嘉丽说，你有脏病吗？

他吃惊地看着她，摇了摇头。现在，一件事情摆到了他们面前，两个人都心照不宣：这些年来，他以为她在卖淫；今晚她准备向他卖淫。

嘉丽转身向洗手间走去，关上门。卖淫的事是在一瞬间决定的，来得太突然了，脑子有点闷。她对着镜子照了照自己的脸。这一看，连她自己都大失所望。她看到自己老了，她本来就中等姿色，穿着一身农民工进城的衣服，完全塌相了。十年前，他看中她不过是因为她年轻，现在呢？她这才想起刚才在门口的第一次相见，虽是极力掩饰着，她也看出他的失望之情。

嘉丽反手撑在台面上，一用力，身体坐到了上面。现在，她什么都想起来了。在她痛陈革命家史时，他的奇怪暧昧的神色，把眼睛向上抬一抬，似乎在想些什么。他想的是钱。——想着他应该给她多少钱，才算恰当。

他鄙视她，恨她：十年了，他想象中的许嘉丽是光彩照人的，他愿意看到她事业有成，家庭幸福。他来看她，或许是念旧情，然而更多的还是找乐子——有几个男人是为了女人的落魄来看她的？他愿意她陪他去公园里走一走，茶馆里坐一坐，说点私密话；如果有可能的话，上床睡一觉那是再好不过了。然而这一天，一切都垮了，她毁了他十年的梦。他最看不上的还是她说话时的下流态度，他为她感到难堪，他感到了惘惘的威胁：她在威逼他拿钱。

隔了很久，嘉丽才回到房间来，两人又闲闲地说了一会话。现在，最让他们难堪的恐怕就是一个钱字，迄今为止，这个字还没拿到桌面上来谈过；这个字就在他们中间，说话的时候它在话的背后，不说话的时候它就说话……它隐隐地在着，到处都是，一触即发。

有一瞬间，嘉丽开始于心不忍，她甚至想掉头走开，回家睡一觉，第二天衣冠楚楚地去上班。呵，这噩梦般的一切让它结束吧，就当什么也没发生过。她今天一定是疯了！她为什么要扮成这样，看着人群在她面前出丑，看着自己在人群里出丑……她为什么非要捅破它？

科长咳嗽了一声，开始说话了。他抖了抖嘴唇，虽是经过深思熟虑的，但话到嘴边，还是哆嗦了一下。他老实告诉她，他没带多少钱，这几天又花了不少，所以身上所剩无几了。

嘉丽看着他，轻声地问了一句：剩下多少？

他皱了皱眉头，不能掩饰一脸的吃惊，问道：你要多少？

嘉丽说，你说呢？

他说，我不知道。

嘉丽说，你嫖过吗？

他摇了摇头。

嘉丽讥笑了一声，说道，你真是正派人。

他冷冷地看了嘉丽一眼，说，我不喜欢嫖。

嘉丽说，是啊，嫖要花钱的，而你舍不得花钱。

他一下子愤怒了，把一张铁青的脸堵到嘉丽的脸上看了很久，说道，可是我在你身上花过钱，你别忘了——他用力地扬了两下手：我不欠你的。

嘉丽不说话，自顾自脱掉衣服，钻进被子里。夜深了，窗外的市声渐渐地熄去，偶能听见路边卖馄饨的一声清扬的吆喝，余音缥缈，也渐渐地熄去。

半夜里，他爬到她的床上来，黑暗里嘉丽只是睁着眼睛，脑子里一片混沌，她觉得自己太累了，所以又闭上了眼睛。第二天清晨他就走了，嘉丽一宿未眠，只装作假寐。他撞上门的那一瞬间，嘉丽起身查看他是否留下了钱，然而没有。嘉丽也没去追，大概他以为这一趟不值得付钱吧？或是他一生中最羞耻的经验？

现在，嘉丽一个人在街道上走着，天渐渐亮了，路上的行人也多了起来。一阵风吹过，嘉丽裹紧她那身破衣烂衫，像狗一样抖了抖身体。她上了一座天桥，早起的乞丐披着一件破风衣，蹲在天桥的栏杆旁等候客人，他冷漠地看了嘉丽一眼，耸耸鼻子，像是对她不感兴趣的样子，又低头想自己的心事去了。

嘉丽扶着栏杆站着，天桥底下已是车来人往，她出神地看着它们，把身子垂下去，只是看着他们。

完成于2003年2月27日

姊妹

一

我们那地方，向来把父亲的兄弟称作爷，把父亲兄弟的配偶称作娘。比方说，我有一个爷，是我父亲的远房堂兄，行三，所以我们小孩子就叫他三爷了。

我的这个三爷，说起来也是个正派人，他一生勤勤恳恳，为人老实厚道，十八岁就进厂当了检修工，三十年如一日，到头来还是个检修工，带了几个徒弟，荣升为师傅而已。他是1988年得肺癌死的，才四十八岁，身后留下五个孩子，系两个女人所生。

这两个女人，一个姓黄，一个姓温，现在都还活着，带着她们各自的儿女分住两处。我们做小辈的一视同仁，都唤她们三娘。私下里，则是依着大人的叫法，把她们称作大房二房，以示区别。

我的三爷并不风流，他只是长得好看而已，他性格又温和，写得一手好字，又爱拉个二胡，在我们小城，这样的人就被视作是多才多艺了，所以招蜂引蝶是难免了。

我的黄姓三娘，也就是大房，长三爷两岁。他们原是技工学校的同学，早个几十年，三娘也该是个落落大方的姑娘，她性格开朗，又是班里的文体委员、团支部书记，说话做事的果断利索，那实在是在三爷之上的。我们家族的人都很纳闷，不知道她怎么会看上三爷这么一号人物，蔫儿吧唧的，我奶奶说，可能是三爷的肉香。

三爷这人有点说不太好，他好像一直在犯迷糊，说他不懂事吧，他又特别省心，从不惹是生非。在厂里，他工作认真，技术娴熟，常常被评为先进个人；在家里，他听话温顺，除了拉拉二胡，吹吹笛子以外，他几乎不太出门。他脾气虽好，人却有点闷，长辈们都说，他没什么上进心；仿佛他做一切事，都是出于尽义务，而不是因为喜好。就连他拉二胡的时候，他也是埋首晃了几下身子，突然抬起头来，那脸上竟看不见一点寂寞沉醉的神情，平静得有如老僧入定。

或许三爷早把一切都看透了，虽然他未经风雨，才二十来岁；或许这本是他的个性。反正他的性格不太像我们这一族的男人，我的祖上曾出过几个著名的败家子，狂嫖滥赌，也出过两三个革命投机分子，到后来居然也都混了一官半职……反正不管争气不争气，他们个个都野心勃勃，富有幻想朝气。相比之下，三爷的性格则平庸多了，他让我们安心，也使我们叹气。他生得又确实标致，他是细高挑儿，容长脸，淡黄肤色，小时候因为读书姿势不好，早早落了个近视，所以戴着眼镜，很像个知识分子了。

我们合家老小，但凡说到三爷这人，不知为什么总是要发笑的，就比如说，他很讨姑娘喜欢，十三四岁的时候，就有女同学给他递纸条约会，他又是那样好心肠的一个人，所以每次都去了。我的二姑奶奶有一次欢天喜地地说，真没看出来，她这侄儿竟长得一身骚肉。

三爷“噢”了一声，茫然地转过头来，全家人都笑了，他一脸的懵懵懂懂，样子很是无辜。三爷对男女之事不怎么上心，懂总归也懂一点的。他又是那样孩子气的一个人，没什么表情，喜欢斜着眼睛看人，对谁他都要搭上一眼，若是看一个姑娘，他先本是无意，再搭一眼，对方或许就有心了，三爷虽然没什么表示，心里则难免有些高兴了。

三爷十九岁就结了婚，是三娘把他从一个姑娘那儿抢过来的。三爷想了想，觉得有两个女人为他争风吃醋，他心里也蛮受用的。照实说呢，他对三娘也不讨厌的。

婚姻这东西其实也没什么好说的，总之，三爷过得不错，他在各方面都得到了妻子的照顾，她爱他，又长他两岁，她待他就像待一个小孩似的，凡事都哄着他，让着他。大概三爷自己也觉得，除了床笫之事，妻子和姊妹也没什么不同。

他们新婚那阵子最是引人发笑，怎么说呢，两人好像都不太知廉耻，有人没人就往屋里跑，做长辈的难免会觉着害臊，又担心三爷的身体，又嫌新娘子太浪。我们小城有一种偏见，就觉得男人浪一浪不妨的，女人浪就不行了。待要提醒他们吧，只见三爷成天跟在老婆身后，涎皮赖脸的，一副馋相。

不得不说，那是三爷一生中最平静幸福的时光，他们夫妻恩爱，情投意合。三爷破例变成了一个小碎嘴，他是什么话都要跟妻子说的，比方说，又有哪个女人喜欢他啦，这些事他一概不瞒的，说起来总是要笑的。

三娘说，你怎么知道的？人家跟你挑明了？

三爷说，噢，这种事还要挑明说的？

三娘说，那你怎么知道？

三爷"咯"一声笑了，脚一蹬，拿被子盖住了脸，只管自己乐了。

三娘看着自己的男人，说不上是忧还是喜。他怎么就长不大呢，偏又那么虚荣！她也疑惑着，这人她可能是嫁错了，他不怎么有出息；她一颗心全在他身上，只是不安生。

然而谢天谢地，三爷并没惹出什么乱子来，至少在结婚的前十一个年头。照我堂爹爹的话说，不是三爷多有责任心，而是作为一个男人，他那时压根儿还没开窍。

三爷成为一个男人的历史非常漫长，直到他三十一岁那年，遇上一个姑娘为止，这姑娘后来成了我的温姓三娘。谁也不知道他们是怎么认识的，毋庸置疑，三爷在那一年里突然茅塞顿开，他心里第一次有了女人，他知道什么叫爱了。

三爷知道爱以后，嘴巴就变紧了，在妻子面前什么话都不说了。他心情好得要命，常常一个人呆坐着，自己都不自觉的，脸上就会放出一种白痴的笑容来，为了掩饰这一点，三爷总是捧着一本小人书，这小人书理该是他十岁的儿子看的。三爷对老婆更加好了，两年以后，三娘才知道，他这完全是愧疚所致；其实三爷这时候还没什么愧疚心，他之所以温言软语，手脚勤快，只不过以为做完了他该做的，他就能出去野了。

现在，一切都颠倒过来了，三爷愿意把他的心里话留下来，一股脑儿地全倒给心上人听。我的温姓三娘其时二十一岁，还是个大姑娘。我见过她年轻时的一张照片，还真是蛮俊俏的，她是典型的那个时代的美女，穿方领小褂，扎一双麻花辫挂在胸前，五官端正得没什么特征。我估计三爷这辈子对女人的美素无研究，所以他能很快地跳过相貌，一下子就发现这个姓温的姑娘原来是自己人。

这简直要了三爷的命，他的爱情甜蜜而忧伤，有时候他都怀疑，自己是不是能同时承担这两种南辕北辙的重量，他成天昏昏沉沉的，身子轻得快要飘起来，莫名其妙地，他常常就叹气了，不管是快乐还是忧伤。很多年后，三爷也承认，这一时期他的感觉就像患了重感冒，或是出了疹子，说这话时，三爷四十二岁，温姑娘已为他生下一双儿女，他两边疲于奔命，家庭矛盾不断升级，三爷实在累了，有时也会自嘲，疹子嘛，他说，总归人人都会出一次的。

有一次，温姑娘问他，他这一生最想做什么？

三爷勾着脖子想了半天，瓮声瓮气地说，可能是拉二胡吧。

温姑娘屈膝抱腿，看着自己的脚面问道，假若有一天你老了，不久于人世了，你最遗憾你没做什么？

三爷的心荡了一下，他突然想起来，自己其实也有梦想，那就是进文工团，或是县剧团，当一个二胡独奏员。这梦想隐隐约约的，他从未跟任何人说起过，现在，他跟心爱的姑娘坦白了，声音很平静，眼里却闪着光。温姑娘转过头来看他，很多年后，当三爷弥留之际，他躺在病床上，心疼的并不是他未能实现的梦想，而是一个姑娘的目光，那样的安静坚定，他不禁老泪纵横，已经完全不计较这姑娘后来给他惹了多大的麻烦。

三爷就是从这一天起，完全变了一个人，他的生活突然有了目标，他专门拜了一个瞎子师傅，一有空就跟他学二胡，回来的时候，整个人也喑哑了，总是在琢磨什么；他搬来一条板凳坐在院子中央，架着腿端着二胡，有时低头沉思半天，偶尔一抬头，眼神炯得像是在冒凶光。长辈们都说，三爷是活回来了，他二十来岁时淡漠得像个老人，他长到三十来岁才长成了一个青年，生机勃勃，胳肢窝里都能蹦出来几个欲望。

我那年轻时曾是花花公子的堂爹爹说，这才是我们许家的种。其实三爷在外面有女人的事，我们全族人都知道，只差一个三娘。我们族人都不以为这事有什么大不了的，男人嘛，总归要浪一浪的，要不白来这世上走一遭了。

三娘得知家里出了丑事是在两年以后，她的第一反应竟不是生气，而是有那么一点好奇，她怎么就没看出呢，她的男人竟也是个老狐狸——她原以为他没什么心计的——活生生把这事在她的眼皮底下瞒了她两年！她那年三十五岁，已是两个孩子的母亲，成天忙于各种琐事，老实说一颗心早已不在三爷身上；当时街上又在闹革命，个个热血沸腾，三爷成天不归家，她也只道他是贴标语、当造反派去了；再加上我们族里有一些十六七岁的年轻人，对偷鸡摸狗的事最是感兴趣，所以也常常为三爷递消息放风。

三娘知道这事以后，也没怎么声张，只在屋里把个三爷兀自瞅了半天，三爷躺在床上假寐，脑子里偶尔也会闪过温姑娘的身影，反正偷情就是这样，越偷越来劲，怎么也不会生厌的；他一睁眼，却看见老婆的一双眼睛直勾勾地盯着自己，心里没来由地一阵不高兴，掉了个身，咕哝了一句：神经病。

三娘的心都碎了，她拿手捂住脸，嘤嘤地哭了起来。

三爷呼地一下坐起来，“啧”了一声问道，好好的你哭什么，还让不让人睡觉？

三娘再也按捺不住了，一腔怒火并没有冲着自己的男人，而是跑到院子里，先把我们族里那些“拉皮条的”骂了一通，那些狗吃的、不是人养的、混账王八蛋……她双手掐腰，声嘶力竭，越骂越激动，七弯八拐地就带上了我们的祖宗。可怜我那些老祖宗，躺在坟墓里也不得安生，直被她骂得狗血喷头，骂得八辈子都翻不了身。

这次酣骂改变了三娘的一生，在由贤妻良母变成泼妇的过程中，她终于获得了自由，从此以后她不必再做什么贤妇了，她算是看透了，她来他们许家十多年了，为他们传宗接代，为他们养老送终，正儿八经一天福没享过，结果怎样呢？三娘突然觉得委屈，她抬头看了看蓝天白云，知道一个女人活在这世上，什么都靠不住，丈夫，儿子，爱情，婚姻，有一天都会失去。

三娘呆了呆，同时也不忘把拳头攥了攥，小小粗糙的肉手心，软的，温的，潮湿的，正在发抖，可是这么一攥倒也攥出了几许斤重，三娘的后半生就是从这一攥开始的，她获得了一种绝望的力量，可谓无心插柳。这世上本没什么救世主，三娘后来总不忘告诉那些受苦受难的姊妹们，女人天生软弱，可是软到极限就会变得强悍无比；假若实在没什么招数，三娘言传身教道，你就大喊大叫，哭哭闹闹，反正这事没什么道理可讲的，拼的就是火力。

三娘说得没错。她那天确实吓到了我们，惊得我们全家面面相觑；从此以后，这悍妇凭借一种道德上的优越感，再也没正眼瞧过我们。那天她骂完以后，擤了一泡鼻涕，啪的一声摔在地上，拿膀子朝脸上抹了两抹，就泼洒着、自暴自弃地进屋了。我们族人互相看了看，据三娘后来形容，全族上下竟没人敢龇个牙，哼两声。

三爷躺在床头，一双眼睛斜斜地吊起来，一脸的匪夷所思。咦，事情怎么就传出去了呢，在他的计划里，好像是没这一天的！看样子这事有点蘑菇，可是他天生一慢性子，从来都临危不惧，床上有一根不知什么人的头发，他把它捡起来，凑近眼前认真地研究了起来。

三娘说，那女的叫什么名字？

三爷搭了她一眼，一脸的懵懂无知：什么女的？

三娘冷笑一声，把个身体倚着五斗橱，双臂交叠放在胸前，一副居高临下的样子；虽然妒火折磨得她快要疯了，可是不知为什么，她一点都不恨自己的男人。她脸色铁青，声音平静得像是没有感情。

她又问，她家住哪儿？

三爷镜片后面的一双眼睛，突然惊恐得至于呆滞，很多年后，三娘都能记得这眼神，那样的坦白慌张，他连掩饰都不掩饰！三娘的心一阵彻骨寒冷，他怕什么？怕她去撒泼闹事，伤了那女人？她跟他十年夫妻，竟不抵他对那女人的情意？！

三娘拿手捋了捋头发，也没有呼天抢地，只是扶着橱柜，想要镇定一下自己。后来，她沿着橱柜往下滑，蹲到了地上。她拿手抚着胸口，她就觉得那儿疼，空荡荡的，她要摸摸她的心是不是还在；一滴眼泪落在了三娘的手臂上，这一次她是真正在哭泣，非常的安静，眼前漆黑一片。

三娘的恨或许就是这时种下的，对象就是“那女人”——温姑娘。那么现在，让我们来说说仇恨，那发生在两个女人之间的一段不可理喻的激情，那就像噩梦纠缠了她们几十年的，那于她们就像食物、阳光、空气和水！凡是涉及女人的事，总被认为是鸡毛蒜皮、不值一提的，我的回答是，这完全是一种偏见。

因为这时我已经五岁了，我得以看到了人世间最残酷的一场战争，虽然只有两个人，却不啻于任何一场千军万马的厮杀；伟大的战争多源于一些不相干的小事情，里头未见得有多少仇恨，可是这场战争却彻头彻尾充斥着仇恨，那都是铁铮铮的、伸手可触的、无边无际的，两个女人拼其血本，动用她们一生的力量、智慧、坚忍，她们充分发扬了一不怕苦二不怕死的革命精神，那就是不断地撩拨对方，不惜自己受伤。

而且，这场因男人而引发的战争，到最后变得跟三爷没关系了，他被排除出局了，两个女人谁都不乐意带他玩，所以，战争的纯粹性就呈现了。

很多年后，温姑娘也承认，针对她和黄脸婆（也就是我的黄姓三娘）的这场纠葛，她其实是付出了感情的，那是一种比爱更伟大曲折的感情，相比这样的感情，异性之爱简直不足挂齿。在和三爷好了两年以后，温姑娘就心灰意冷，她说，爱这东西，还有什么好说的呢？

是啊，爱确实没什么可说的，可是在最初的两年，他们两个却好得如火如荼，尤其是温姑娘，她是那样的不管不顾，只把三爷视作她的一块心头肉。她那年二十出头，出身清白人家，虽然没了爹娘，却有个长她十来岁的姐姐，嫁给了本城的一户有威望的人家。那阵子，她姐姐总为她张罗对象，可是温姑娘却不太热心，嫁人对她来说是件不可想象的事，再说，每次相亲回来，三爷必得有一场大闹，他先是问她的对象是不是长得端方，是不是当干部的，有地位不？

温姑娘禁不起他缠，有一次就说了，是在部队里，当连长。

三爷逼尖了嗓子说，八成是老头子吧，要不人家怎么会看上你，你长得又不漂亮！

温姑娘只是抿嘴笑。

三爷拍桌打板，脾气坏得很哩。他说，你笑什么笑，你称心如意了是吧，你一个大姑娘家的，为了嫁人怎么就连一点自尊都不要？

温姑娘忍住笑，拉了拉他的手说，吃醋了。

三爷低眉站了一会，走上前去，轻轻地抱住了他的姑娘。他抬眼看窗外，心一阵阵收缩得疼，像有张小嘴一张一合在吸他似的；身体也软弱得厉害，力量无边漫漶，三爷只觉得鼻子一阵发酸发疼，他这是怎么了，他自己也不知道。

二

三娘和温姑娘的第一次会面来得非常偶然，想来这也不奇怪，我们城很小很小，只有三五条主街道，几万人口；也许她们早就见过面，在上下班途中的一个路口，她们迎面走过，说不定也会互相打量一眼；在擦肩而过的那一瞬间，她们不会注意，太阳底下她们的影子怎样在纠缠撕打。那时她们还认不出对方，一直要等到三爷把她们唤醒，她们的一生才算真正发生了关系；共同拥有一个男人使得她们成了自己人，那感觉是如此迫近、微妙、疏离，使得她们即便隔着芸芸众生，也能一下子就有所感应。

那个星期天的午后，温姑娘去人民医院找她的姐姐说点事——她姐姐在那儿当护士长；走到医院门口时，她看见了一对母子迎面走来，那儿子叉腿坐在自行车的后座上，那母亲一手推车，一手扶着儿子。温姑娘看了他们一眼，突然愣了一下，她看见了那孩子的脸，眉眼俊俏，很像三爷；自行车龙头上，系着一根蝴蝶结，有一天她和三爷推车走在郊外，闲来无聊她也曾在车龙头上系过一根同样的蝴蝶结；自行车是“永久牌”的，有点旧了，铃铛挂了下来。温姑娘的心突然狂跳不止，那是三爷的车，她认得的。

三娘一边抚慰刚打了针的儿子，一边从温姑娘身边走过了，突然，她警惕地回过头来，完全凭着女人的直觉，她知道有人在打量她。这是一个年轻姑娘，肤色微黑，生得匀称健康；三娘曾不止一次向我们族的“皮条客”打听，她男人的相好长什么模样，当得知对方得一绰号叫黑牡丹时，她表示，她抽空要会会这个蹄子，“抽她两巴掌”，她从牙缝里舔出来一根菜叶，恶狠狠地吐在了地上。

可是那天，在这场历史性的会面中，三娘一开始的表现却使自己失望，看见仇人，不知为什么她一下子就没了力量，只觉得浑身瘫软，一双手都在簌簌发抖；直到她看见对方也和她一样，一张脸木木的，似乎还没有回过神来；三娘这才镇静下来，她咳嗽了一声，伸手在儿子的衣服上掸了掸，说道，毛头乖，我们现在就去机械厂找爸爸，让他陪着我们去看电影，传达室的大爷要是不让进，你就说，我爸爸叫许昌盛。

三娘的声音温柔甜蜜，她自己听着都觉不像话，那是一个幸福的妻子和母亲的声音，是她多少年来都不再体验的。她静静地瞥了一眼对手，她的神情悠远自信，充满了一个正派女子对一个烂货的同情和鄙视。

温姑娘一阵头晕目眩，这场较量兵不血刃，却以她的失败而告终，短短一分钟不到，她们没有说一句话，只是看了两三眼；她输了。温姑娘直到这一刻才知道，她的身份是那样的可疑可鄙，她算什么，她在那个黄脸婆的眼里充其量只是个婊子。她摇摇晃晃走到离门诊部不远的花圃前，双膝一软就跪了下来，她把手指抠进泥土里，喊了一声妈妈，呜的一声就哭了出来。

三爷的这场恋爱在两个女人之间引起的仇恨，是他万万没想到的，事后他翻来覆去地想：女人这类物种真是莫名其妙的。不知从哪一天起，温姑娘再也不去相亲了，她铁定心来要让自己成为一个老姑娘，三爷觉得很烦恼。事实上，自从他老婆介入这事以后，他这恋爱就有点谈不下去了，整个人也变得焦躁了。现在三爷很老实了，二胡也不学了，一下班就回家，心不在焉地和妻儿说说话，两个小孩在玩玻璃球，老婆则不太搭理他——家里都没他这个人了。到了温姑娘那边，三分钟不到他就心事重重，摸摸这，摸摸那，温姑娘看了，不由得哼了一声冷气。

三爷搓搓手，说，我不是这意思……

温姑娘低头坐着，都懒得看他，一双手把毛衣织得飞快。男人懦弱到这种份上，老实说她实在有点瞧不上。三爷拉一把椅子坐在她身旁，望着门外发了一会呆，一切恍若一场梦，从前她是多省心的一个姑娘，事事都为他着想，他们常在一起计划未来，她就说，不着急，我等得起，离婚不是一朝一夕的事，不能太伤了她。

三爷长长地叹了口气，他现在不能离婚，家里的那个没什么过错，身边的这个可爱可怜，不知为什么，他现在只为自己感到心疼。他伸手拿过毛线团，放在手心里窝了窝，琢磨着该说两句体己话，不知怎么话题就引到了她相亲的事上，三爷说，最近你姐姐怎样，不再给你介绍对象了？

温姑娘迅速侧过头来看他，眼神犀利，就像刀刻，三爷这才知道，他又一次说错了话。他现在简直不敢说话。

温姑娘说，你现在还敢提这个茬！

三爷低三下四地笑了笑。

温姑娘的一双眼睛定然地盯着门框，半晌才说道，迟了。

三爷扶着膝盖想站起来。

温姑娘把毛衣摔在地上，冷冷地问他，想家了是吧？

三爷挂着脸不说话。

温姑娘再也忍不住了，多少天来的屈辱使得她声泪俱下：你早干什么去了，你现在让我去相亲！玩够了，想甩了，是不是？你们夫妻两个合起伙来欺负我一个，回去问问你婆娘，她都干了些什么，她还跑到我单位去告黑状，你回去转告她，我什么都不怕，让她告去吧！你这男人我是要定了。

三爷目瞪口呆，让他惊讶的不是他老婆在告状，而是温姑娘的泼辣相。女人怎么都这样？一转眼就翻脸不认人了！三爷从温家走出来的时候，手抄裤袋，朝天轻轻吐了一口气，现在他解脱了，他再不必对这姑娘有什么愧疚心了，他不怕她跟他闹，他只怕她对他好。

回到家里又是另一番景象，两个小孩在哭吵，他心里发烦，顺手在老大的屁股上拍了两下，三娘奔过来不让了，她把儿子护在身后，也不说话，只把一双眼睛狠狠地看着三爷。那是她的儿子，他凭什么打？他刚从骚货那儿回来，凭什么拿她的小孩出气，就凭他那一脸晦气相？

三爷呆呆地站了一会，突然觉得天高地远，人生竟是这样的没趣味，他刚建立起的那点家庭责任心，就这样飞了。那一刻，他心里空得就像出家做了和尚。我们家族的人后来都认定，大概三爷就是从这一刻起，有了逃遁的决心。

三爷整整失踪了三个星期，他躲在一个朋友家里，也不用上班——他们厂正停产罢工；白天他们走走象棋，晚上谈点爱情人生，日子过得逍遥自在；在他失踪的那段时间，我们全族上下急得鸡飞狗跳，只担心他是寻了短见，三娘和温姑娘更是昏天黑地，两人都发现，她们爱着这个男人，这爱是另一个不能给的，她们都想独占这个男人，所以在寻人的同时，她们也免不了争风吃醋，互相诋毁。

尤其是温姑娘，她差不多快疯了，按说她这种身份，怎么着也得避点嫌疑，可是她全然不理会，甚至动用了她姐姐婆家的关系，派出了一支民警小分队分头寻找。三娘最看不得她仇人的贱样，那是她的男人，哪儿就轮得上这婊子说话的份！她恨得哭了一场，眼睛都充血，第二天她到底没忍住，带上娘家的几个兄弟，忙里偷闲到温姑娘家里走了一遭，她让她的兄弟把门，自己进去了，和仇人撕扯了一番。

温姑娘坐在地上，她蓬头垢面，起先她也还手，后来她就不动了，任着三娘胡抓乱挠、拿指节在她的额头上敲得咚咚作响。温姑娘是那样的安静，偶尔她抬头看了一眼三娘，直把后者吓了一跳。她的神情是那样的坚定、有力量，充满了对对手的不屑和鄙夷。三娘模模糊糊也能意识到，这女人是和她干上了，从此以后，谁都别指望她会离开许昌盛。三娘突然一阵绝望，坐在地上号啕哭了起来。

二十天后，三爷被找到了，不得已结束了他的隐居生活；天上一日，人间十年，三爷出来以后，整个人就变了，他一副离尘世很远的样子，对于他和两个女人之间的烂摊子，他突然理直气壮地退出了，好像这事跟他没什么关系似的。让她们闹去吧，有一次他不耐烦地跟我们族人说。

随着三爷的退出，这场男女关系就变成了两个娘们的较量；其实三爷也不是真正退出，他还得回家睡觉，要不就去睡温姑娘，我们都看得出，三爷不那么自寻烦恼了，因为他现在谁都不爱。温姑娘的头生子就是在这一段怀上的，她做出了这一生最惊世骇俗的一个选择，把孩子生下来，于爱于恨都是一个合理的解释。她怀孕的时候很是吃了一点苦，知道要被单位除名，所以主动递交了辞呈；她的肚子渐渐大了起来，整个小城都在议论这件事，她成了我们这儿的传奇。

说不上人们是以怎样的眼光来看我的温姓三娘，首先，她生得漂亮，为人端庄；虽然出了这等丑事，她也算不上浪荡；当她挺着肚子走在街上，她脸上的平静尊严使得人们慢慢噤了声，那不是一般孕妇的尊严，那尊严里藏着一股巨大的力量。她也不张狂，平时自己买菜烧汏，要是在街上碰上熟人了，偶尔她也会说说怀孕心得，她一手叉腰，一手抚在肚子上，虽然静静地说笑，人们也听得四肢竖起了汗毛。怎么说呢，这女人已经超越了无耻，她一脸的圣洁，让人觉得害怕。

是什么使温姑娘变得这样坚强，我们后来都认定，她的心里有恨——其时三娘正在四处活动，想把她告到牢里去，可是这么一来，很有可能就会牵连到许昌盛，三娘就有点拿不定主意了；温姑娘听了，也没有说什么，淡淡地笑了笑。我们不妨这样说，温姑娘的下半生已经撇开了三爷，她是为三娘而活的，事实证明她活得很好，她一改年轻时的天真软弱，变得明晰冷静——她再也没有男人可以依靠，心里只有一个目标，那就是活着，要比黄脸婆更像个人样；随着小女儿的出生，她身上的担子重了许多，她在家门口开了间布店，后来她这店面越做越大，改革开放不久，她就成了我们城里最先富起来的人，当然这是后话了。

我的温姓三娘从不后悔，她度过了不平凡的一生，可是活得很有劲道——和人斗，其乐无穷，说的就是我的两个三娘啊。她们像一胞双胎的两姊妹，或是一枚钱币的正反两面，彼此相辅相成，阴阳共生。在温姑娘怀第一个孩子时，她姐姐为她从乡下找了一个保姆，我们许家也偷偷派人来照应。温许两家达成了妥协，孩子姓许，又托关系报了户口，反正许昌盛只有一个，就这么两边都糊着吧，也不分大小的。

温姑娘其实一点都不在乎她有没有名分，当她姐姐把这一切都搞妥以后，她淡淡地说，何必呢，我又不是为了这个的。

做姐姐的不禁泪落，大骂许昌盛。

温姑娘笑了笑，说，这不关他的事。——她坐在家门口，看着沿街走过的人群，许许多多男人的面孔和背影，从她眼前哗哗地淌过，她就像做了梦一样，不禁设想自己若是嫁给他们中的任一个，都可能没现在这样圆满；这么想的时候，她心里分明闪过一个女人的身影，她嘴角稍稍牵动了一下，觉得这一回自己是战胜了她。

对待三爷，温姑娘还是不错的，她待他甚至比从前还要温柔，她一概软到底，什么都不跟他计较，她也不吃醋，也不使性子，他要是回家去，她也不阻挡，隔几天他要是回来了，她也蛮开心，唠唠叨叨和他说些家常。三爷没那么重要了，因为她有了孩子，温姑娘搂着她的孩子，眼神温绵慈善，心偶尔也会酸楚，她知道，这世上什么都是假的，只有她的一双骨血才是真的。

我的黄姓三娘也适时调整了策略，不再和三爷冷战了，严酷的现实告诉她，失去了这个男人，就失去了对这场战争的控制。说到底，她这人的性格还是太外露，不像姓温的那样“阴毒”；她人生的最大一次失误，是没把她的仇人送进监狱，却让她张牙舞爪地弄个儿子出来，这是她犯的一个战略性错误，当时，她怎么就没想到叫她流产呢，雇个人，迎面撞她一下，这活儿就干得漂亮了。

没有人能想到，我的黄姓三娘度过了怎样屈辱的一生，她好好的一个家庭被拆散，她的男人被别人占有，她一辈子都被一个女人压着走；在她仇人生产的那天，她一个人躺在家里，孩子们都睡了，许昌盛肯定死去医院了，她开着灯，静静地睁着眼睛，脑子不太能动；窗外是冬天的凄风苦雨，一片残叶贴着窗玻璃晃了几下，掉下去了。三娘觉得她的一生从来没有这样安静过，心里充满了对一切生命的同情，也希望躺在医院里的那一对母子能静静地死去。

三

我的两个三娘就这样服从了命运的安排，认领了妻妾的身份，从此消失于街巷间；随着时间的推移，她们不再剑拔弩张了；战争是需要体力的，从前，她们已消耗了太多，都伤了，怕了，疲惫了。仇恨把我的两个三娘给毁了，但看她们满目疮痍的神情，显得那样的苍老、压抑、若有所思。在她们的后半生，她们很少有过真正的安宁，即便一个人坐在太阳底下发呆，偶尔一想起对方，她们就会打激灵；光天化日之下，她们也是彼此的噩梦！

仇恨也整个儿改变了两个女人，使得她们对这世界的认识不是幽深高远，而是漫无边际；总之，伤害和不幸使她们有了一些智慧，就比如说，我的黄姓三娘偶尔也会沉思，自问人为什么要活着、人生有什么意思这样的高级话题；她一个人常常就哭了，背着人她不知哭过多少回，好像并不是因为什么，就是哭成了习惯，鼻子一酸就会掉下眼泪；她自顾自哭上一回，哭到舒服了，也没人看见，她就擦掉眼泪，干活去了。而从前，她是多乐观的一个人，庸俗，愚蠢，得理不饶人，很让人烦的。

我的温姓三娘从来不哭，好像她把这一生的眼泪都哭给了爱情，现在她吝啬哭一滴给任何人，况且她又是个生意人，最精于算计，常常她在店堂里忙到深夜，一个人走回家去，脑子一放松，就会想起城西头还住着一个女人，现在可能已经睡了，就会想起那张脸，她狰狞的神情，想起她的污言秽语，她抓住她的头发朝墙上撞的情景……我的温姓三娘并不愿意想到这些，因为这是黑夜，冰天雪地的，路上没什么人，她恍惚中难免会疑惑若是这世上只剩下她们两个，她的记恨便是没有意义的，她觉得荒冷。

某种程度上，两个三娘最终也没能达成谅解，却对三爷抱有同情和宽容；说到底，跟男人是没法计较的，不在一个层面上；经过了这些年、这些事，她们已经老了，不知为什么他却怎么也长不大，一遇事就往后缩，什么都不想承担，似乎他又回到了很多年前，他疲沓懒惰的青年时代，好脾气，有点无赖，他是要等着女人对他负责的——她们对他，是爱过，恨过，鄙视过，后来就变成了包容，那简直是慈母式的，一概退到底，最后就变成无条件的了。不得不说，三爷在他生命的最后几年，度过了一段平静时光，他终于可以相安无事地两边都敷衍着，这边住一阵，那边住一阵，想住多少天就住多少天，再也不会有人跟他哼唧，我们族人都说，三爷是彻底地自由了，他自己也很满意，觉得经过十几年的努力，他终于安抚了两个女人，使得她们就像两姊妹。

然而三爷在两个家庭的身份毕竟显得怪异，怎么说呢，他有点像个亲戚，他虽是五个孩子的爹，两个女人的丈夫，但是大家都习惯了他不在家的日子——孩子们称之为“出差”——假若他哪天“出差”归来，孩子们则显得异常的高兴，做母亲的也会额外多添几样菜，温壶酒，这时候家里差不多就像过节了。

过年的时候，三爷就不那么随意了，他很注意时间的合理分配，尽量不伤任何一个人，就比如说，年三十和大年初一，他一般都在大房那边的，虽然心里也有点愧意；到了年初五——我们称作“小年”，他一般就陪着二房了；这表明他心里确实有底的，并不会因为好恶而乱了伦理，就连他生病住院的时候，两家也是轮流伺候。

三爷从查出癌症到去世，不过半年时间，虽然被瞒了真相，他也模模糊糊能感觉到；每天躺在病床上，窗外能看见一角蓝天，满窗的梧桐绿意使他想到生死，不知为什么有时也会很平静。他并不惧死，放心不下的还是他的身后事，牵牵绊绊那么多的关系，他希望五个孩子能平安无事，至于两个女人……他看了一眼来医院探望的我的父母，说，多照顾她们。

三爷的声音是那么轻，我当时站在他身边都不太能听得清；他憔悴多了，眼镜也不戴了，双眼直往里凹，我不知道他是否还能看见什么，反正他说话不太有力气了。他嘴唇又动了动，我母亲俯下身听了一会，一走出病房，她就捂脸流泪，因为三爷说的是，他觉得人活着没什么意思。

我们一家三口站在医院的一棵老槐树底下，发了一会呆。我那年十六岁，第一次知道人世竟如此麻烦牵扯，一下子都无从说起。大概三爷早就乏味疲惫，只是他很少提起，他这一生为两个女人所累，活着对他来说没太大的吸引力。

三爷死在那年冬天，在送火葬场之前，我们族人都希望两个女人能见上一面，就是说，在火化那天能一起出席葬礼；这个建议被黄姓三娘断然否决了，大概她以为，这是一种身份的象征，只有她才是许昌盛明媒正娶的妻子。

温三娘既不得堂堂正正地参加丧礼，所以火化那天清晨，她五更不到就起了床，叫醒了两个孩子，带上事先备好的纸钱，披麻戴孝，几步一磕地就走出了家门；那天地上都结了冰，天上寒风呼呼吹，他们娘儿仨叫醒了火葬场的看门人，到停尸房守着三爷，一直到天亮才离开。是的，他们先举行了葬礼，虽然没有外人，却是一家人最后聚在了一起。

温三娘抱着丈夫的尸体只是流泪，她跟丈夫说，我是看在你的分上，才不跟她计较的，要不我今天非来哭场，看她能拿我怎么样？她拉着丈夫的手，又抚了一下他的脸，静静地抬头看窗外，那眼睛里全是狠毒。

我们基本可以认定，两个女人在三爷死后的日子里，仍在发生着某种联系，她们一直不能将对方忘怀，并把这种惦念维系了一生。

两个三娘都告诫过自己的孩子，不要跟仇人的孩子来往，然而亲情着实是一种奇妙的东西，平时倒也罢了，但凡遇上事，他们身上流淌着同一个男人的血液就使他们紧密地联系在了一起。尤其是几个小的，年岁都一般上下，又在一所学校念书，平时遥相对望，早已心生好感，彼此都有勾搭之意，只是碍着母嘱，不好下手；所以一旦逢着哥哥妹妹被人欺负了，那岂有站在一旁看热闹的理，早就急不可待地冲上前去，借此表明自己的心迹，重叙兄弟手足之情。

就连黄姓三娘自己，有一次经过学校门口，看见温姓的小女儿被几个坏小子围着撕扯，她也路见不平拔刀相助过。温姓的女儿那年不过十岁左右，因生得玲珑剔透，很得一些坏孩子觊觎，男孩对女孩表达爱意的方式不过是把她堵住，你一拳我一脚地打骂一通；起先，黄姓三娘饶有趣味地看着这一幕，直到看见那女孩被打得缩在墙角，捂着头，她这才毫不犹豫地走上前去，扯住一个孩子的耳朵，把他按得跪在了地上，好歹给她仇人的女儿复了仇。

这事让黄姓三娘有那么点不舒服，它勾起了她心头的旧痛，这女孩长得越来越像她的父母，她脸上的神情哪一样不是那对狗男女的？她生气懊恼了好一阵子，不过事情既然已经做了，若是还有第二次，她照样还会这样，那是她丈夫的女儿，她怎能看着这孩子受人欺侮而袖手不管？

两个三娘的再度相见，还要再等上一些年头，其实她们也谈不上相见，只是恍惚中觉得有那么一个人，还不及对方反应，她们就已经避开了。这次惊鸿一瞥给了两个女人太多的打击，她们看到对方老了，完全不是从前的那个人，若不是毛头堂哥做参照，她们撞在一起怕也未必能相认。我的毛头堂哥那年三十三岁，已下岗多年，生活的艰辛使他变得老态疲惫——他已经是一个中年人了。

那天，温三娘看见了这对母子，还不待自己回过神来，就本能地转过身，拐进了一条小巷，她是那么慌张，几乎逃窜一般，一路疾走，气喘吁吁，走到没路可走了，她才四下里看看，倚着一面土墙稍稍喘了口气。她站在土墙前估摸着总有几分钟，或是个把小时，脑子晕晕乎乎的不太能相信，这孩子才几年不见，怎么就变成这样，想当年许昌盛和他一般年岁时，却是嫩得能掐出水来——温三娘再也不敢把思绪放在她的仇人身上哪怕一丁点儿，她仇人全然一副老太太的模样，使她感到很伤心。

一路上，黄三娘都在问她的儿子，刚才恍惚闪过的人影可是“那女人”；她眼睛有点花，没怎么看真亮，只记得那妇人体态臃肿，和从前的那个俏丽模样完全对不上号来。

我们族人都说，两个女人大约就是从这一面起，互相有了同情，那是一种骨子里的对彼此的疼惜，就好像时间毁了她们的面容，也慢慢地消淡了她们的仇恨；我不太认同这种说法，我以为她们的关系可能更为复杂一些，她们的记恨从来不曾消失，她们的同情从开始就相伴而生，对了，我要说的其实是这两个女人的“同情”，在多年的战争中结下的、连她们自己都没有意识到的情谊；命运把她们绑在了一起，也不为什么，或许只是要测试一下她们的心里容量，测量一下她们阔大而狭窄的内心，到底能盛下人类的多少感情，现在你看到了，它几乎囊括了全部，那些千折百转、相克共生的感情，并不需要她们感知，就深深地种在了她们的心里。

据听说，两个女人后来都伤心得落了泪。温三娘为此大病了一场，她躺在家里足足一个星期，中途把女儿叫到床前，尽管做了很多铺垫，那一句话说出来还是让她羞愧：她仇人没闺女，她想让女儿将来给她仇人送终（我们那地方的风俗，有儿有女送终，一生才叫周全）。

温三娘说，她老了，没事你常去看看她，儿子媳妇哪有贴心的？她跟我也就这样了，对你她是不会计较的。

温三娘抱着女儿痛哭，她就是觉得屈恨。她和“那一个”所共同经历的痛苦屈辱，丧夫，仇恨，不幸的生活……她们早就不分彼此，合二为一！她们简直是白头偕老。我的温姓三娘再也不会知道，是怎样的一种东西使她们纠缠在了一起，她为此很感苦恼。那么后来，我的毛头堂哥到“温氏绸布店”帮工，再后来，他和大房的两个兄弟都成了这家店面的股东；我们不能借此就以为，两个女人从此就没了芥蒂，事实上她们一直讳莫如深；毕竟，历史不应被忘记，这也是对自己的尊重。

温三娘为她这一义举找了很多理由，她逢人便解释，她心胸并不开阔，实在是看在许昌盛的分上——他儿子的事她哪能不管？

这话我们也就听着，总觉得不尽如此，因为这一对娘们的事，我们后来都烦了；两个冤家虽然一口一个许昌盛，其实许昌盛未尝不是真正的第三者，她们的相识才是宿命，她们的恨堪称深仇大恨，她们的同情相知如海深，可是她们又从不承认。

生活以它不可逆转的方向滚滚向前，把她们像沙子一样想带到哪里就带到哪里，她们于其中虽然挣扎扑腾，可是从不分离，她们是两粒抱在一起的沙子。

2005年10月14日

家道

一

父亲出事以后，生活的重担就落在母亲一个人身上，其时她四十出头，我年方十九，正在大学里读书。父亲出事的当天，我没在现场，据母亲说，市委王伯伯打来电话，通知父亲参加一个重要会议，那是周末的一个晚上，夫妻俩正在吃饭——他们俩实在难得一起吃饭的，因为父亲总是很忙。

王伯伯是市委秘书长，和我们家关系一向不错；我印象中他是个胖子，走路一阵风似的，说话却是慢吞吞的，而且最会敷衍小孩子，丫头长丫头短，问问你的成绩，摸摸你的小辫子——小时候，他常来家里走动，当然那时他还没有“入仕”，和父亲一起在中学里任教。

电话是我母亲接的，很多年后，她都不愿提起这一幕。她说，他怎么就做得出呢，他声音没有一点异样。

原来，那天晚上并没有什么会议，王伯伯受命设了个圈套，待父亲急匆匆地赶到市委招待所，看到门廊里转悠着几个便衣，会议室里端坐着几个“上面来的人”，他就明白是怎么回事了。父亲在被捕前是我们那地方的财政局长，俗称“财神爷”的。接下来的事情我就不多说了，无非是立案，审判，抄家，程序上的事我也不是很懂。父亲被判了八年，罪名是行贿受贿，这成了我们小城最轰动一时的案件之一。

“轰动一时”是什么意思呢，说的是此案涉及面太广，不少省部级的大人物都被裹挟其中，相比之下，父亲的官阶卑微如草芥（他是处级），他不过是环环相扣中最不起眼的那一环，而且是顺手牵羊得到的“战利品”。

那么“之一”呢，说的是那些年，我们城总有一些官员落马，上自市委书记，下至银行行长、电视台台长……明白了吧，都是一些小城“要人”，媒体上的说法是“连挖几条蛀虫，百姓拍手称快”这一类的，其实我估计，百姓拍手称快也谈不上，因为这类事太多，在父亲出事的前后五六年间，每年总有人家在鬼哭狼嚎，也有死的，也有疯的，他们都是我母亲所说的“官宦阶层”。

我母亲很喜欢说政治术语，其实她于政治上并不很通，我也不通，但我至少不像她那么天真，比如在王伯伯打电话这件事上，她就很感“冷风彻骨”，其实，这有什么好心寒的呢？换了父亲，他也会这样做，他们不过是人手心里的一粒棋子，想把他们放到哪里就放到哪里，所不同的是，父亲很早就被吃了，而王伯伯笑到了最后。

王伯伯后来官运亨通，调至省城，升至副厅，现在应该是退休了，我想这也是常情，他本来就比父亲更适合当官。当官这件事，照我的理解，也有适合不适合的，就像有的人适合当诗人，有的人适合演戏，有的人适合练田径一样，我父亲适合当中学语文老师。

老天爷，你不知道我父亲的课上得多好，他是我们城里著名的四公子之一，尤以博览群书、出口成章著称，我没福成为他的学生，却有幸做了他的女儿，很多年后，我遇上他早年的一群学生，还跟我遥想起当年的小许老师，何等的风流秀雅，遥想起他带他们去野外踏青、吟诗作赋的情景，那是他们一生中的好时光，可是我想，那又何尝不是父亲一生中的好时光呢？

父亲培养的学生中，有几个是“文革”后的第一批大学生，还有一些是考上北大清华的，有经商的，从官的，务农的……据我所知，父亲待他们一视同仁，我想那是因为他爱他们，这其中，父亲尤其赞赏那些教书育人的，他说，教育，兴国之本啊！可是后来，他自己却八竿子打不着地当了个财政官员。

父亲的“发达”可能连他自己都没想到。很多年后，我还能记得我七岁那年的夏天，他坐在院子里，和一群学生在畅谈诗书、教育的情景。他穿白府绸衬衫，黑长裤，戴黑框眼镜，那样子也就是个读书人。他安于做一个读书人，我猜想，也乐意把这种清高古朴的气息传递给他的学生；这气息隐隐伴随他一生，在他得意的时候，失意的时候……我现在想来直犯怵，不知父亲该是怎样的身心分裂，因为无论“入仕”还是“入狱”，他身上的气息于这两处环境都是格格不入的。

我记得有一年冬天，那时他已是市委书记的红人，好像也熬到市委办副主任这样的位子上；那天晚上，他大概是喝了点酒回家，脸色泛白，可是特别想说话，便把我从被子里摇起来，借故检查我的功课，说，给爸爸背两句《论语》。

我那年小学四年级，还没有学《论语》。

他说，那爸爸给你背。

他站在床边，摇头晃脑地就背了起来，像个学童一样。很多年后我都不能想起这一幕，因为想落泪，因为那天晚上他神色痴迷，实在背了些什么，他自己并不知道：那些字句已刻到他的记忆里，成了他的潜意识；——那些字句于他已派不上用场。

即便后来做了不相干的财政局长，每天晚上他也必回书房坐上一会儿，他那些线装书早就不看了，取而代之的是经济、政治、现代企业管理这一类的书，摆在书橱最显要的位置，究竟这些书他看了没有，我也不知道。他整天忙得昏天黑地，恐怕也难得静下心来读点书，或许他也意识到，读书对于他这个行当，非但是无用的，反而是有害的？

很多年后，我父亲总结他失败的一生，得出一个结论，除了授课，他别无用处。

那么现在，让我们把视线再转回那年夏天的午后，看看父亲和他的学生们，怎样坐在葡萄架底下，一边摇着芭蕉扇一边说笑的情景，这清寒、平静的时光所剩不多了——我父亲并不知道，早在两个月前，他的材料就被有关部门调走，其时百废待兴，求贤若渴，正值提倡“干部年轻化、知识化”的春天，那也是父亲的春天啊，他三十四岁，英气勃发，因写得的一手好文章——《关于高中语文教学的几点思考》等——被组织部门看中了，说，这是个很好的干部人选嘛，先过来给领导写材料吧。

父亲就这样成了领导的秘书，开始了他短暂、疲惫的飞黄腾达之旅。

也就是这年夏天，我奶奶说，她看到一片紫云从我们院子上空流过；紫云当然是吉祥之云了，我奶奶心想，莫非儿子就要走红运了？大太阳底下她把双手一合，咕哝了几声“阿弥陀佛”“菩萨保佑”，一颗心跳得“咚咚”作响。

我父亲笑她的附会，因为紫云也流过别的人家了。

我奶奶说，那不管，谁看到了谁作数。

不管怎么说，我父亲的升迁给奶奶带来了极大的安慰，她只有这么一个儿子，每天烧香拜佛，为的就是让他升官，发财，养儿子（我父母只有我一个女儿）。

父亲的升迁也给我们家族带来了荣光，我们许氏家族洋洋上百口人丁，几十年间就很少出过官绅、秀才、有钱人，现在父亲一步登天，“把这些都占了”。我有个堂爷爷颇有点见识，告诫父亲说：小心点，官可不是那么好做的！它既能抬你，就能灭你。

多年以后，这话竟成了谶语！

想必父亲在那年秋天，也听到了这句谶语，但是他没往心里去。那年秋天，来家里贺喜的人络绎不绝，亲朋好友，近邻旧交……我们全家迎来送往，断断续续忙了一个多月，就连七岁的我也被当个人用了，端茶送水，偶尔也被支使出去买糖果糕点——我简直是满怀喜悦，一路飞奔跑到小卖店，再一路飞奔地跑回来，末了还不忘向母亲报账，我买的是最便宜的糖果。

全屋子的人都笑了。

就有人说，你很快就会吃上最贵的糖果了。

也有人把我拉进怀里，搓揉我的头发，捏捏我的小手，说，这丫头真漂亮，你看这双大眼睛，哎呀，真是可爱死了。

我也略微有些疑心，觉得人家是在奉承我——当时，我还不知道有“权力”这一说，可是我分明就看见了它，在我父亲身上荡漾着，闪着光，我知道这是个好东西。我从七岁那年渐知人世，因为父亲的发达，把我卷进了一个纷繁嘈杂的群体，家里常常门庭若市，一群人走了，一群人又来了，是从这一年开始，我额外得到太多人的疼爱关照，直到十二年后父亲入狱，一切戛然而止。

我从来没有责怪过这些人，这是真的；即便很多年后，我也记得当年的自己，怎样沐浴在屋子的日光里，家里充满欢声笑语，简陋的客厅也自此蓬荜生辉。才七岁啊，可是我的心也因晓得感激而颤抖。有那么一瞬间，我想我定是抬起了头，我要看看他们，他们的笑容，友善的眼神，嘴里喷出来的烟的气雾……直到今天，我仍感念他们给予我的欢乐尊严，他们坚持了十二年啊。只是我的喉咙现在涩得发疼。

那年秋天，我父亲坐在客厅里，接受各色人等的祝福，他架着腿，微笑着，他的态度几乎是谦卑的，破例很少说话了。我想他一下子还不能适应。我父亲很少觊觎什么，他出身寒门，一没有关系，二不走后门，况且他也是个老实人，暂时还没那么多的想象力。至少在那年夏天，他坐在葡萄架下扯闲篇的时候，我们已注意到他恬淡无欲的表情，穷则独善其身，他在他的角色里深深地沉醉了。

可是突然一阵晴天霹雳，我父亲抬头看看天，简直忍不住要笑了。嗯，他也想“达则兼济天下”了。

二

很多年后，当父亲刑满释放，拎着包裹走往回家的一条偏僻小路，当他看见夕阳，小草，野花；当他走累了，索性坐下来，回头看看身后的山峰，高墙，电线杆……这些孤寂的物件陪了他八年，层峦叠嶂地让他想起自己雾蒙蒙的一生！当他的眼睛掠过蓝天白云，终于能看到更久远的往事——他所经历的荣华富贵，以及他从荣华富贵中焐吸到的冬阳的温暖，我父亲闭了闭眼睛，他后来跟我说，那一刻他脑子有点闷。

我父亲的脑子坏掉了，八年的牢狱生活使得他根本不在现实里，人生的荒诞感其实在很多年前他从中学老师一跃而成为市委办秘书的时候，他就略微感觉到了；所以晚年的父亲常说，越想越觉得是一场梦啊！这几乎成了他的口头禅。

我也有种做梦的感觉，人世亦真亦幻，若不是亲身经历，恐怕很难有这种体会。父亲永远也不会知道，在他身陷牢狱的那段日子里，我和母亲过着一种什么样的生活，对比过往的繁华，那不是荒诞又是什么呢?

我母亲是个很有身份感的女人，以前是一家工厂的会计，在父亲发达以后，她就辞了职，过起了相夫育子的官太太生活。其实父亲的发达，最大的受益者就是我母亲，这使她的虚荣心得到了极大的满足，依我看，她的满足与其说来自物质，倒不如说是精神上的自尊自足。我举个例子，在我们家门庭若市的那些日子里，由我母亲经手的小恩小惠总是有一些的，比如冰箱、彩电、洗衣机、照相机（这都是那个时代的奢侈品）……过年过节时我的压岁钱，全家的吃穿用度：羽绒衣、羊毛内衣、进口水果、乡下的土特产品……

我们果真需要这些贿赂吗?需要也是需要的，但最让我母亲喜欢的，恐怕还不是这些物件本身，而是它背后所散发出的人世的光辉，这光辉里有整个的人情世故，使人忍不住就想回味叹息：送礼也需讲究的，话不能明说，但又不能不说；坐在富贵人家的客厅里，首先笑容就不能寒缩，言谈可以谄媚一些，但必须得克制，否则就是下作了。坐在富贵人家的客厅里，最讨巧的不是巴结奉迎，而是要跟这户人家的主妇取得联络，比如适当的时候，可以推心置腹，说说爱情、婚姻、孩子等诸多烦恼，说说烹饪和时装，当然了，要是熟了，那便是什么胡话都说得的，比如乡野趣闻，男盗女娼……

我记得好几次，我母亲坐在客厅里咯咯地笑，她是真的开心了。权势人家的尊贵她想要，市井小民的粗鄙热闹她也喜欢，而这两者，在父亲当权的那些日子里，竟然有机地结合在了一起，相得益彰。

不得不说，我母亲一生所能体味到的幸福全在这里了，它是欢乐，体面，尊严……你明白了吗，当她意识到自己高高在上，而她又不惜屈尊，愿意平等待人；当她知道，自己的枕边风很有可能改善一个人乃至一个家庭的命运和境遇，我母亲的满足感油然而生。于别人，她是一个有用的人，还有什么比这个让她活在世上更有滋味的呢？

我母亲绝不是个愚笨的女人，事实上她非常精明，对人世的转弯抹角处，她闭着眼睛都能安全通过，我父亲后来的发达，一部分是由于她的督促协助。

她也不算贪婪，比如在受贿这件事上，她绝对知道哪些是非收不可的（否则就太不近人情了），哪些是可收可不收的，哪些是收了有危险的……她把眼风稍稍向上一抬，芸芸众生全在她脑子里流过。为丈夫的仕途计，她一直都小心翼翼，也为他挡了不少事；适当的时候她也会回送一些小礼，这就有礼尚往来的意思了。

做官不是为了受贿，但做官躲不过受贿，一直以来，我母亲都以为，她已为丈夫找到了一条安全路径，所以对他后来的出局，她也只好感慨命运不济了。

我母亲所说的命运不济，是指父亲领导的犯事，很多年后，她还忍不住向我抱怨说，黄雅明是真糊涂，他在官场混了那么多年，什么钱能收、什么钱不能收；什么人能交、什么人不能交，他怎么就没数了呢？他哪怕稍微小心点，你爸也不至于今天这样！

黄雅明是父亲从前的领导，以前是我们这里的市委书记，后来升任副省长去了。早些年，我曾在电视上见过他，一个高高瘦瘦的中年人，戴着眼镜，喜欢背着手，稍稍有点驼背。总之，他天生一副为官者的派头，表情严肃，性格果决，我至今还能记得，他发表电视讲话时的严厉口气，坐在主席台上，一拍桌子就站了起来。

还有他赶赴抗洪救灾第一线，穿着雨衣，双手掐腰站在河堤上。

或是大年初一，他率领四套班子成员，驱车赶往乡下，给贫困户带来“党的温暖”，他坐在破旧的房舍里，膝上放着一个孩子，手拉着一个老太太的手，也不过是说些家常，问问收成怎样，家里有几口人，这时候，他亲切得就像这户人家的亲戚。

这些，我们都是从电视新闻里了解的。他所到之处，难免人头攒动，而他背着手，只是静静的。有那么一瞬间，这世上好像只剩下他一个人，而他的目光遍及四野，到处都是。总之，他向我们老百姓展示了一个官人所应该有的气魄和魅力，使我们唏嘘向往，使我们满足叹息。

有一次，我母亲竟在人群里看见了父亲，他穿着单衫，胳膊底下夹着一个公文包，在离黄书记不远的地方挤进挤出，忙得不亦乐乎。

我母亲喜得直推我，说，快看快看，你瞧你爸的样子，屁颠屁颠的。

可是镜头一闪而过，我竟错过了父亲“屁颠颠”的模样。那天晚上，我们全家莫名其妙都有些兴奋过度，想来父亲不过是千百人群中的一个，他的电视形象怕也未必好，忙得汗流浃背的，那样子也就一个小喽啰，然而我们都为他感到激动，就好像他挨着领导近，他身上总归也能沾上一点官气。

从此以后，我们全家定点收看电视新闻，只是我们再没看到父亲，看到的都是黄书记。

照实说呢，黄书记这人还是不错的，他虽然会做些官样文章，在我们这一带的名声却相当好，因为亲民，也毕竟做过一些实事。他在任五年，关于国企，引进外资，安置下岗工人，都进行过卓有成效的改革，而这些，都是他的庸碌无为的前后任所不能及的，可是他的前后任平安无事，他最后却死在了监狱里。

他被判了二十年。由于他的东窗事发，带来了一大群人的家破人亡，这些人多是他从前的部下，或是亲信，这其中也包括我父亲。

他是得癌症死的。他死的时候，我父亲还在服刑，当我们把听来的消息转告给他的时候，他舔了舔干燥的嘴唇，也没有说什么。

是啊，还有什么好说的呢，人世如此，直叫我们无言。

三

我奶奶死于父亲入狱三个月以后，享年六十八岁。她本来身子骨柔弱，咳咳嗽嗽总是难免的；起先，我们把父亲的事向她瞒过了，只推说他去省里学习了，怎么着也要有半年才能回来。她搭了我们一眼，也没有说什么。

她是何等敏感的老人，把什么都看在眼里了，可是她什么都不说；她不说，这事还留有余地，她一说，这事就成真的了。

她说，你不好好在学校待着，这时候跑回家干什么？

我嗫嚅道，回来搞社会实践。

那阵子，我和母亲都快疯了，因为父亲的量刑还没下来，我们不得不游走于一些显赫有权势的人家，他们多是父亲的旧交，或是老上级。你可以想见，我们娘儿俩怎样徘徊于夜晚的街道上，或是孤零零地站在人家门口，为是否敲一敲门而犹豫不决。这些都是朱门大户啊，曾几何时，我们也该是他们的座上客，可是今天，我和母亲只感到自卑和巨大的压迫。

一切都变了呀。我不能想象当年的自己，寒寒缩缩地站在人家门口，那脸上一定有着贱民的表情，那是受了惊吓的，寒窘的，梦游一般的，既让人同情也使人厌烦的……若真如此，我想我一定会羞愧至死，落魄竟让人如此丑陋，没骨气！若非如此，我又很难理解这些人家为什么要从门缝里看我们，或是堵在门口，朝我们讪讪地笑着。

我们也只好低头讪笑，抱歉地说道，那就不打扰了。

只有寥寥几户人家接待了我们，所谓接待，也不过是把我们让进客厅，劝慰两句，并未能帮上任何忙。其中一个潘伯伯，时任监察局局长，倒是和我们感慨了一通世事无常。我们听着，难免就要掉泪，既伤心，又觉得宽慰，又像一切离得很远，是在做梦。我们懵懵懂懂地坐在人家的客厅里，很小心地说一些话，心里有一种奇怪的飘飘忽忽的感觉，就连痛苦也不太能察觉，更像做梦了。

潘伯伯说，光明是跟错人了呀。

我母亲说，依你看，这事就没指望了？

潘伯伯叹口气说，现在风声那么紧，案子又大——

我母亲突然捂住脸，失声痛哭。她真是被吓着了。她说，光明，我们家光明不会是死罪吧？

潘伯伯抬了抬眼睛，搭了她一眼。他虽然神色端正，然而我总感觉他脸上隐隐有笑意。他说，他是不是死罪，你应该清楚吧？

我母亲低了低眼睑，不说话了。我父亲的收入是笔糊涂账，我母亲虽精于算计，估计弄到最后她也糊涂了。后来母亲跟我说，老潘想套我的话，你发现没有？——她哧的一声发出冷笑：我还奇怪了呢，这个点上他倒不避嫌疑了，还有头有脸地把我们请进客厅，原来是跟我玩这套！

我听了，也不知该说什么。我母亲现在草木皆兵，她不再相信任何人了。对整个世界她都怀有芥蒂和提防。那阵子，她隔三岔五就被纪检部门传唤，我能想象，她被关在一个小房间里，头顶上的日光灯发出刺眼的光，有时一坐就是一天，一夜，两夜，有时是她一个人，有时会进来一些人，问她一些话，他们都和颜悦色地说，没关系，你再好好想想，我们有的是时间。

可是我母亲始终不说话，她抬头眯了他们一眼，她的眼神都是直的。待她出来的时候，看见满世界的青天白日，她整个人差不多也要摇晃了。我想，那时她已经到了精神的临界点，父亲的案子再不判，她可能就要崩溃了。可是她也有神志清醒的一瞬间，跟我说，你放心，你爸不会有大事的，最多判个五六年，我有数的。

我哭道，你就什么都招了吧，既然爸没事，你何苦要受这份罪？

她看了我一眼，竟然奇怪地笑了一声。她说，总有一天我会说的，但不是现在，我不想让他们过早称心如意。

我吃惊地看着她，不能想象她把眼睛看着空气时，心里到底在想些什么。那是一张平静到呆板的脸，几乎没有表情；若是附会一点，我可以说，她的神情是硬的，里头有恨；然而我不愿意这么说，因为这些东西是看不出来的。

我说，爸到底行贿了没有？他贪污了多少？

她又笑了。很奇怪，那天我们娘儿俩的密谈，有点像说家常，两人都心平气和的，虽然这事性命关天，也涉及一个家庭的盛衰成败；所以我总相信，人在极端压抑、困顿的情况下，并不都是愁苦绝望的，某一瞬间，他们也会获得解放，身心悠远平静，那几乎可以达到“道”的境界了。

我母亲说，说你傻吧，你还真就傻了。入了这行当的，有几个是干净的，谁敢说自己是清白的，从来没拿过人一分钱，从来不送礼，从来不收礼，谁敢说？也就是量多量少，漏网不漏网罢了。

我说，那爸到底量多量少啊？

我母亲说，也就那么回事吧，只要盯上你了，几百块钱还能立案呢！再说了，你爸这人，你又不是不知道，胆子小得很，就他那么一窝囊废，让他给黄雅明送点美金，他还推三阻四，送了半年也没送得出去。

送美金的事我是知道的。那时我年幼，父亲也刚进市委办当秘书。那阵子，我母亲攀上了一门阔亲戚，是解放前她逃到台湾的舅舅，老先生做点小本生意，一辈子无儿无女，晚年思乡心切，便壮胆回大陆寻亲来了（当时海峡两岸还少来往）。

我母亲分得几张百元美金，有一天跟父亲说，这东西稀罕，不如你给黄雅明送过去吧。

我父亲皱一皱眉头说，怎么送啊。

母亲说，你就说，这是亲戚给的，我们也用不上——她推了一下丈夫，嗔怪道，你这人真是的，这种话还要我教你！

我父亲拉着脸，对妻子的这个提议明显感到不高兴。第二天早上，父亲还没吃早饭，就被母亲支使出去了，因为送礼“赶早不赶晚”。我后来猜测，我父亲压根儿就没去黄府，他径自去了一家豆浆店，在那儿一直坐到上班时间。或者呢，他去了黄府，看见铁门紧闭，也不便敲门，便沿着石阶坐下了。那是隆冬的早晨，时间大约六七点光景，天色还没有大亮，早起的环卫工人正在清洁街道。我父亲呆呆地坐在石阶上，袖着手，也不知他是否觉得冷，也不知他是否为自己感到凄凉。

我仿佛已经看到了这样的场景，因为我了解父亲，送礼会要了他命的，这一点我母亲从来不体谅；因为父亲跟我说过的，他说，丫头，世道艰难啊，官场根本不是你妈想的那样。

那段时间，他们两人总吵架，因为父亲没把美金送出去，理由是“不方便，黄书记家有客人”。我妈说，不可能，大清早他家哪来的客人！你去了没有？你说你去了没有？

有一天夜里，他们又吵起来了，我母亲口气严厉，历数丈夫的软弱无能之处，她说，许光明，你连这点屁大的事都做不好，我要是你，不如撞墙死了算了。

我一下子跳下床来，一脚踢开他们的门，朝母亲怒目而视。我父亲看了我一眼，苦笑了。我至今还能记得他那笑容，温绵的，难堪的。他不愿意我看到这一幕，——我后来想，他愿意在我面前保持一个完好的父亲形象，优雅的，风光的，无所不能的……我替他们掩上门，哭了。我不能哭出声音来，所以就拿被子罩住了脸，身体痛苦地蜷缩成一团。我父亲的仕途竟是这样的艰难，里面充满了辛酸、卑贱、屈辱……世人只知富贵好，可是我看到的都是富贵背后的凄凉。

可是父亲也有“好”的时候，比如说，在他被封了官以后，在他一步步往上爬的过程中，在他忙得穷凶极恶，被人追得到处躲藏，偶尔也必得应付一下各类宴请、交游；在他从一个会场赶往另一个会场的途中，有人主动跑过来跟他握手寒暄；当他终于混到能坐上主席台——开始是边上，后来就慢慢地往中间靠——当他的名字有一天也出现在报纸、电视上，而且排名也不算靠后；我猜想，这是我父亲一生中最感温暖的时光。

我不想说，父亲为此“神魂颠倒”，事实上，风光这东西，一旦得到了，也不过那么回事，他渐渐露出疲沓相来了。但是男人嘛，没这东西好像也不行。

总之，就是在这段时间里，我发现了父亲身上在他做中学老师时所不曾有的魅力，那时他也有魅力，只因长得好，气质淡雅清香，可那是书生的魅力，怎堪比“仕”的魅力：那是向外发散的，光芒四射的，热烈的，自信的，使人甘愿俯首称臣的……那是男人的魅力啊。你简直没法想象我父亲当时的样子，他戴着眼镜，神情笃定坚毅——我直好奇，因为父亲性格绵软，何曾有过这样坚毅的表情？我后来知道，那是因为他自信了；男人一自信，那真是身穿烂衫也好看，污言秽语也迷人。

也就是在这段时间，他的仕途局面打开了，各种人际关系调理到最佳状态。在我们城里，没有他办不成的事，一切可谓风调雨顺，手到擒来；家里常常高朋满座，人来车往——“谈笑有鸿儒，往来无白丁”说的就是这层意思吧？是啊，当父亲坐在家里接待来客，当他和同僚们一起叽叽咕咕谈些时局政治，当他把手臂一挥，偶尔也爆发出爽朗的笑声，这时候，他是多么的意气风发，神采飞扬啊；这时候，我难免就会想，他还记得他曾作为一个小公务员的难堪屈辱吗？——我不知道自己为什么总对这些耿耿于怀：我为父亲暗中哭泣的日子，即便在他正处盛世的时候，我也时常想起。

或许我本是个穷孩子，却目睹了一场发迹的过程，我看见的权贵卑贱，从来是连在一起的，使我在熟睡时也会微笑，在微笑时偶尔也会心一凛——我这样的性格，我妈说，是有那么点神道道的——财富，地位，幸福，在那几年里，它们不是轻轻地，而是重重地砸过来，砸到我身上，发出金石的脆响。我闭了闭眼睛，甚至有点害怕了，我害怕这一切总有一天会失去，老天爷，"人无千日好，花无百日红"的惶恐，即便在那时我也有所体会。

那时，家里常来一些神情凄苦的客人，他们多是市民阶层，托张三拜李四，转弯抹角就找到了我们家。他们是来求助的，或是想谋一份职，或是想换一家福利较好的单位，或是为孩子的升学……我父亲坐在客厅里，静静地听他们诉说。

我后来跟父亲说，爸爸，帮帮他们……我有点说不下去了，好像泪水已汪在眼里。我不能忘记，我曾经也是个穷孩子。

我说，帮帮他们，在你权力范围之内……但不要犯错误。

很多年后，我还记得父亲的神情，认真地打量我一眼，那眼神里有温和、肯定和笑意。我不能想起那一幕了，我差不多要为自己流泪，那时我还是个少年，却也晓得体谅父亲仕途的艰险！

那时，父亲和黄书记的关系也有了进一步发展，每天朝夕相处，再是铁人怕也难免生情吧？况且，老黄是“那么有人情味的一个人”（我父亲语），根本不是他外表那个样子的。他把“小许”当作自己人，小许呢，三天两头往他家里跑，跟他汇报工作，跟他聊心得体会，偶尔在他家吃个便饭也是有的……小许忙坏了，老黄家的吃喝拉撒，哪一样不是他管？比如换煤气啦，修马桶啦，院子里要铺个地砖啦……我父亲的眼头突然活了，他出入于黄家大门，实在比自家还要勤快；这一点连我母亲都很感奇怪。

很多年后我还在想，人在顺境时，绝对会“疯”的，那该是父亲的非正常状态。总之，一切机关全打通了，我父亲顺了。我估计，那几张美钞就是在这段时间送出去的，这时候送就对了，我父亲不会为自己感到羞耻，因为他们已经有了感情。

而感情这东西，嘿，谁又能说得清呢？

四

我们一家重新变回穷人，是在父亲入狱的那年秋天，那时我们已从机关大院里搬出来，那是我们住了多年的一户独立小宅院，此外我们还有几处私产：两套商品房，一幢行将封顶的郊区别墅……这些，大概都是房地产商以“明卖暗送”的价格相赠的；我母亲后来虽拿出房契合同，又搬出她已过世的台湾舅舅，以证明财产的合法来源，但房子还是被没收了。

另外还有几张存折，也早于房产之前被冻结了，具体数目我也不是很清楚。

有些事大概真是说不清的。家道的败落非常快，几乎就在一夜之间，某种我们今生看不见的东西，就以“迅雷不及掩耳之势”掠走了我父母十多年挣下的家业，十多年啊，那是他们像蚂蚁搬家、像小鸟筑巢一点点辛苦攒下的——怎么不是辛苦的，有我父亲的屈辱为证。

有好长一段时间，我母亲对一切都恨之入骨，她咽不下这口气：这世上的贪官污吏那么多，怎么就偏偏落在许光明身上？后来她得出一个结论，我父亲的入狱，根本原因不在于他经济上的污点，而在于他是官场潜规则的牺牲品。什么是官场潜规则呢，我至今也不甚明白，可是我晓得母亲的意思了：任何圈子都有规则，我父亲的失败，就在于他对规则是太遵循了，他还不能做到游刃有余，能进能出。

规则一定得遵循，我母亲跟我举例说，这就好比打扑克牌，你不遵守规则，这游戏就没法玩，你太守规则，最后的结果就是全盘皆输；我早提醒过他的——我母亲恨道：黄雅明这人不牢靠，迟早会出事，对他差不多就行了，可你爸就是个猪脑子。

我说，爸太看重感情。

我母亲拍掌道：让他看重啊，这下玩完了吧。

不得不说，在对黄雅明的感情问题上，我父母后来一直存在分歧。我母亲以为，为官者最不能讲感情，我父亲的落马就是明证；我父亲以为，感情还是要讲一点的，要不人心怎能平安？无论如何，我父亲的晚年平静而通达，他对一切都服气了；他牢狱八年，很多事情不知翻尸倒骨想了多少遍，他不后悔。

对黄雅明的怀想，成了他出狱以后的一个寄托。他常说，人非草木，孰能无情；他又说，我跟他之间，不是普通的上下级关系，鞍前马后地跟了他那么多年……他有点说不下去了，此时他已年近六十，坐在早春的院子里跟我回忆往事，偶尔有一两片树叶的阴影就飘进他的眼睛里，他平静地看着前方，腮帮子一瘪一瘪的。

我坐在他的脚边，不时也抬头看看远天，我想那一刻我看到的定是比远天更辽阔的人心；人活一世，总归要信一些东西的，就比如说感情、理想、精神……都是些空洞的东西，平时未见得有多大用处，可是到最后，它就会来救我们。我突然有些感激涕零，我父亲找到了这个东西，他安心了。

我母亲从不相信这些东西，她活在现世，当灾难来临之际，她不晓得以心灵去消化，而是以血肉之躯去迎接，当然她也不后悔，因为她是个彻底的唯物主义者。

当时我奶奶还没死，随我们住进了由一个亲戚腾出来的平房里。这房子位于老城区的一个大杂院里，不足二十平方米；因久置不住（主要是放杂物用的），房间里有一股霉馊味。其实我们的境况本不至于此，这房子是我舅舅的；我这个舅舅年轻有为，在父亲的关照下，不到三十岁就升任交警队队长，他本来要接我们一家同住的，或是为我们另租一套房子，但是我母亲抵死拒绝了。

穷人也有穷人的尊严；这时，我母亲的自尊心突然起来了，她一向接济别人，等到有一天由别人来接济，她受不了。我想她一定是疯了，否则就不能解释她为什么要和自己的弟弟计较这个。她把手臂轻轻一挥，以一种大无畏的精神就把我和奶奶带进了赤贫者的行列。搬家的前一天晚上，她领我来清扫房间，虽然有足够的心理准备，但院子的嘈杂破落仍使我不住地唉声叹气。不大的一个院子，挨挨挤着十来户人家，昏黄的灯光，旮旯里临时搭建的棚舍，报纸糊贴的窗棂子……这就是我们一家的生活窘境啊。

及至打扫完毕，我母亲站在房子中央，四下里看看，“呼哧呼哧”直喘气，我有理由相信，她的喘气不是劳累所致，而是因为她在生气。造成我们一家衰败的如果是一个人，我想母亲定会找他拼命，她要叫他“白刀子进去，红刀子出来”，然而没有这样一个人，而是一个机构，一种关系，一团繁杂的我们根本看不见的东西。母亲的仇恨没能及时释放，积郁在身体里化成一股奇怪的力量，这就是激情，是“一荣俱荣，一损俱损”的激情。

那天晚上，我站在破旧的房舍里，身上涌起的也是这股激情。窗外是萧索的秋风秋雨，可是我的身体竟激动得簌簌发抖，我的眼里也因此而饱含泪水。穷他妈的算什么，我连死都不怕，我突然明白母亲为什么要使我们一家三代沦落到这种境地，那就是我们绝不接受别人的救济，要保存身上的这股元气，若不能东山再起，那就留着它跟自己拼命！

可是我奶奶死了，那时我们搬来这大院还不足三个月，离春节也很近了。其实奶奶的死，我和母亲早有防备，只是处在那种疯狂境地，我们实在也顾不上她了。等到一切尘埃落定，父亲也进去了，家也没了，回头再看奶奶，她差不多已经奄奄一息了。自从儿子出事那天起，老人家就卧床不起，也没什么大病，就是咳嗽得厉害，上气不接下气。有一次我要领她去医院，她冷漠地看我一眼，吧嗒了一下眼睛，意思是拒绝了。我不理她，径自把她从床上架起来，她把手臂抖地一缩，于我是绵软，于她是攒了一身力气的；我站在一旁呆了呆，知道老人家是在等死。

我去药店买来一些药，她从前一直是吃药的，自从儿子出事，她就拒绝吃药；我亦知道，老人家现在只求一死。

在我们搬来寒舍的那天晚上，她破例没有躺到床上去，而是坐在椅子上，双手扶着膝盖，那样的端庄肃穆，仿佛有个照相机镜头对准她一样。我趴在她的膝盖上淌眼泪；她是小脚，穿旧式的绒衣绒裤，她把手搭在我脸上，一双很老的手，麻皮挲挲的，然而有温度。我不由得浑身一凛，抬头看了她一眼，也未看出什么异常来，却有一种奇怪的人之将亡、大祸临头之感。

在我们的身后，母亲站在椅子上，往墙上砸钉子，挂挂钟。母亲跳下椅子，端详了一下挂钟，便双臂一抱，低下头只管自己踱步了。

有那么一瞬间，我们祖孙三代都往墙上看，我一生中恐怕再也不会经历那样清晰明净的时刻，这世界是冷静的，墙上的挂钟“嘀嘀嗒嗒”地走着，它是没有生命的。屋子里的三个女人，虽然身处绝境，那一刻她们也是平静的，也不痛也不痒，她们是平静的。

在生命的最后几个月里，我奶奶始终保持着这份庄重平静；在我和母亲呼天抢地之时，她只是静静地看着我们，她甚至不和我们说话，因为儿媳孙女根本不在她眼里，她心心念念的只是儿子，可是她也很少提及儿子，她只是把他放在心里，脸上呈现出一股决绝的表情……我想她是恨的，她也认命，她一生信佛，可是佛最后却不帮他的儿子，这真是讽刺。

什么叫“哀莫大于心死”，我是从奶奶身上得到了验证。一个真正悲哀的人，就应该像奶奶这样子的，相比之下，我和母亲应感到羞愧，因为我们还晓得啼哭，悲哀就这样被哭没了，只有奶奶在承受，当有一天她承受不起了，她就死了。

很多年后我还在想，母子可能是世界上最奇怪的一种男女关系，那是一种可以致命的关系，深究起来，这关系的幽远深重是能叫人窒息的；相比之下，父女之间远不及这等情谊，夫妻就更别提了。

我奶奶死在那天中午，母亲一阵慌乱，后来便抚尸大哭。看样子，这一次她是真哭了，为什么这么说呢？因为自从父亲出事，母亲的情绪便极端不稳，哭哭笑笑那是常有的事，我不是说她疯了，以她的承受能力，她还不至于此，她只是需要排遣。我举个例子，父亲的案子刚判下来的时候，她也假模假式地哭过一次，说是判重了；可是我想，她私下里没准感激涕零，因为父亲没死。那时我们一家的底线已迅速越过人界，滑向畜类：那就是不求富贵，只要活着。

婆婆之死，能让一个媳妇哭成这样，起先我觉得不可思议；老实说，我们许家这对婆媳处得也就那么回事，可是那天中午，母亲跪在奶奶身边，哭一回就抬头看看屋脊，偶尔也会狗抖毛似的浑身一凛；我也抬头看屋脊，慢慢地便也觉得周遭确有一股肃杀之气，令我想到“灭顶之灾”这一类的词。我后来想，母亲哭的不是奶奶，她是在哭我们的处境，哭我们一家的灾难。

我之所以不惜浓墨重彩来描述奶奶之死，实在因为它是我们衰落过程中唯一有点“悲剧意味”的事：清寒的屋子里，一具尸体；冬天的阳光突然跳进门洞里来了，风一吹，像个小狗一样在那里调皮翻滚；一个蓬头垢面的中年女人；一个少女静静地睁着眼睛；邻居们跑进屋子里来了，影子像风浪一涌一涌的……“悲剧”到我这里，突然变得非常安静了，几乎很少触及感情；悲剧也还是“正大”的，但看奶奶的面容，那样的平静，堪称“正大仙容”。

后来我索性屈膝抱腿，坐到地上来了。我一生中所能体会到的“不幸”全在这里了：死亡，贫困，居无定所，牢狱之灾……我把这些放在脑子里过滤了一下，心里出奇的镇定。我无须再怕什么了，我们已经降到底了，我们不会再失去什么了。此时，幸福这个概念在我心中再次隐隐出现，我不是说，一个人遭遇不幸，他就是幸福的；我只是说，此时我非常的安心。

我这一生经历过“富贵”（我母亲的词汇），也遭遇过真正的贫寒，我在这里将以自己的亲历做证：世上最可怕的不是贫穷，而是富裕，以及对富裕的牵挂担忧。贫穷这东西没什么好说的，外人看着总归觉得撕心裂肺，其实当真身处其中，也照样安之若素，因为包容它的是阔朗的人的心灵，那就好比一粒石子砸向水中，哪怕掀起冲天巨浪，可是石子最终会沉入水底，湖面照样恢复平静。

我要说的正是人心，有了这个在，“悲剧”这东西其实是不存在的，因为人心把什么都化解了。我原担心母亲，她心气旺盛，在经历了一番安富尊荣之后，是否还能回头过安贫乐道的日子？事实证明我的担心是多余的，在贫富的转换过程中，她比我快多了。

我还记得为父亲奔波游走的那些日子；那天晚上，我和母亲从潘伯伯家走出来，走了一程子，不知为什么又都回过头去看。潘家的宅子位于市中心，是一幢仿古的两层小楼，外带一个庭院；说老实话，这房子未必就比当时我们还住着的房子更气派，然而我和母亲都看出点别的来了。我看到的是我的卑微寒酸，我的敬畏艳羡，一户“官邸”对一个即将被贬为“庶民”的人的压迫；即使近隔一条马路，这房子的堂皇巍峨仍使我觉得像是身处梦中……我母亲看到的东西非常简单，那就是仇恨。

那天我们娘儿俩扶着一棵老梧桐站下了，当时夜色已深，路上行人稀少，风吹得梧桐叶满地乱跑。我母亲伸手裹了裹衣衫，看着潘宅说，这帮狗娘养的，拉出来个个都得杀头。

我说，他这是祖宅。

母亲朝我凶道，祖宅？翻新装修要不要钱？呃？他一个监察局长哪来的钱？你倒是跟我说啊！

我看了她一眼，心里堵着一口气：在我们还没沦为穷人之前，我们已经有了穷人的心态！我母亲尤盛，自从父亲出事以后，对这世上的富人她就怀有一种斩尽杀绝的革命心态；及至我们搬到穷街陋巷，开始生活在穷人之间，我们的身边都是贩夫走卒，一群地道的赤贫者，我才知道，真正的穷人根本不及我们这样疯狂下流，他们实在要高贵平静得多。

呵，我终于可以说说他们了，这拨穷人，我的邻居们，我们朝夕相处的时间也不过半年，可就是在这半年里，我们一家受过他们的恩泽：我奶奶的后事，是他们跑前跑后，帮着火化安葬；我母亲病了，是他们端茶送水，轮流服侍；我们母女俩偷偷地抹眼泪，他们看见了，也一旁抹眼泪。他们说，这就是命啊，好好的一个人家，怎么说散就散了呢？

他们叹道：世道啊！

我们是落难人家，他们从不把我们看作贪官的妻女，他们心中没有官禄的概念。我们穷了，他们不嫌弃；我们富了，他们也不巴结奉迎；他们是把我们当作人待的。他们从来不以道德的眼光看我们，——他们是把我们当作人看了。说到他们，我即忍不住热泪盈眶；说到他们，我甚至敢动用“人民”这个字眼！

五

在那段困难的日子里，我成了母亲唯一的希望。奶奶死后，我们也慢慢恢复了平静，在陋巷里过起了日常生活。我们与邻居们和睦相处，白天替他们照看一下孩子，晚上他们收工了，我们倚着自家的门框，与他们一递一声说些闲话。

我们也常常串门的，站在不拘谁家的屋子里，我母亲东看看，西看看；或是坐在小矮凳上，她把双手朝袖子里一放，整个身子就窝在膝盖上了。这时她已经很不修边幅了，阳光的反光里，她的蓬蓬的头发是爹着的，远远看上去，那样子也就是一个纯朴的农妇。那段时间，也不知为何她嗓门就大了，步子也快了，身上不知什么地方总有股结实的劲头；说到家长里短，她也能笑得嘎嘎的。

你明白我意思了吗，时间是件太奇妙的东西，不到半年，我们母女就认领了穷人的身份，身心舒泰地以穷人自居了。过往的繁华，我们差不多就忘了哩……嗯，我是说有时候。

有时候，我和母亲竟生出一种奇怪的错觉，就好像我们生来就住在这院子里，从来就是穷人；逢着这时候，我们的心就平静了，也不再怨恨了，对这世界也怀有慈悲和善良。

更不堪的是，我们甚至把父亲也忘了，说真的，我们已经顾不上他了；毕竟，生计是重要的，“吃”成了那段时间我们最犯愁的一件事，吃什么，如何吃，这全是问题。常见母亲歪在床上，手撑着脑袋，把一双眼睛“骨碌骨碌”转个不停；或是深更半夜，她突然就从床上坐起来，那感觉就像打了一个激灵。其实按照大杂院的标准，我们本不该这么愁苦，又不缺胳膊不缺腿的，哪儿就能把人饿死？但是你要知道，活着那时已不是我们的底线了，欲念这东西在我们身上已经醒了。

母亲常肿着一双眼泡跟我说，你要争气啊，回到学校一定得好好学习，要头悬梁、锥刺股，我们许家能不能翻身就全靠你了。

其实母亲应该知道，许家的翻身并不在于我成绩的好坏，而在于能否钓到一个“金龟婿”，这是她手里能打出的最后一张牌了；有一次，她拿这个问题试探过我，她说，学校里有没有男孩子追？

我说没有。

她抿嘴一笑，拿眼梢瞥了瞥我，也没再说什么。那阵子，母亲的脸上常挂着这么一种意意思思的微笑来，不管她在干什么：在削土豆、在吃饭、在去公厕的路上……她随时都有可能停下来，把眼睛斜向虚空的某个地方，微笑从脸上绽放出来。总之你也看到了，我母亲并没有被生活压垮，经过短暂的痛苦，有一件事情让她对未来再次充满了希望。

母亲说，我们和他们没法比。——她朝窗外努努嘴，意即那些穷邻居们。

当时正值年关，家家户户都在忙吃的，有腌肉的、风干鸡的，也有一车车大白菜往家里推的……破落的院子欢乐吵嚷，然而于其中，我也确实感到一种穷奢极侈的气息：单看他们酒足饭饱后涨得发紫的脸膛，他们的眼神是呆的，身子是飘的，突然膝盖一软，弯腰泄出一大堆的酒后物……我母亲呆呆地看了一会，叹气道，这种生活我是没法过的。真可怜，一年忙到头，就为了一张嘴，这跟动物有什么两样？

我把母亲的话放在心里过了一遍，隐隐觉得她的话好像也没法反对。她说，过这样的日子我宁愿死！俗话说“人往高处走，水往低处流”，人要是不往高处走，那还叫人吗？

我不满道：人跟人不一样。

她说，当然不一样，我们的成本要高得多。——别忘了我母亲以前的职业，她对一切都要计算成本的，就连人生也不例外。

有一点不得不承认，我母亲之所以能度过那段艰难的日子，并不是因为她坚强，而是因为她无穷尽的欲望，她对生活的贪婪，以及由欲望和贪婪派生出来的想象力。我母亲的想象力实在太丰富了，好像一本书里写过：人类丧失幻想，就好比鸟儿失去翅膀；总之，重新长出“翅膀”的母亲又活了过来，母亲一旦活过来，她就不再是大杂院里那个邋遢的落魄妇人了，她的言行重新变得精雅起来，她甚至很少出去串门了，成天躲在屋子里想入非非。

我们母女俩度过了一生中最清冷的一个春节，连一顿像样的年夜饭都没吃——母亲不饿，因为她顿顿吃的都是精神食粮；同时，母亲度过的又是她一生中最丰盛的一个春节：对过往繁华深情的追忆，对未来繁华狂热的想象，使她对眼前的窘境完全视而不见，单只是把眼睛意味深长地落在我身上。

我嫌烦，嗔怪道，干什么啊?

母亲笑了笑，然后严肃地说，你可要好好的，妈可只有你这么一个宝了。

那阵子，她最怕别人来打扰；当然除了穷邻居们，还有舅舅一家，也没人愿意再来打扰我们了。从前过春节，来家里拜年的人络绎不绝；今年过春节，这些人全如寒蝉一般消失了。母亲虽言称不在乎，可是有一次，她也忍不住感慨了一番世态炎凉，她抹着眼泪哽咽道：叫我说，这世上最可怕的还是人啊!

很多年后，母亲的话犹在我耳边回响，那真是声声泣血，字字带泪!这是母亲积她一生经验，对人世得出的一个最有力的总结。很多年后，我还记得那年春节，我坐在寒伧的房舍里，侧耳听窗外的风声，即便平静如我，亦生悲愤之心；家里连遭厄运，我都能平安度过；可是人的势利却轻易打击了我！大概就是从那一刻起，我下定决心要力求上进；富贵这件事，为什么母亲总挂在嘴边，因为它的背后藏着人的尊严。

我前边已经说过，我从来没有责怪过这些人；设身处地，我自己难保就不是这等势利之人，那就是对富贵的趋近，对贫寒的逃避，这才是人世啊。

这就是我和母亲在离家之前的一段生活。春节后不久我就返校了，大约隔了一个月，母亲连个招呼也不打，就跑到南京找我来了。南京这个城市，我母亲是太熟了，父亲在位的时候，她一年里不知要来多少趟，从来都是专车接送，住豪华宾馆，品淮扬佳肴；有时候是来购物，有时仅仅是为去梅花山看一眼早春的梅花。

那年也是早春时节，中午我放学回来，看见母亲站在我宿舍门前的一棵樱花树底下，脚边放着一个大皮箱子，正在东张西望。我跑上前去问，你怎么来了？

她笑眯眯地说，我怎么就不能来？我还就不走了呢。

那天她穿一件紫罗兰的对襟线衫，深蓝的及膝裙，半高跟皮鞋；头发也稍稍做了一下；见我正在打量她，她说，怎么样？你老娘不会给你丢脸吧。

我笑道：怎么跟换了个人似的，好像又活回来了。

她附在我耳边说，傻瓜，我能不收拾一下吗，我要来给你挑男人。

概而言之，她这次来南京原是做长期逗留的，一是要挣钱供我读大学，二是要为我物色个未婚夫，因这两者都是我们的饭碗；对于后者，我母亲尤为自信，首先这是她的爱好，也是她最擅长的一项技能；只是这项技能在嫁给父亲之后，她再也没施展过，所以现在难免有些技痒。

现在你也看到了，在家庭“悲剧”发生还不到半年的时间里，母亲就迅速把它扭转了方向，使它变成了一场男女的较量。直到今天，我也不愿意承认，这转变就是轻佻的，因为它的背后立着生的艰难；生存和男人都很重要，可是母亲抿嘴一笑，就把它们糅合到一块去了。很多年后，我仍禁不住要微笑：女人能把世上的一切关系最后都变成男女关系，这个实在是太奇妙了。

我们母女度过了一段愉悦时光，即便一个人呆坐着也忍不住要发笑；这世上大概没有比男女之事，以及对它的切磋探讨更让女人动心的了。总之，家破人亡之后，母亲领着我一个斑斓转身，使整个事件看上去就像一场幽默。由此我也知道，这世上是没有真正绝境的，绝境走到头，那必是不着边际的轻松荒唐，然而我们做的时候却是认真的。

没课的时候，我就陪母亲在校园里走走，或是找一个有树荫的地方坐下来；若是有男生走过，我和母亲总是要搭上他们一眼。我得承认，那时我不够纯洁，才二十岁，连男孩的手都没摸过，可是刚从重压之下逃生出来，人轻得简直要飘起来；我看男生的眼光，如果不是不三不四的，至少也有点玩世的。可是母亲及时纠正了我。

母亲说，喏，这个孩子不错。

我问怎么不错。

她说，他身上有一股气场，你注意看他的神情——看到没有？他是能沉得住气的那种，这会使他将来有出息的，即便时运不济，他也能安安分分地过日子。

我指着另一个说，这个呢？

母亲摇摇说，这个不行。

我问为什么？

她只简单地说了一句，这个太机灵。

有些话我不知道该怎么说，母亲利字当头，可是即便在我们最困难的时候，她也没有把我往火坑里推，她没有让我嫁给一个老头子，或是暴发户，我想她秉承的是“利益最大化”原则，她的女儿还这么年轻，她应该有这个耐心，在校园里弄到一张“潜力股”，她对女婿的要求是，一是人品，二是能力——我问，那爱情呢？

母亲笑道，爱情嘛，当然也要有一点的。

下面的事情我就不多说了。总之，在母亲的默许下，我谈过几个男朋友，我爱过他们，幸福的时候也曾浑身发抖，失恋的时候也曾伤心欲绝，可是即便这个时候，我也很清醒，知道这全是过程；这就好比过河搭桥，人生的目的，是为了走到河对岸，而不是为了那几座桥；可是无论如何，桥于我们是必需的。

母亲的小饭馆不久就开张了，在我大学毕业之前，她就是靠这个来养活我，省吃俭用也要给我买漂亮的衣服——这于她是一笔投资，许家的“发达”在此一举也未可知！她说，要打扮得漂亮些，男人喜欢这个东西。

我迟疑道，也不一定吧，也有男人不看重这些的。

母亲笑道，扯淡，没有男人不吃这一套的，他们肚里那几根花花肠，我是太清楚了。

她常跟我叹道，许家是垮了，可是许家的女人不能垮，人活着就为一口气，精神头要足，平时把腰杆给我挺直了！——那几年我也确实争气，穷凶极恶去挣奖学金、去做家教，当过业务促销员，在街上散发过传单……稍微得一点空闲，就跑到母亲的小饭馆去帮工。

母亲的饭馆开在城南的一条陋巷里，说是饭馆，其实也不过是两间违章搭建的棚舍，以前这里是一家发廊，开倒闭了，母亲便从舅舅那里筹一笔钱把它盘了下来。母亲的饭馆什么都做：小炒，套餐，面条，饺子，桂花酒酿，鸭血粉丝汤……我母亲心灵手巧，她是边学边卖，一道工序也要费尽思量，炒菜时她也不忘要加一点罂粟。

母亲的顾客多是附近的居民，或是一些看上去农民工模样的人；她又能言善道，生得又白皙端庄，每天又都拾掇得干净利索的，所以你应该能想象，常来照顾她生意的还是男人们占多。母亲既做男人的生意，她就必得凸显她女性的特征，整天笑得咯咯的，把他们侍候得舒舒服服的，哄得他们既掏了钱，又不时来店里帮她做义工。我去店里帮忙的时候，母亲就把我往前台推，因为我年轻秀色，又是大学生，这都是小店的门面。我给他们端茶倒水，上菜点烟……其实就是一个女招待的角色了。

诸位看官读到这里，千万别起下流心思，以为我们母女是做什么的；其实我们还不至于此，生财也得有道；这个道就是利用男女两性的微妙，我母亲深谙其中的关节，她的分寸一向把握得好，——她利用了这个东西，又能使自己不湿脚，那真叫庖丁解牛，游刃有余啊。

逢着店里没人的时候，我们母女便会坐下来，隔着半开着的玻璃门朝街上看，街上走过的或有男人，或有女人，而我脑子里晃晃悠悠的也不知为何全是男人。一个面色暗黄的中年人从门前走过，又退回两步，眼睛在我们母女身上眯了两眼；母亲一脸静容，完全视而不见，待他走过了，她才在地上重重“呸”了一声。我也抬头深思，想着对于女人来说，男人真是世上的一笔大单子啊。

只有晚上打烊的时候，母亲才恢复了她疲惫的面目，她白天的鲜活好看全不见了，我看到她老了，生活的辛劳把我母亲变成这个模样！可是她一会又活了，因为她开始盘点算账了，她数钱的手势真是可爱极了，五个手指头快速飞舞；蘸了一口唾沫，慢慢再数一遍；又把它递给我，说，毛利八百六十五，你再数数。

我一边数着钱，一边心在颤抖，白炽灯光下洋溢着我今生再也不能描述的幸福温暖；劳动如此庄严，可是我直想放声大哭，因为这里亦有我母女的含辛茹苦。我想母亲一定比我更能体会到“劳动”一词的分量，从前家底何等丰厚，她也没这么紧张过，可是现在，一天区区几百块钱的进账就使她丧失了从容！钞票的失而复得一定打击了她，使她变得胆小害怕了，这就是为什么在最穷困之时，她还能挺住，在挣到钱之后她却信了耶稣。

教堂离我们的饭馆不远，母亲每天买菜都要经过这里，偶尔她也会站下来，隔着红铁护栏朝里头看：彩绘玻璃窗，高高的拱形门洞，从门洞里出入的面带愁苦的人群……我猜想，这其中一定有什么东西让母亲感到了安全；大概就是从这时起，母亲才意识到，她也该为自己的心找个归处，她相信，只要她是虔诚的，上帝就会保佑她的钱财不会再次流走。一个星期天的上午，我陪她去祷告，她闭着眼睛，双手合十；我看着她，心一阵阵刺痛，同时又略微有些担心，她这么功利，上帝若是知道恐怕也会不高兴吧？

《圣经》里说，人要行善，戒欲念。行善她是愿意的，戒欲念却难；好在她是中国人，晓得变通，知道书上写的是一回事，现实却是另一回事；所以她一边郑重其事地画十字，一边亲切地跟上帝提要求，她说，你要保佑我女儿找个好男人，还要保佑我的饭馆不断地有客人……说来说去，都是男人客人。

有一天下午，几个客人喝多了，赖在店里磨磨叽叽不想走，不停地拍桌子，要酒上菜，我把一盆老鸭汤端上去，其中一人便涎着眼睛看我，口水哩啦的也不知说了些什么，我把汤盆放下，他顺势捏了捏我的手——也没什么，只是捏了捏我的手；我把手缩回来，带笑不笑地走到门外站了一会。

其时正是夏日的午后，暑气逼人，我抬头看了看树梢，盛大的阳光从绿叶深处掉下来，我静静地眯缝着眼睛，不由得就想到了父亲，想到他温儒的形象，想着在没有他的日子里，为什么我们母女与这世界的关系竟变得这样暧昧荒唐，我又想到我的男友，一个踏实上进的青年，在男女之事上一直有他清贞的道德操守……大学毕业不久，我就嫁给了他，现在父母与我们同住。有时饭桌上，两个男人难免就会提到那段清贫的岁月，我们母女是怎么度过的，然而我和母亲也只是云淡风轻，笑了一笑。

母亲的饭馆后来很是挣了一点钱，因为规模大了；她的女婿也很争气，现在是一家颇具规模的企业的老总，总之，我们又回到了“富裕阶层”，只是不再有欣喜，因为我们付出了艰辛劳苦——我们只记住了这劳苦，所以有时更觉委顿。

现在，让我们再回到那个夏日的午后，你将会看到，母亲怎样走出小店，在我身边惶惶站了一会，不时也拿眼睛打探我；有那么一瞬间，我们两人都回头看小店，隔着玻璃门，那几个客人也在睡眼惺忪地看我们，母亲不安地朝我笑笑，问，他们没把你怎么样吧？

我说没有。

母亲搭讪道，这些个死鬼。

我也会意地笑笑。

一辆卡车从路边疾驶而过，风浪掀起了阵阵灰尘，使这个真实的世界在那一刻显得模糊了；我站在漫天的灰尘里，脑子一片空白，后来微笑就漫到了脸上。

2006年5月18日

姐姐

我一直想写写姐姐，她十七岁时的样子。她是普天下所有男孩的姐姐，也曾面目姣好，身形窈窕。我看见她从远古的地方走来，穿着布衣或绵衫，她的发髻旁也会插着一朵白色的栀子花吗？她走在不拘哪个朝代的街道上，总有男人的目光落在她的身上。才十七岁，胸脯饱满，屁股也是翘翘的。

男人的目光就落在这些部位上。

这些男人，多年前也曾做过弟弟的；多年前，当他们的姐姐也在十七岁的时候，他们是看不到这些的；他们非但看不到，还不允许别的男人看到；他们常常告诫自己的姐姐：不要这样，不要那样。

没事不要总趴在绣楼上。

走路时不要东张西望。

家里来了男客，要懂得回避……

他们跟姐姐说这些的时候，似乎有点不大好意思，所以越发要板起面孔，或是背手踱上两步，那样子就像一个成年人。他们一边说，一边还要打探姐姐，因为不放心，不晓得自己该不该这样说。那么这个做姐姐的，同时也在打量他；她懒洋洋地倚在廊柱上，双手抱胸，以那样一种玩味的、居高临下的样子看他。她简直不能相信，小屁孩一个，开裆裤才脱了几天呢，就跟她说这些个！

她的反应起先是吃惊，后来就忍不住想笑；她又羞又恼，又不好意思笑，所以就抿着嘴唇，用那样一种怪诞的、饶有趣味的目光看他。男孩哪儿禁得起这样看，胡乱搭讪两句，或是“嗨”一声，跺一下脚，就掉头跑了。

姐姐看着男孩的背影，很多年后她一定会记得这背影，记得他跟她说话时的腔调，稚嫩，鲜亮，还没变声呢，他怎么就晓得这些呢？岂不知他竟是晓得的；他虽然懵懂，却有一种本能：世上但凡姐姐都需要保护。因为再隔一些年头，他也是要长成男人的，所以对男人的那点小心思，他竟能略早体察，这皆是为姐姐故。

这层意思，姐姐是懂得的；可是这番好意，姐姐却不能接受。没法子啊，姐姐已经十七岁了，她的身体已经蓬勃，心思像野草一样疯长，她即便管得住自己的心，也管不住自己的手脚。她是有事没事必得往街上跑的。

你看到没有，她朝我们走来了，她穿着夏日的裙衫，趿着拖鞋。或许是午睡刚醒，她有些蓬头垢面的，她站在家门口，打了个哈欠，又伸了个长长的懒腰，实在想不起自己该干些什么，就决定去巷口的小卖店买几颗水果糖含含。她一边走，一边东张西望的，把脚踩着石板路叮咚作响，老实说，是没半点斯文相的。

她之所以东张西望的，乃是对这世上的一切，都有着新鲜和好奇。她抬头看一眼绿树，觉得是好的；低头踢一下石子，也觉得欢喜；她的天性实在是很开朗的，有时走着走着，她差不多就要微笑了，至于为什么笑，她却是不知道的，似乎她整个身心，都沉浸在一种不可知的甜蜜里；可能她都没意识到自己在笑。

若是看到熟人，她总不免要打声招呼；若是看到狗，她也是一样的。那狗躺在门洞里，她就凑上前去，弯腰摸摸它的头，或是一边走，一边回头招手，嘴里“咄咄”引逗。

她慢慢地蹲下来，在一团树影底下。这时你必猜着了，她是在捡蝉蛹，或是一片树叶。她仔细地端详着树叶，清晰的纹路，叶汁饱满。夏日的阳光突然盛开，在刹那间，简直使她受了一点小惊吓。多年以后，那个做弟弟的一定会记得他十七岁的姐姐，她茫然抬起头的那一瞬间，光阴整个把她照亮；她手搭凉棚，细细眯起了眼睛；原来是微风渐起，吹开了树影，使得阳光更加明亮了。

那天晌午，弟弟也在巷口，跟几个小孩在玩“官兵捉贼”的游戏，他浑身尘土，脸上汗渍淋漓的。在姐姐长大成人的那些日子里，他实在是很忙碌的。他一边要顾着自己玩耍，一边还要照看姐姐，他生怕她上了坏男人的当，被人调戏、诱奸，或是被拐子带走；人世的所有艰险，他都代姐姐想到了。他是有点无事忙的。

无事忙的特征就在于，在他还不明白什么叫调戏、诱奸；在他还未弄清楚拐子为什么要带走他姐姐之前，他已经替姐姐担心了。所以这担心是必然的，它自古以来就藏在每个男孩的心里，在他们出世以前，这担心就在了。大约在这时，他们心中有一个模糊的意识，这世界原是男女的，在他们认识旁的女人之前，他们已经认识了姐姐，或是他们的母亲、姑姑、堂姊、表妹……为了表达上的方便，权且都把她们称作姐姐吧。

他们和姐姐日常相处，从小就和她们耳鬓厮磨。从小，她就替他把屎把尿，背着他东家逛逛、西家瞧瞧。但凡有好吃的，她必是省下来给他的，谁叫她是姐姐呢。她教他认字唱儿歌，百般无奈之下也会给他讲故事，可是她的口才实在太差了，无外乎就是大灰狼小白兔，几个为什么问下来，她就磕绊了，笑了，或有翻个身就睡的。家有弟弟着实很辛苦，可她不觉得这是辛苦的，因为在她的身外，凡事都能引起她的兴趣：街上的人，店铺里的东西，田野里不知名的小花，山坡上正在吃草的牛……她被这些所吸引，难免就忘了弟弟，直到弟弟的啼哭把她唤醒，她又忘了其他。她实在是顾此失彼的。

这世上凡是做弟弟的，都见证了姐姐的成长。那仿佛是一瞬间的事，就像头天晚上，她还是个吸溜鼻涕的邋遢女童，第二天醒来，她已蜕变成一个洁净少女。从此以后，就连弟弟这样的蒙昧孩童，都能看见他姐姐脸上的光泽，闻见她身上的芳香。那是一种说不出来的香气，口腔里有水果糖的香气，刚洗完的头发里有槐树花的芬芳……这各式香气混杂在一起，就成了姐姐香。

这世上只有弟弟才能闻得见这香气，青颜色的，像雨后的森林，风吹来植物的气息；像夏日的傍晚，他刚洗完澡手脚的清净温凉；像午睡醒来，无缘故他突然闻见童年时的松子儿香，遥远的，刺鼻的……害得他“啊啊”直想打喷嚏，假若他不能控制自己的泪下腺，不由自主地，他也会涕泪交流。

他涕泪交流，不为别的，只因他老了，老到老眼昏花，这时他就与童年走得近了。

这时候，他就常常看见姐姐，在十七岁的季候里，她俏丽地走着路。她的身后是曲折的巷道，一些人家。参差的屋顶上几只烟囱，一只狸花猫围着烟囱转来转去的……姐姐先是身处这些静物当中，然后慢慢地，她就从静物里凸现了。

姐姐既是前景，她的面庞也就越发清晰了：紧俏的眉眼，神情严肃；喜欢皱着眉头，偶尔也会咯咯傻笑；喜欢啃手指头，眼睛瞄啊瞄的，似乎在想什么事儿，其实心思全无；她体态也好，好就好在自然，全无心肝；走路摇摇晃晃的，东张张，西瞧瞧——这是在没有男人的情况下。

假若巷子里突然晃出个适龄男子，她就是另一副样子了——至少在弟弟看来——她走起路来便花摇柳颤的；弟弟见了，难免要为她害臊，她弄出这个样子干什么呢！他是既有点纳闷，又隐隐生气的。他忙里偷闲从地上爬起来，决定要过问一下此事；便拿起一根树枝，朝姐姐咿咿呀呀地冲过来，“叭”的一声打在她脚前，说：“呔——呔——哪里去？”学戏文里的念白。

姐姐跳了一下，顺势把手塞进他的脖子里，说：“买糖吃不吃？”

弟弟一听说有糖吃，重新冲回小朋友群中，等着姐姐给他送糖吃；他一边玩，一边侧头看姐姐，毕竟“官兵”也是人，此时已丧失了对贼的兴致，突然变得很想吃糖果。不远处的杂货店门口，姐姐倚着树干，正和一个陌生男子说着什么。她的情绪有些起伏不定，时而静静的，时而笑得前仰后合的，时而低下头，眼角儿那么一瞟，脸上便有些连嗔带笑的……弟弟便又重新捡起树枝，再次冲过去。

他把树枝当马骑，卷起一路风尘，不由分说就跑到姐姐跟前。

姐姐皱眉看了看他，那样子是很嫌弃的，说：“干吗呀，脏死了！”

男孩也生气了，伸出手来要糖吃。

姐姐不理他，继续和男子说话；男孩一边打量着男子，一边拿屁股撞姐姐。

男子朝杂货店走去，弟弟把树枝“倏”地挡到他面前，瞪目说道：“不要你买！”

那个做姐姐的便有些下不来台，朝男子笑道：“你不跟他计较。”

男孩转头向姐姐，厉声道：“不要跟他说话！”

姐姐再也忍不住了，拎起男孩的耳朵，亦不跟男子告别，径自往家里走去。很多年后，男孩还记得他怎样在姐姐的手心底下，像小鹿一跳一跳的。他哭了。

姐姐也哭了，到了家里，把他朝大人面前一掼，说：“你们问他去！叫他说！”

男孩说不出个所以然来，却哭得越发理直气壮了；因为他没有吃到糖；没有人晓得他的良苦用心——没有人晓得的：家有姐姐实在是件麻烦事。他哭得很伤心，把个身子团着，像小虫子蜷缩在墙角，委屈得不时要噎气；不免觉得，姐姐的心不在他身上了，姐姐大了，心就野了；哭了一会，他就忘了，又跑出去玩了。

大约就是从这时起，男孩心有所动，不再玩“官兵捉贼”，而是玩“捉姐姐”；实在是，后者比前者有趣多了；因为官兵和贼是虚设的，而姐姐和男人的苟且总是真的。

男孩的建议既出，得到了更多男孩的响应，因为大凡男孩都有姐姐，没有姐姐的也会制造姐姐；他们互相帮衬，滴血为盟，排兵布阵开始跟踪姐姐的行踪，操心姐姐的安全，而这一切中最叫他们激动的，无疑是为姐姐冲锋陷阵、打架斗殴。

这是世上最懵懂、最痴情的一个群体——他们对姐姐的情谊是他们自己都不知晓的，无从分析，愈理愈乱，这是人世的隐秘。他们没有志向，在那短暂的两三年里，姐姐成了他们唯一的理想。她近在眼前，有时却远得如同梦想；男孩们隐隐有一种预感，姐姐将逐渐消失，不消几年，她将离他而去，成为别的什么人；到那时，她仍是姐姐；可是到那时，她首先是那些八竿子打不着的什么人的妻子、母亲、祖母……她也许长命百岁，可是单纯作为一个姐姐，她早已消亡。

原来这世上，凡是姐姐都不久长。

这是一段混乱的日子，街上到处都是男孩的身影，因为姐姐总是外出招摇，自顾自走着，就像路边的一棵小白杨，一俟有男人的目光落在她们身上，她们便会摇一摇！做弟弟的只能长叹一口气，这姑娘既没脑子，又少情义，她现在一颗心全转到外人身上，他们既奈何不得，少不了还要替她们负责。

他们常常跟随自己的姐姐，生怕她受欺上当；一旦看到路边有小混混向姐姐吹口哨，他们便恨得牙痒痒，以为这样就亵渎了她！也有一些男人，单是把目光落在姐姐身上，一脸暧昧的笑容，男孩见了，简直心如刀绞，姐姐怎么能被人这样看呢？她是世上最圣洁的存在，可是你看那些男人的笑容，异样的，不洁的，男孩觉得如鲠在喉。

有一天，男孩看见姐姐在哭，她一个人躲在暗处，显见不愿意让别人瞧见。男孩走上前去，只问了一句：“说吧，谁又欺负你了？”

姐姐吓了一跳，回身一看却是弟弟，也没当回事儿，只嘱咐了一句：“不要告诉大人！”又继续哭自己的。

男孩再说：“谁欺负你了？”

这下姐姐噤声了，转过身来打量着弟弟，泪眼蒙眬中只看见一个小不点，虎头虎脑地站在她脚前，他一脸严肃，神情凝重，俨然一个小大人。姐姐突然一阵孩子气发作，怄了个蹶子，说：“不要你管！”扑到床头号啕大哭。

男孩掉头就走，走到门口却又停下了，抬头看着空气说：“那些不三不四的人，以后少来往，现在合家老小为你操碎了心，你好歹也得替我们想想。”

姐姐“嘿”了一声，不由得又惊又气，他什么意思？也敢跟她说些！这完全不是一个小孩子的话，想必是他从大人那儿照葫芦画瓢搬来的，天哪，一家人把她当什么了？背着她不知怎样瞎嚼蛆！她也没脸活了！她跳下床来，想捉住弟弟扁一顿，弟弟撒腿就跑，这一跑，又把他跑回了一个小孩子。

弟弟虽然怨姐姐，一边仍要为她出头出气，他不知道是谁惹恼了姐姐，看样子，家族以外的所有男子都有嫌疑，弟弟对这些人早就有着隐隐的恨意，大约也知道，在不久的将来，他们中总有一人会把姐姐带走，使她成为别家的人。

天底下竟有这样不讲理的事，好不容易养大一个姑娘，竟是为别人家养的！弟弟有些气不过。大人便跟弟弟说：“那你将来娶一个回来就是啰！”

弟弟说：“我不要。”

大人便问为什么。

弟弟说：“没多大意思。”

一家人忍不住要笑，弟弟觉得很懊恼。他没法使大人明白他的感情，他爱他们每一个人，再也分不出多余的给外姓人。照他看来，这个家已经很完整了，老人小孩，说说笑笑，实在是，多一人硌得慌，少一人则叫人惆怅。弟弟希望时间永远停留，姐姐定格在她的十七岁，最好嫁不掉。弟弟不喜欢分离。

然而时间只管走它自己的，这一晃两年过去了，姐姐整天闲逛，确实没把自己嫁出去，可是大人们却犯愁了。这两年发生了多少事啊，先是哥哥成亲了，新嫂子能言善道，像喜鹊一样聒噪，弟弟起先是认生，末了倒是听不见她的笑声便有些不安生似的。再后来，小侄儿出生了，一家人的话题从此就围绕这小孩子了。

有一天，家里发生了一件猝不及防的事，太爷爷死了。太爷爷活了九十二岁，他是晒着太阳死的。那天中午，他正在跟弟弟说话，后来渐渐没了声气，弟弟推他一下，他整个人就倒下了。这以后的很多天，弟弟都如同梦游，也常常一个人晒太阳，特意找来太爷爷坐过的板凳，他拿手抚着板凳，脑子里痴痴傻傻的全是阳光。

那天晌午，弟弟一个人坐了很久很久，他抬头看着院子，知道这儿是他的家，不断地有新人进来，旧人离去，地老天荒，一代一代流传。弟弟想，姐姐嫁人也该提上日程了。

确实是，这两年姐姐越发让人头疼了。她似乎总在冒傻气，虽然长着一副机灵相，实则心里全没算计。说她没算计吧，她整天把眼睛眨巴眨巴的，小心思又多得很，而且全不掩饰，哭哭笑笑那是常有的事，委实有点神经不正常。

身边倒是有一些适龄男子，也常来家里走走，借故跟弟弟搭讪几句。弟弟对他们没多大兴致，走进屋里跟姐姐说："有人来找你了。"

要搁以前，弟弟必是寸步不离他们左右，防着他们犯错误，可是现在，弟弟说完这一句，就走开了。

弟弟现在有点害羞。大人们奇怪地发现，这小孩似乎安静了些，不再像从前那样闹哄哄的，而且这一阵，门庭也清静了，因为上门告状的少了，大人们都有点不太适应了。姐姐也直纳闷，跟大人说："咦，警察好像退休了。"

从前，弟弟被称作是家里的警察，他是什么事都得管，尤其负责男女关系，大概在他小男孩的心里，"姐姐"是这世上的弱势群体。有一阵子，姐姐实在是烦他烦得要死，他随处可见，总是出现在不合适的时间和地点，就连站在路边跟男的说句话，他也能领着一群小孩围着他们横冲直撞，假装捉迷藏。

他的糗事实在太多了，朝人吐唾沫，骂人小妇养的，打弹弓，砸玻璃窗，拔气门芯……一切皆由姐姐引起。他小小的身量，又机灵，抱着一个宗旨：打得过就打，打不过就逃。打得过的居多，被打的人总想，到底是小孩儿，拳头砸在身上又不痛又不痒，而且也没法跟他计较，没准是未来的小舅子。只觉得好笑。

姐姐很是气恼，骂他两句吧，他便眼泪汪汪的，而且有话等着你。你猜他怎么说："你满脑子糨糊，又不识人的。活该你受罪。"

很多年后，姐姐犹记得这句话，把它放在脑子里过一过，那样一个童稚的声音，回想起来真是吓人的：它预言了她整个的一生。很多年后，当姐姐经历了一番沧桑，年轻时代的良辰美景都不算了，不算了，那些曾被她视为一生一世的东西，如今回头看，只落了个"白茫茫大地一片真干净"！

倒是她原初的那个家：庭院，闺房，父母，兄弟。炊烟袅袅。老人们在讲古，在一个夏天的午后，地下树影幢幢……在那个午后，日光昏沉，姐姐突然看见了自己：青涩，鲜亮，红颜，皓齿。就是这个形象，穿过漫长、暗寂的一生，像彗星一闪，倏地把她的风烛残年照亮；就是这个形象，身后站着一家子人，老的，小的，骨血相连，这样一个少女的形象，袅袅婷婷，苍白含糊，她来自远古，流转于每一代姐姐身上，才十七岁，在被爱情找着之前，正和亲人一起，体验着较之爱情更为久远深长的、堪称海枯石烂的感情，所有的姐姐都将感泣于它，只是要待韶华已逝时。

关于这一点，弟弟后来不认账了，每当大人讲起他小时候如何为着姐姐淘气、闯祸，弟弟真是难为情的：我的天，有这回事？真是万恶得很！什么乱七八糟的！因之，他一边听大人讲，一边也觉得新鲜，脸上现出痛苦的表情，一边又笑："不可能！

净瞎说！”

此时弟弟正在变声，粗嘎嘎、毛茸茸的男声，自己听着都怪异，像喉咙里含着一口痰，弟弟不停地要咳嗽。这大概是弟弟一生中最别扭的时期，清晰，好静，善感，多思，一样样都不是他的本性。他成熟得不像他的年龄。

而此时，姐姐则成了全家的中心，她正处在好时节，却成了大人们的一块心病，私下里说起她，谁都要叹气：这事得抓紧了，搁家里总归是麻烦。

弟弟表达了两点意见：第一，得找个好人家的子弟，要真心对她好的；第二，这事是得抓紧，但急不得，对方的人品、性格需多方打听打听，要暗地里使劲儿，不能让她知道，否则又得跟家里闹。

说这话时，弟弟不自觉地，是把自己当成姐姐的家长了。他那从容、笃定的态度，仿佛伸手一指，说一声“你去吧”，这就安置了这姑娘。

随着弟弟的长大成人，姐姐身上的光环逐渐消失了，仅成了一个现实的存在。没错，她是处在好年华，可是弟弟已经看不见了，整一个夏天，他躲在屋子里，一坐就是大半天，脑子里空荡荡的，什么也没有，那感觉就像老僧入定。弟弟自己也不放心，拿手碰碰胳膊，汗津津的，也有温度。他困惑得要命。

大人们都笑，问弟弟：可是在思考人生问题？

若是得不到回答，就有人代他说话了：才不，弟弟喜欢孤独。

弟弟笑笑，懒得理会，他知道人家是在开涮他，可是此时的他，仿佛是经过一整夜深熟的睡眠，于大清早突然睁开眼睛，那一瞬间，看得见曙光，知道新的一天就要开始，可是并不知道自己在哪里，只觉得天地混沌，又疑心自己是在梦里。

姐姐终于订婚了，未来的姐夫瘦瘦小小，头发梳得油光光的，见人三分笑，最是个小甜嘴。弟弟不明白，姐姐怎么会看上这么一人，从前错过多少好的，哭过，闹过，分分合合，那叫一个折腾！

也许是，姐姐嫁给谁并不重要，重要的是她出嫁了，他替她惋惜，不出嫁，他又着急！他对于姐姐的恋爱也是这样，不知为何，总有点不好意思，姐姐又丝毫不避讳的，当着全家人的面，和男朋友吵吵闹闹，撒娇，耍小性，声音嗲得不像话。弟弟撇了撇了嘴，心里想，谈恋爱能把人谈成这样，岂不是咄咄怪事！

总之，姐姐整个的就使人难堪，可是她也有爽心悦目时，夏天的傍晚，一个人骑着自行车穿街走巷，把铃铛摇得叮当响，麻花辫粗又长，随意一绾扣在头上，穿一件白衬衫，颈项长长的。骑到一个水果摊前，把脚那么一支，这就停了下来，一只手扶着车把，一只手够到水果里摸摸拣拣，那样子是很潇洒的。

或者，她把车停在巷口，整个人就坐在车座上，很惬意的，她在等一个人，不时要回头看看，趁这间歇，伸伸胳膊伸伸腿，做几个体操动作，腰杆挺得笔直。

另有一种时候，她和男朋友漫步街头，她这个人整个就不贤淑，走着走着，把膝盖一屈，朝男朋友的腿弯处抵去，那男的紧跑两步，姐姐落了个空，两人笑作一团，难免一番撕扯，这时弟弟恰好从他们身边经过，很愉快地做了个鬼脸，骂一声：我的妈哎，两个神经病！

这才是他的姐姐，纯洁，美好，坦荡，一个娇憨的姑娘，而且常常忘了自己是姑娘；她的恋爱也就止于和男朋友打打闹闹，你踹我一脚，我踢你一下；他们最应该走在春天的季候里，满腔满腹都是栀子花的气味，抬眼看着前方，并不怎么交流，可是眼睛弯弯的，笑吟吟的脸上全写着内容。

当然了，姐姐必做不到如此斯文，冷不防她就会咯咯笑出声来，问她为什么笑，她也不知道。实在忍不住了，她就会跑向墙角，假装是去闻花香，实则是笑得身子直发抖，再问她为什么笑，她会说，我喜欢。

弟弟对姐姐的记忆就停在这里，停在她的未嫁时：春天，恋爱，少女。这记忆里若是顺带一两个男子，这里头一定不会有姐夫！

弟弟有心找姐姐聊聊，姐夫是个怎样的人？拿得准吗？想来想去都难开口，毕竟，都不是小孩子了，而且时间也不凑手。

这一阵子，弟弟又忙碌开了，在经过短暂的蛰伏之后，他到底坐不住了，决定上街看看去，这一看不得了，把他吓了一跳，怎么满大街全是姑娘！弟弟搞不懂这是怎么回事儿，从前，他的眼睛能看见一切：好吃的，好玩的，刀枪棍棒，打打杀杀，他也能看见姐姐，主要是盯着姐姐的那些坏小子，他就是看不见姑娘。

是了，弟弟从前也能看见姑娘，但是他从来没把她们当作姑娘，她们都是姐姐，姐姐自然也是姑娘，可是此姑娘不是彼姑娘。

弟弟昏头昏脑地回家了，他觉得烦恼，心里痒痒的像是爬满无数的小虫子，又无从挠，只好怪叫一声，纵身一跃，向空中翻了个跟头。这是一种很奇妙的感觉，新鲜，慌乱，害怕，弟弟不知道怎么办才好。

第二天，弟弟战战兢兢地又来到大街上，满大街的姑娘啊，个个都很俊俏，走起路来摇曳生姿，脸上泛出动人的光；弟弟先是探头探脑，后来索性倚在一棵老树旁，抱胸，别腿，装作一副很倜傥的模样，因为他发现，这些姑娘需要他的目光，偶尔也会回头朝他笑笑，跟他一样害羞、胆怯，弟弟这才放下心来，快活地尖起嘴唇，对着她们吹了一声长长的呼哨，同时也知道，这一声呼哨显得那样的不端庄，他既羞愧又欢喜！

从此以后，弟弟一发不可收拾，一个猛子就扎进这个群体里，开始了他的荒唐岁月，或使人哭，或使人笑，他自己也会哭哭笑笑。在以后漫长的时间里，弟弟的苦恼之一，就是新一代姐姐身后，总是跟着一群小尾巴，他们碍手碍脚的，从孩提时代起，便自动、深情地担负起护卫姐姐的责任，并把这种责任维系了一生。

而弟弟自己，每当姐姐回家省亲，他总会不放心地问一声："怎么样，他对你还好吗？"他要使姐姐明白，他是站在她的身后，他对她意义非常，在此时此地，他是她的出生地、她的少女时光，再不济也是她最后的庇护所，他是她最初、也是最后的家啊，这世上一切都会枯朽，唯有她还是从前的那个少女。

2008年　广州

胡文青传

一

胡文青是个很谦逊的人，生于1948年，石城人，家住举人巷3—3—206。他个子不高，却给人以魁梧的印象；周正的四方脸，棱角分明，再兼浓眉大眼、鼻直唇正……他这长相，多年前就被算命的惊为天人，说："有鸿鹄之志，逢乱世，必成事！"

胡文青笑了笑，没上心。他那年十五岁，印堂比现在光亮，整个人虎虎有生气。他就读于省师附中，这在全国都称得上一所名校；他确实有些志向，却又不知志向何指；兴趣广泛，尤侧重于"文史哲"，小小年纪就涉略《资本论》，因为读不懂，便召集身边几个同道，搞了个"兴趣小组"，每周聚一次。后来，他这"兴趣小组"规模越来越大，他非但请来了校长、老师，就连"石城名流"也常过来"指导交流"。这是全校的盛会，阶梯教室内外，挤满了无数求知的小脑袋，胡文青作为发起人，也因此成了这名校里的名学生。

确实，他从少年时代起，就表现了多方面均衡的才能，思维活跃，言行妥当，对于人际、社交、事务也很会应付；写一手漂亮文章，有观点，有气势；主编一份学生刊物，敢于登些新鲜的言论，而校方并不以为忤。

总之，那几年有一种奇怪的自由风气，使得这学校一时天才迸出，师长们端详这一张张少年的脸孔，或热情，或沉静，或深思，或坚定，委实不知他们将来会长成怎样的人，虽知他们中的大多数也将是平凡人……这一天，胡文青主持完“兴趣小组”的聚会后，跟班主任略聊了聊，他的意思是，他将来的方向应该是在学问上。

班主任说：“倒不忙着定方向，而且——”看了他一眼，打趣道：“你坐得住冷板凳吗？这可是件寂寞的事儿！”

胡文青搔搔头皮，害羞道：“我没那么爱热闹吧？我主要是感兴趣——”说不下去了，被人戳到了隐痛；又略略有些不服气，想起一个前辈曾跟他说过的：“你这样的多面手，把你局限在任何一个领域都是浪费！”

说的其实是一回事，他很苦恼，回家的路上一直在想；走到巷口，恰好遇上一个算命的，死活把他拉住，说“一个子儿也不收”，只因他有异相！胡文青只想笑，他是个坚定的唯物论者，但是也不妨听听这走江湖的对他的打量。

当听到“逢乱世，必成事”时，胡文青说：“你的意思是，我将来一事无成了？”

那老头摇了摇头，说：“那倒也说不好！”

胡文青说：“那么只有一个意思了——你说这话就该死，什么乱世不乱世的？你哪儿来的？国民党派来搞破坏的吧？”

老头慌得连忙摆手，说：“我刚才说什么了？我什么也没说呀！我的意思是，将来的事谁能说得好？就比如你不知道你将来是干什么的，做什么职业，能活几岁；而且我也没说乱世不乱世的，我的意思是，乱世出英雄，容易成事儿；你因为生在盛世，虽有才干吧，也只能当社会主义建设的一颗螺丝钉；你会经历一番坎坷辛苦。”

胡文青笑了笑，说：“这倒像个人话！我不在乎坎坷辛苦，人生哪有一帆风顺的？奉劝你一句，以后别招摇撞骗了，今天也就是碰上了我，换了别人看看？早把你扭派出所了！”

二

算命这件事，胡文青很快就忘了，直到十七年后的某一天，他突然想起，如雷轰顶。此时，他已蛰居街巷多年，三十二岁，是个两岁男孩的父亲，孩子妈在国营菜市场当售货员，每天早出晚归，因此他连买菜都省了，只负责在家带孩子、洗衣做饭。

他每天下楼一到两次，抱着孩子出来透气，一般不超过半小时。看见邻居也都还客气，点点头，笑眯眯的；人家若是走过来跟他搭话，他就跟孩子说："呐，叫奶奶！"或"叫爷爷！"

于是，这些爷爷奶奶也不好意思直接问他话，先跟孩子敷衍两句，问："叫什么名字？几岁啦？"这是过门，刚要入题时，他已是要走的意思了，而且那孩子也实在太闹，东指指西望望，大呼小叫，朝人脸上吹气泡；他抱歉地笑笑，弯弯腰，这就上楼了。

他从不主动说什么，因此，引得整条街上都在说他。

"这年纪轻轻的，就这样过一辈子了？靠女人养活，这饭他怎么能吃得下？"

"嗐，他那女人长得真丑，哪儿配得上他！估计也是看透了，随便找了这一个；听说结婚之前是定了约的，她答应养他一辈子，就当他是个废人——"

"什么废人？他这几年好多了，尤其是有了孩子以后；你是刚回城，没看见他几年前的样子，胡子拉碴的，像个游魂，一年到头都不下楼的。"

"那是他没在楼里，出去逃难去了！这种红卫兵，造反派头头，杀人犯！国家怎么就赦了他！"

这种没见识的话，当然有人听不下去了，便站出来纠错；纠错的人五十出头，巷子里的人都叫他阿顺，他略微知道胡文青的一点底细；也许他说的照样还是没见识的话："李大爷，你这话不对！造反派多了去了，都杀了，国家还怎么安邦治国，还怎么搞现代化？"

"我说的是那些罪大恶极的——"

"罪大恶极的不都进去了吗？"

那李大爷一下子恼了，一字一顿地说："那他就是漏网之鱼！"

阿顺摇了摇头，嘟哝了一句："冤冤相报何时了！"

那李大爷一下子扑上前去，把脸堵着阿顺，问："你家没死过人是吧？我家里……"嗓子一下子沙了，眼里汪着水；奓着五个手指头晃了晃，意思是家里五口人；又弯下两个点了点，意思是死了三个。

阿顺问："跟他有关系吗？"

李大爷愣了一下，没声气回答，便一个脑门撞进阿顺怀里，一边揪住他的衣领，一边哆哆嗦嗦的……还不待怎样，早被人拉开了。

阿顺跳了一下，把衣领扶扶正，一边向众人说："喏，我是个直肠子，心里压不住话。李大爷家里的情况我不比谁清楚？老街坊了，他家小凤就是我给裹的尸，一大清早拉着板车，跑了十里路，送的火葬场，还偷偷摸摸的。惨不惨？惨！但是话分两头说，我也当过造反派，不是造反有理吗？我也打过人，我也挨过打；武斗那会儿，我三十来岁，正当年……嗨，不说了。我也抄过家，顺过一些宝贝；但是我要告诉你们，我私下里还不知保护过多少人呢！——信不信无所谓——这条街上的、我们厂里的……是谁我不告诉你们，我也不要他承情，他也还不起这人情，我是冒着生命危险的，就是看着他可怜，而且那会儿，自己的心劲儿也歇了。——李大爷，知道我想说什么了吧？这笔账你没法算，是笔糊涂账！——”回头看了看二楼的某扇窗口，叹了口气，说：

“像这位——”指的是胡文青，“我跟他没什么私交，两代人；看着他从小到大的，现在变成这么一个人！毁啦！你们中有些是新住户，没看见他从前的样子，石城有名的天才少年，神采奕奕，走路生风，那是进北大清华的料，毁啦！没错，他是‘东方红’派的领袖，这一派可是大名鼎鼎，风头出尽；当年，谁不知道他胡文青大名！但据我所知，他甚至都没亲手打过人，他一文弱书生，打什么打？他手下有一批打将，哪个当头头的手下没几个兵？据听说，有一次他看见街上有个跳楼的，脑瓜子迸碎，他吓得捂住了眼睛，那时他才几岁？十九岁！他见过什么世面？而且后来就退出了，他二十岁就不玩儿了，隐退江湖了，你现在找他算账，——你现在找谁算账，谁都不认这个账！”

说到这里，阿顺顿了顿，把眼睛看着李大爷；他话还没说完呢，但是这一句话，他是绝不能出声的，只能放在心里说：你李大爷怎么就不想想，你是因为被打倒了，失了势；你要是在台上，一窝蜂似的挤着你，你会怎样？难保就比我们干净！手里欠下几个血债也说不定！嘀咕完了，这才长长地吐了口气，觉得舒服多了。

三

楼下的吵嚷，胡文青全听见了；他坐在窗沿边的沙发上，一边教儿子玩魔方，一边愣愣的，像是在听别人的故事，脸上不露一点表情；他很奇怪，这些人从哪儿知道的这些？样样都是真的。只有一句，说他有一阵子胡子拉碴，像个游魂，又说他出去逃难去了，这是没有的。他无论如何，每天清早第一件事就是刮胡须，他是刮给自己看的，告诉自己要衣饰整洁，要口齿清香——十几年前他最热闹的时候，反未必要这样。

也正因此，整个巷子对他都不满意：一个落魄的人，就应该有落魄的样子！他应该衣衫褴褛，蓬头垢面；他应该沿街行乞，疯了，或是傻了，叫那些善良的妇人们为他淌几滴同情的眼泪；

可是现在他穿得比谁都干净，笑眯眯的，跟没事人一样；他还有脸出来见人，那眼神淡淡的，比谁都矜持：你跟他笑笑，他也笑笑；你给他冷脸，他就跟没看见似的，歪头逗儿子笑，想想着实可气！

他怎么就没一点愧疚心呢？他本应该跪下来向他们道歉！当然了，有些事跟他没关系，可既然他是“那一方”的，他们是“这一方”的，他就应该道歉！象征性的，不过是张一张嘴的事儿，如果连这个都为难，那就点点头；如果还为难，那就眼神表示一下：慌张、胆怯、躲闪……怎么样都行；不会太为难他！就是做个样子，好叫大家消消气；这以后低头不见抬头见的，总得相处吧，他眼神表示一下，这事儿就结了，谁还能拿他怎么样？把他千刀万剐？那是犯法的事儿，再说他也配不上！再说了，都过去这些年了，谁还会跟他认真计较？就是仪式性地，给大家一个说法，说他错了，点点头，顺顺眼，对他仁至义尽了吧？

这天晚上，胡文青一家已经躺下，只听得门外有轻轻的敲门声；他女人应了一声，出去开门，门洞里陡地闪进来一个人，直把她吓了一跳；那人转身把门带上，轻轻“嘘”了一声，却是居委会主任张阿姨。

那张阿姨压着嗓子说：“把门灯关上，我有话要说。文青呢？睡了？”

他女人说："我去叫他！"

张阿姨一把拉住她，说："不用了，我说两句话就走！给你们通风报信来了，——噢，文青起来了？正好！你这两天最好出去躲躲，要不就干脆甭下楼，谁来砸门都不应，下面的事情我来应付。什么怎么回事儿？——"看了女人一眼，"噢，你下午不在家，闹了一场呢！那阿顺也是好心，替文青说了句公道话——你都听到了吧——犯了众怒啦！啧啧啧，那还了得！商量了一个结果，这两天要找你算账呢！"

"算什么账？"他女人惊声问道。

"别咋呼，"张阿姨再次压低嗓门，说，"叫他们听到了，连我也脱不了干系呢！还能算什么账？叫他认个错呗！"

"吓死我了！"他女人轻轻地吐了口气，说，"原来是认错！这不当个事儿！"

文青站在一旁，只把他女人冷冷地看上一眼，也没有说什么。

张阿姨察言观色，说："你看，我今晚来对了吧？你都不如我了解文青，这老街坊邻居了，小时候我还抱过他呢，就知道他性子左，十足一个书呆子，拧着呢！叫我说呢，这认错有什么了？嘴一吧嗒的事情！至于你心里怎么想的，谁还会在乎？可人家就是金口难开啊！我就说，这要是搁过去，他准当烈士，这性子！但是话又说回来，这巷子里的有些人呀，啧，可真叫说不好！这都过去四五年了，而且冤有头债有主，你该找谁找谁去！有本事你查出他们去！你找文青干吗呀？他那两年根本就搬出了举人巷，不跟街坊们过招的；他父母被另一派拉出去批斗；这账叫怎么算？”

“前一阵好像没人提了，怎么最近又扯上了？”他女人问。

“这不是陆陆续续还在回城、平反嘛，”张阿姨说，“这一回城、一平反，总归要聚一聚、说一说啰，这一聚一说，可不就生气了？唉，我也能理解，他们撒撒气是应该的：死的死，疯的疯……我现在什么事都能理解！”

张阿姨临走前，再次跟文青嘱咐道：“这一阵别让我看见你！等风头过了，我再来通知。”

可是叫她吃惊的是，第二天上午她便看见了他，他趿着拖鞋，正抱着小孩去巷口的杂货店买棒棒糖回来，她很是生气，待要撒手不管吧，毕竟乱子是出在她辖区内的，由不得还是朝他努努嘴，使了个眼色，文青看见了，只朝她走来。

他把小孩交给张阿姨，说：“你放心吧，不会出事的，我刚才遇上他们了。”

张阿姨跟在后面，说：“既然出来了，那你就说句软话吧。”

他站下来了，笑了笑：“我不说。我本来也不想出来的。”这倒是他的真话，他既不惹事，也不躲事；如果不是小孩闹着要下楼，他有本事在那屋子待一辈子！但既然下了楼，就由它去吧；况且，现在什么事都不在他眼里，早空了，干干净净，连活着都是累赘；倘若自我了结吧，又觉没必要，实在是，连拿刀抹脖这个动作他都懒得做，倒真不是怕死，——早死了，在十几年前。

家门口的空地上，已乌压压地聚了一群人，都在等着他。文青走近了，站下来，没有人说话；一时空气寂寂的，只有几声咳嗽。这样等了两分钟，于是文青便走，走了几步，身后有人啐他，声音又响又脆。于是文青停住，回头把人群扫了扫：吐唾沫的是邵老师，中心实验小学的退休老师，七十多岁，一个半疯的孤寡老人。他没有教过文青，却因为邻里关系受托于文青的父母，文青跟他习过字，虽只有半年，可是习字本上至今还留有他的圈圈点点……一个郑重其事的老头儿，郑重得有点迂腐。

那一刻，文青突然动了恻隐之心，眼圈一热；他为掩饰自己，只能转头看别处——别处，人群五十米开外的地方，站着两个便衣，文青对这类人很是熟悉；也许是张阿姨布下的预防。人群里，有个小孩在玩水果刀，文青把眼睛盯着水果刀，心里很知道，这是一场“事先张扬的凶杀案”，他的眼泪一下子就干了。

阿顺也在人群里，急得脸红脖子粗；文青正不知如何收场，阿顺突然号啕一声：“你就说一声吧，说一声，这事儿就结了。”

于是文青便说了：“我今天站在这里，要杀要剐由你们；

我能做到打不还手，骂不还口。那边是警察，你们可以叫他来抓我。我会永远住在这里，欢迎你们来报复！但是我不说那句话。”

说完了，他在空气中略站了站，等着别人冲杀上来，等了两分钟无果。于是他又上楼了。这一次，他是真的上楼了，没有人出来阻止。

四

阿顺是在当天下午来看文青的；他总归有点讪讪的，觉得对不住文青，不该逼他说话，因而一而再，再而三地道歉。

文青说：“真的没关系，我那话早该说了，一直找不着机会。”

阿顺笑道：“我问你一句话，你不要生气啊，我也是刚才突然想到：我能跟你一再道歉，你怎么就不能向他们道个歉呢？难道你就没一点儿错吗？”

文青沉吟了半天，一时不知该怎么回答，他把手肘压着膝盖，半截身子都伏在膝盖上了。

“怎么会没错？”隔了好久，他才抬起身子说，“错大发了，所以不能道歉！”

“什么意思啊？”

“我一下子也说不清楚。我要是犯了小错，我也乐于道歉，像你没犯错的也跑来道歉，这两样都没关系；但是大的不行，大的，你得慎行。”

“你的意思是，要坚持？”

“也不是坚持，内心里早已否定了；但是我不想说出来，我就让它烂在心里。烂下去，它会成为养料的。另外还有一个尊严问题，它不是面子，我现在还有什么面子可言？早放下了。但尊严，——比方说你爱过一个人、爱过一些事物，后来知道爱错了，最郑重的方式是记在心里。你不能一张嘴就跟人说，对不起，我错了；这个太轻佻了，对人对己都不尊重，而且没有意义——”

“你只是放在心里？”

“放在心里才是最有力量的，一说出来就泄气了——”

“你先听我说，我前一阵看报纸，有人白纸黑字地道歉了，大家都很感动——”

“那说明大家都不严肃。那道歉的人，要么一开始他就是胡闹，自始至终，他从来没相信过什么，就是跟着瞎起哄；要么他当初相信过，但犯的是小错误。那些真正杀了人的是不会道歉的，也许他们正在哭诉自己受到的伤害呢。那些轻易道歉的，嘴一抹，下次遇上事儿，照犯不误！所以道歉没什么用。”

“唯一的作用，能让那些受伤的人舒服一点——”

“他们只图眼前舒服，恨不得把你踩在脚底下，让你受辱，恨不得杀了你；杀了你以后，他就出了气了，他就到此为止。就这么回事儿。还有你刚才说到受伤，问题是谁在受伤？谁在伤人？这事太吊诡了，就比如你我——”

阿顺叹了口气，说：“甭说了，我知道你意思了。你这些年——”

“都还好。我想了一些事情，很多事想不通。中间几年特别难受，就是屋脊梁开始摇晃，整个房子要坍塌的感觉，特别崩溃，那真叫毋宁死！我们中有些人就这样死了，我们中学的，很聪明，一开始相信，后来怀疑了，整个人就崩溃了，中间又做过一些错事，没法回头，也没法纠正了，就自杀了。我也是其中一个，没死完全是侥幸。”

“那你下面怎么办？”

“还没想好。我能活下去的，应该会越来越好，——靠老婆养活有什么不好的？——继续想事情，想通了，看能不能写点东西，不是伤痕小说那一类的；想不通，就想它一辈子，直到老死。”

五

这以后的几年里，举人巷逐渐恢复了平静。文青的事没人再提起；时间消化了很多东西，大家服气了，认领了自己的命运，——毋宁说是淡忘了——生活便各归槽道了。

而且他也很少下楼，就或下了楼，街坊们也难得见上，因为大家也都各忙各的去了。偶尔聚在一起，有人问起他，阿顺就说：“他在家写小说呢，写回忆录；那可了不得，我们街上要出大作家了！”

这话听着会叫人犯咳嗽的，尤其是那些有隐痛的人：“怎么？他当完了造反派，这又去当作家？”待要说上两句吧，又显得小气，毕竟都是些老皇历了；忍了半天，才很有涵养地笑道：“他倒真会赶时髦，什么流行做什么！”

文青的女人仍如常，每天早出晚归，接送儿子，——他儿子已经念小学了。尤其是近两年，他女人似乎是变漂亮了，喜欢说笑，声音响亮，隔老远就打招呼：“李大爷！出去溜达呢？身子骨还硬朗？”

“将就。你家那位大作家呢？”

“嗐，瞧您说的！什么大作家！”

直到有一天，一辆送货卡车开进了举人巷，车上装的全是那个时代的奢侈品：全自动洗衣机、双门电冰箱、十七寸松下彩电、电热水器……一路的喇叭响到文青家楼下，他女人喜气洋洋地下来招呼……大家这才知道，胡文青发财了。

原来，胡文青这些年几乎就不在举人巷，他也不是什么作家，他去了南方；他是石城第一批“先知先觉者”，他挣了第一桶金；没人知道他是怎么发的，估计未必地道……整个巷子突然火烧火燎了——当他们还在进行口头上的“改革开放”时，拍腿嗟叹、交头接耳、唾沫横飞……人家已经远走高飞；而且当作家也不时髦了。

这样一来，胡文青又翻身了，成了举人巷的一个标杆。晚上没什么事儿，阿姨大妈们最喜欢找文青女人聊天，从她那里，或能知道一点小道八卦，或能得到一点新鲜的刺激，比如她辞职这件事，就给了巷子一个震惊；还有她家里的簇簇新：木地板、墙纸、电话；尤其是夏夜，坐在她家的空调房里，那比电风扇不知凉快多少去！

整个巷子突然醉了。没错，虽然报纸电视每天都在聒噪，虽然他们也跟着一起聒噪：解放思想、深圳速度、姓社姓资……可是根据以往的经验，他们谁都不会先动；然而这女人，却突然辞去了公家人，跟体制拜拜了，瞧她那样！她怎么就敢？

可是人家说了：“我家文青说的，不靠我这点工资生活！带孩子最要紧，家里就他这根独苗；是啊，形势确实不明朗，哪天一变天……可是我家文青说了，大不了再栽个跟头，他上码头做苦力去；家里就他这根独苗。我家文青就这一点好，胆子大，什么都不怕。”

街坊们“噢”了一声，总算听明白了：说来说去他男人是个赌徒；上一回他赌输了，这一回他赌来了地板、空调、墙纸、电话……一个屋檐下，他这一赌就赢了他们二十年，这还不够，他要他的子子孙孙都赢下去！这就是改革开放，娘的，可气！

可是无论如何，巷子里的人总算醒了，立马闭嘴，也“哼哧哼哧”开始走路了。胡文青这个暴发户，委实比报刊的鼓噪更起作用，因为具体可视、鲜活生动；因为有嫉妒、不服气；因为原来都在一个水平线上，甚至还不如他们……至于他二十年前的那档子事儿，他们早不介意了。

这以后的日子里，巷子里那个热闹：也有辞职的，也有停薪留职的；也有一边上班、一边接私活儿的；有南下转了几年、又赶回单位上班的；有“下海”差点没被淹死的，也有没“下海”却发了财的……凡此种种，不一而足。

再以后，这巷子就分化了：穷的穷，比如那些下岗工人；富的富，比如各式各样的暴发户，一开始是暴发户，可是发了十年、二十年，而且越来越发，他就格外受人尊重了，也不再有人忌妒了，因为差得太远了，不在一个层次上；因为他已属于另一个阶层，上够得着中央，下抵不着群众，——他住在郊区的别墅，有门卫、狼狗；有司机、保姆；虽然是一个厂里的（他雇了他们，毋宁说，是他们主动找他雇的），平时却难得见他一面；就或见了，也未必能相认，他是左拥右簇的，他们只能远远地站住，把他瞧上一眼：那风度，那谈吐，那气魄……他已经到了跟外国元首谈项目合作的程度了。——这末一句，特指的是胡文青。

当然巷子里另有一些人，可以说大部分人，还在过着从前的小日子，斤斤计较，毫厘必争；他们的绝对生活，自然比以前好许多，除了排场不够，跟富人家差不多；富人家又能吃什么？山珍海味？燕窝鱼翅？吓，现在菜场超市都有卖的！富人家住得不过是宽敞一些，可是举人巷多方便，闹市中心，寸土黄金，现在他们就等着拆迁，好换到郊区的大房子里去，那儿空气好，而且住着也宽敞。

他们自然比不上胡文青他们，可是世上又有几个胡文青？从小跟他一起玩儿大的，就知道他不是久居街巷之人；老实说，做实业都辱没他了呢，他哪天要是当个市长、省长什么的也够料！反正他们满足得很，比上不足、比下有余，总比那些街头摆地摊的强吧，——这其中就有他们的街坊邻居——真可怜，二十年前谁能想到他们会落到这一步？更可怜的是，他们已经认了这一身份，不比一开始，看见熟人总躲，现在也能主动打声招呼了。

可是这些摆地摊的中，后来也有几个不知怎么就好了，开了店面，每日的流水相当于他们一个月的工资……这话他们就不爱听了，“有这事儿？不大可能吧？”当确认这一切是真的时，他们叹了口气，悻悻地骂了一声：“瞧这世道乱的，是人是鬼都发了啊！”

六

现在的胡文青很平静。现在，他六十出头，满头华发，风度翩翩，——看上去很年轻，也就四十来岁。尤其是他那从容淡定的神情，出席公共场合时，比如某些慈善活动，他不是大踏步的，而是悄悄的，宁愿躲在人群里默默无闻；不得已被领上主席台时，他谦让一番，坐在最中央，偶尔一抬头，那眼神极谦逊。前排就座的女明星们也不由得心里一动，心里想：这才叫世家子弟，多低调，也不知他爹是干什么的？听听人家的发言，三言两语，言简意赅，也不说大话，也没有腔调，就是平平淡淡，这才叫腕儿！

不过这是早些年的事儿了，现在的胡文青深居简出，轻易不出来见人；只有从前的几个老朋友，偶尔会约出来聚一聚，这其中阿顺就算一个。阿顺近八十了，可是中气十足，说话近乎喊叫，——也许是聋了；他仍住在举人巷，一方面过着小市民的生活；一方面跟着胡文青出入高档会所，打打高尔夫球。不过这仍是早些年的事儿了，现在，老哥儿俩宁愿躲在胡文青的办公室里，阿顺说："杀几局？"

于是胡文青便摆上棋盘，说："杀几局。"

胡文青现在闲得很，他从四五年前就慢慢收手，是到了该享受晚年生活的时候了；厂里的事情轻易不过问，只交给儿子处理。儿子不争气，——儿子当然也做事，只是玩心太重，三十多岁了还不结婚，最喜欢跟二三线的女明星搞些绯闻，所以很讨小报记者的喜欢，隔一阵子就让他上娱乐版的头条，胡文青很是瞧不上！这孩子从十几岁开始，就一副公子哥儿样，很潇洒的，对什么事情都看得开。

待要说他两句吧，他妈就有话了："他这一点跟你顶像！"

胡文青笑了笑，声气弱了许多；他这二十年来也未能免俗，中间经历了几个女人，可是他顶住了压力，坚决不离婚，而且也早戒了。现在，他跟他的糟糠之妻在一起，两人都是居士，整日吃斋念佛，家里乌糟糟的全是香火气，他儿子一回家就皱眉头。

然而他的佛事，主要还是在心里。办公室的书橱里，一排排全是佛经，他偶尔也读一读，只觉得心里空得很，泛泛的全是慈悲心。

这一排排的佛经里，也夹着一本《资本论》，不过他几乎不碰。碰什么呢？语境不同了。他少年时读不懂的地方，现在全懂了；他就是马克思批判的那一类人，那类“从头到脚，都沾着血和肮脏的东西”的人；他现在是个居士。

这《资本论》也不知谁放进书橱的，似乎是为装点，又似乎是为提醒他少年时代的一段往事……他那年只有十五岁，搞了个读书会，是个意气风发的好少年；有一天他跟老师说，他将来要做研究，因为有兴趣；后来他在巷口碰上一个算命的，那人说：“若成事，当乱世；将来有坎坷！”

胡文青的眼睛突然痴了。这是第二次，他想到那个算命的，——头一次是在三十年前，那时他儿子才两岁；他蜗居街巷，是个贱民——他遇上他已近五十年了，那时他的人生才刚开始。一个白胡子老头儿，一句谶语。他现在成事了吗？乱世。谶语。东方红。造反派。窗外电闪雷鸣。“你将来必有坎坷”。《资本论》。改革开放。居士。佛经。他成事了吗？

窗外电闪雷鸣，阿顺说：“要下雨了。”起身去关窗子。

胡文青说：“要下雨了。”

两人立在窗前，看窗外倾盆大雨，天昏地暗。不说一句话。

隔了好久，阿顺才说：“算啦，别愁眉不展的。你现在要想开点，挣下这么一大摊子，生不带来，死不带去，儿孙能用多少？还不是为他人作嫁衣裳？”

胡文青说：“我也这么想呢，我这些年何尝是为自己活着的？累得很！我曾经，——嗨！我曾经以为我养活了一大批人，我要对他们负责任，尤其是那些早期跟着我打天下的，还有现在的好几万工人！可我现在不这么想了——”把眼睛闭上了。第一他儿子就不认账。有一次父子俩发生争执，儿子说：“爸，您可别说养活不养活的这些话，谁养活谁还不知道呢！你不需要对他们负责任，人家也绝不会感谢你！大家都在挣自己该得的那部分，你，我，他们，所有人。事情得做，钱也得挣，可您别把自己看得跟救世主似的，没有您，他们就饿死了？去要饭？谁离了谁都能过！”

胡文青气得浑身发抖，说：“好，好，好！我不当救世主，我现在就收手。”

他儿子倒心平气和了，说：“您也不要生气，我说话急了，可您想想，是不是在理？而且您现在也收不了手啦，一旦上了这条道，您就是不走，也有人推着您往前走。事情做到这份上，您个人做不了主啦！只能由着惯性往前走，走到哪一天，该散伙时就散伙！但估计您是等不来这一天了，我则说不好。我会认真做事的。”

这一争吵，胡文青便彻底丢手了。直躺了三天，起来的时候，天地为之变色，脑子更糊涂，他跟孩子妈说："儿子说得对。他把我的屋脊盖给掀了，我以后再也找不着地方遮风挡雨了。"

他还说："一代人做一代人的事，我退出了，要云游了！"

他又说："信什么佛？真虚伪！你能四大皆空？你能把这一摊子全捐掉，分毫不留，重新去当一个穷人？你即便当了穷人，你满脑子还是福禄富贵！还四大皆空！还信佛！谁配？"

这末一句话，他是说给阿顺听的——其实是说给自己听的。阿顺也信佛。

阿顺说："我就跟你说了，你不要钻死胡同，这对你没什么好处。要我说，你有这工夫，还不如写本回忆录，把你这几十年好好整理一下。什么事情能禁得起你这样问？你这一问，不就全空了？信佛这件事，你力所能及，能信到哪一步算哪一步，佛也不会要求你四大皆空！人活着，不过是求个安心——"

胡文青说："写什么回忆录？我现在没话可说了，心里空荡荡的。"

阿顺笑道："你空什么空？你还早着呢！你心里有几千条烦恼丝；第一，这一摊子不是你想要的，你想要什么，当然自己也不知道；你这些年忙来忙去，为的是有个寄托，现在连这寄托也被人揭了，你心里头难受；但是你不能怪了佛去！佛已经看见你所做的，他最喜欢你这样的平凡人，心里总有苦楚，才显得他有作用。"

胡文青长长地吐了口气，把眼睛望出窗外，望了很远很远。

这一天下午，他跟阿顺一直立在窗前，看狂风暴雨，天地混沌；脑子里一片一片的，前世今生，什么都有。两个前造反派、现在的佛教徒，偶尔也会说上两句，然而所说的永远不及所想的，在那语言达不到的深处，他们困惑、苍茫。雨下得更大了。

后来天晴了，夕阳出来了。隔壁的厂区里，有工人成群结队地往外走，他们勾肩搭背，追打，嬉笑；胡文青把这一切看在眼里。在他二十三层的文青楼上，能看到不远处的中央大街，此时，街上人满为患，——正是下班的高峰期：人群小如蚁虫，车队像甲壳虫，一排排地在试图往前挪、挪、挪。

胡文青看不见他们的脸，听不见他们的抱怨、吼叫，知道他们是活在今天。他的眼睛突然掠过了眼前的景象，回到了四十年前……心里想着，今天的这些人，若是活在四十年前，谁知道他们中谁会变脸、变成什么样的人？谁知道他们中谁会哭泣？谁会仰天长啸？谁会变得狰狞，以至于他们自己竟不自知。

然而现在他们都是好人，这些正走在中央大街上的人、走在他厂区里的人……他们追打、嬉笑、抱怨、吼叫。他们都是平凡人。

2011年8月16日　广州

图书在版编目 (CIP) 数据

魏微十三篇 / 魏微著 . — 北京 ：北京十月文艺出版社，2018.9

ISBN 978-7-5302-1826-6

Ⅰ . ①魏… Ⅱ . ①魏… Ⅲ . ①故事—作品集—中国—当代 Ⅳ . ① I247.81

中国版本图书馆 CIP 数据核字 (2018) 第 085368 号

魏微十三篇

WEIWEI SHISAN PIAN

魏 微 著

出　版　北京出版集团公司
　　　　　北京十月文艺出版社
地　址　北京北三环中路 6 号
邮　编　100120
网　址　www.bph.com.cn
发　行　新经典发行有限公司
　　　　　电话（010）68423599
经　销　新华书店
印　刷　北京盛通印刷股份有限公司
版　次　2018 年 9 月第 1 版
　　　　　2018 年 9 月第 1 次印刷
开　本　850 毫米 ×1168 毫米 1/32
印　张　11
字　数　197 千字
书　号　ISBN 978-7-5302-1826-6
定　价　43.00 元
质量监督电话　010-58572393
如有印装质量问题，由本社负责调换。